国家出版基金项目
NATIONAL PUBLICATION FOUNDATION

名 家 论 语 文 丛 书

名誉主编　｜　主编
刘国正　｜　曹明海

语文课改　守正创新

温儒敏 ｜ 著

山东教育出版社

图书在版编目（CIP）数据

语文课改　守正创新 / 温儒敏著 . — 济南 : 山东教育
出版社，2021.6（2023.6重印）
（名家论语文丛书 / 曹明海主编）
ISBN 978-7-5701-1580-8

Ⅰ . ① 语…　Ⅱ . ① 温…　Ⅲ . ① 语文课 - 课程改革 -
教学研究 - 中小学　Ⅳ . ① G633.302

中国版本图书馆 CIP 数据核字（2021）第 027587 号

MINGJIA LUN YUWEN CONGSHU
YUWEN KEGAI　SHOUZHENG CHUANGXIN
名家论语文丛书　　　　　　　　　　　　　　　曹明海/主编
语文课改　守正创新　　　　　　　　　　　　　温儒敏/著

主管单位：山东出版传媒股份有限公司
出版发行：山东教育出版社
　　　　　地址：济南市市中区二环南路 2066 号 4 区 1 号　　邮编：250003
　　　　　电话：（0531）82092660　　网址：www.sjs.com.cn
印　　刷：山东临沂新华印刷物流集团有限责任公司
版　　次：2021 年 6 月第 1 版
印　　次：2023 年 6 月第 2 次印刷
开　　本：700 毫米 × 1000 毫米　1/16
印　　张：22.5
字　　数：306 千
定　　价：68.00 元

（如印装质量有问题，请与印刷厂联系调换）印厂电话：0539-2925659

刘国正先生为"名家论语文丛书"题词

论 文

若谓文无法，矩矱甚分明。暗中自摸索，何如步随灯？

若谓文有法，致胜须奇兵。循法为文章，老死只平平。

学法要认真，潜心探微精。待到秉笔时，舍法任神行。

谓神者为何？思想与感情。聆彼春鸟鸣，无谱自嘤嘤。

总 序

新时代语文教育的研究已进入一个深度挖掘中华优秀文化及精神财富的新境域，语文课改的阔大视野和思维创新之树根植于中华民族文化生活沃土之中，并且向"语文强天下"的教育方向伸展。在庆祝中华人民共和国成立70周年之际，我们积极策划并组织编写"名家论语文丛书"，旨在落实《中共中央　国务院关于全面深化新时代教师队伍建设改革的意见》，大力振兴新时代语文教师教育，促进新时代语文教师的专业发展。

"名家论语文丛书"，是新中国成立70年来第一次系统呈现我们自己的语文教育名家的作品。中国教育史本质上就是语文教育史，要写新中国语文教育史，就必须写好我们的语文教育名家。他们的语文教育思想和智慧、情感与理思、教学与研究，能直接勾画出新中国成立以来语文教育的课改轨迹和实践成果。以庆祝新中国成立70周年为节点，我们遵照中央关于加强新时代教师教育的指示要求，全力推出语文教育名家的精品力作，以更好地满足广大中小学语文教师专业发展的教学需要和语文文化生活新期待，为大力促进新时代语文教育改革、实现语文教育"立德树人"的教育目标提供良好的语文思想文化食粮。

首先，本丛书积极实施《中共中央　国务院关于全面深化新时代教师队伍建设改革的意见》中的指示要求，即"大力振兴教师教育，不断提升教师专业素质能力"，"培养造就学科知识扎实、专业能力突出、教育情怀深厚的高素质复合型教师"，"培养造就数以百万计的骨干教师、数以十万计的卓越教师、数以万计的教育家型教师"。作为语文教育名家，丛书作者团队打开创新的思维，拓展教学的智慧，求索新时代语文教学新的内质，标举新时代语文特有的教学理想和追求，探讨新时代语文教学思想和方法，给广大语文教育工作者带来新的教学信息，特别是通过与广大一线教师进行大量的语文教育对话，广泛交流新时代语文的情感智慧和教学思考。可以说，本丛书的问世恰逢其时，可以唤醒教师教育思想和丰富教学资源，以独特的与名家对话的渠道和形式培养造就符合新时代需要的高素质复合型教师。

其次，本丛书能反映语文教育自主性、独创性的最新研究成果，有助于持守中国特色语文教育的思想理念，完善教材编制，促进教学创新，提高语文教师的学科核心素养和教育教学能力素养。语文教育教学设计能力素养是教师实施教学活动的具体构思，是针对教学的整个程序及具体环节进行精心策划的思维流程。它是优化教学过程、保证教学质量和效果的有力措施。教学设计能力素养的核心在于课堂教学的建构与创新。基于学科核心素养的课堂教学设计创新，应该立足于"语言建构与运用"的教学基点。新时代教师要在把握学科核心素养、吃透课程标准精神的前提下，根据不同的学段和学生实际，创造性地进行教学设计。教师要凭借自己的教学智慧用心设计和经营课堂，对各种新型教学方式进行有效尝试。要想不断提升教学设计能力素养，教师在教学实践中必须把握教学目标、教学重难点、教学过程和教学策略等基本要素。对此，本丛书进行了不少教学论述和案例分析，而且这些教学细化例证分析颇具启示性和唤醒性。可以说，这是对新时代教师专业化发展素质的细化要求。

再次，本丛书深入研究阐释了中华民族优秀传统文化所蕴含的思想观念、人文精神、道德规范，对实现语文教育优秀传统文化的创造性转化和创新性发展具有重要意义。丛书提出语文教育"语言文化说"的观点，认为语文是文化的构成，应从语文本体构成的文化特质出发来分析理解语文教育，从而打破语文教育只是"知识获得的过程"的理论。倡导语文课程的文化建构观，建立以人的发展和完整性建构为主体的理论新结构，不仅有助于我们从理论上重新认识语文教育，而且有助于我们从实践上助推语用教学的文化渗透过程，以促进语用教学改革的深化，加快语用素养教育的进程。丛书昭示了新中国语文教育的发展水平，反映了语文教育最新的原创性成果，是对新时代语文教育的生动书写。

丛书作者皆为我国当代语文教育名家，是语文教育与课程改革的引领者，标举"立德树人""守正出新"的教育理想和追求。根据中央对新时代教师队伍建设改革的意见，着眼于新时代教师教育发展的需要，丛书内容侧重于三个方面：一是守正创新。丛书阐释了语文教育的基本特征和根本任务，包括语文课改、语文课程的根与本、语文教育的本来面目、语文教育的现代性等。二是立德树人。丛书着眼于核心素养的教学探索，以语用为本，以学生为本，以文本为本，包括语文教学的"实"与"活"、语文教学的反思与重建、语文阅读与成长、语文课程与考试等。三是教材建构。丛书围绕"该编什么""该怎么编""该怎样用"的原则方法，系统论述了高质量语文教材的编制与使用问题，具体包括语文教材的性质与功能、教材结构与类型、教材的教学化编制等。总的来说，丛书多层面探讨了语文课标、课改、课程、教材、教学、考试，以及传统与现代、问题与对策等，多视角展示了语文教育名家的教育思想和教学智慧。丛书既有高屋建瓴的指导性，又有具体而微的针对性，搭建了名家与教师对话的独特渠道。

　　从本丛书全新的营构创意来看，把"名家论语文"作为一种名家与教师的交流对话，是为新时代语文教师专业发展拓开的新场域。作为名家与教师以书面文字对接的阅读平台，本丛书实质上是主体与主体的对话、心灵与心灵的沟通，是情感的交流和思维的碰撞，是名家与教师交流语文思想智慧的对话场，能够切实引领语文新课改、语文新教材、语文新教学。

　　应该说，作为新时代语文教师教育的教本和范本，我们相信，本丛书对广大语文教师专业素养的提升及新时代语文教育课改的深化发展必将发挥积极的引领与助推作用。让我们携手共进，共同创造语文教育的美好未来！

曹明海

2020年6月于济南龙泉山庄

目 录

前　言

　　这本书的出版是由山东教育出版社和曹明海教授促成的，感谢他们的抬爱。我已经出版过《温儒敏论语文教育》（一至三集，第四集也即将面世）、《温儒敏语文讲习录》、《温儒敏谈读书》等书。这本书多数篇什是从已出的几本拙著中选的，虽然也有几篇是头一次发表，但书的内容难免有重复，这让我感到歉疚。

　　不过从一两百篇论作、讲座、访谈中重新选择整理成这本书，也是一个反思和清理的过程。我始终说自己是为语文教育"敲边鼓"的，因为我的本业不是语文，也没有当过语文老师。当初只因为看到基础教育问题很多，而那时的师范大学也都朝着综合大学发展，研究语文课程教法，在大学里边好像没有"搞专业"的受到重视，我就和一些同人发起成立北京大学语文教育研究所，希望借这个平台唤起更多的学者为语文教育做点实事。十多年过去了，语文教育开始在许多大学得到重视，我们"敲边鼓"的目的也就大致达到了。这是值得欣慰的。至于我本人，虽然对语文教育似乎"介入"很深，甚至还主编教材，但也知道自己的斤两，真正深入的研究并不多，许多文章都还是经验性或者印象式的。我也想静下心来，像以前做文学史研究那样认真扎实地钻研几个问题，可惜年岁大了，编教材又化费很多时间和精力，也就始终未能写出自己满意的论著。大家读我书中的文章，如能注意到其中的"问题意识"，甚至引发若干可以进一步去研究的题目，我就有理由感到一点满足了。

我还希望关注我的读者，不止于读我的关于语文教育的这些言论，若有兴趣，还不如看看我专业方面的著述。就在这本书结集前后，我完成了《温儒敏讲现代文学名篇》（将由商务印书馆出版）和《鲁迅作品精选及讲析》（将由人民文学出版社出版）两书，两书都是偏于文学史专业的，但又处处关注了中小学语文如何解读。我想这两本书对于老师备课及教学可能有些帮助。但愿不会以为我是在做广告吧。

本书选文43篇，分为5章。第一章主要讨论语文学科定位、核心素养和课改等问题，认为还是要务实一点，稳步推进改革，尽可能避免"多动症"。第二章涉及语文统编教材的编写，过程很复杂和艰难，其中有些认识也在各种观点的碰撞中平衡。日后有人若要研究教材，光是看出版的教材恐怕难以了解背景与真实，我这里也只能提供几篇材料。另外还有几篇关于教材使用的讲话，对于当前语文教学可能是有些帮助的。第三章围绕教学，突出的是如何激发阅读兴趣，把课堂教学延伸到课外阅读，有两个关键词——"聚焦语用"与"读书为要"，对于教学中存在的描写偏向是有针对性的。第四章是有关读书生活的问题，特别强调语文老师要当"读书种子"。第五章关注高考语文的改革，多是一些会议上的建言，不必看作权威的论定。

书名《语文课改 守正创新》是曹明海教授起的，似乎有点张扬，但也大致能反映本书的内容指向。"守正创新"这个说法，是我1999年担任北京大学中文系主任时提出的，希望能把北大好的传统和学风继承下来，作为创新的基础，让创新有根，而不是随波逐流，天天追逐新潮。几年前北大校长认可这个说法，在《人民日报》发文提出北大的发展应当秉持"守正创新"精神。后来这个词便在社会上传开了。最近北大中文系庆祝建系110周年，有学生采访我，我也谈起这件往事，认为"守正创新"还是可以作为"系格"的。其实不光是大学教育要"守正创新"，语文课改同样也要"守正创新"。

温儒敏

2020年10月27日

第一章

语文课改　守正创新

一　语文学科的定位及其他

——答《语文建设》杂志记者问①

问：在讨论中学语文教育这个话题的时候，很多人会自然而然地要先做界定，考虑语文是什么，是语言文学还是语言文字，语文作为课程又是什么。虽然中学语文教师并不关心这些问题，但它却是语文教育"理论界"的显学，请问您怎么看待这个似乎是有点矛盾的现象？

答：从研究角度说，有基本界定还是必要的。问题是研究必须回到朴素的立场，面对实际问题，而不满足于标新立异，做理论滚动。其实，对语文是什么尽管有不同说法，大家还是可以找到互相重叠的共识的部分，那就是母语学习。不会有谁反对，这就是语文的核心。从这个内核

---

① 本文为接受《语文建设》杂志记者李节的采访记录，发表于《语文建设》2008年第2期，收入《温儒敏论语文教育》（北京大学出版社2010年版）。

往外辐射，诸如语言、文学、文字、文化等方面，都和母语学习紧密有关，几个方面应当是互相融合习得的。母语是语言，但不能反过来说语言就是母语。儿童习得母语是自然的过程（这也是有趣而又复杂的课题），但不是说会说话就无须学习语文了，母语是终生都要学习的。而母语又必然是带上特定民族文化内蕴的，学习母语，同时可以提升文化力、思想力、审美力等。一般讲语文是语言文学，或者语言文字，也都不错，都能涵盖语文的主要部分，但这些概括不全面，所以宁可讲语文就是一种母语学习的课程，是一个非常基础性的学科。我可能又被"绕进去"了，但基本意思是在说：我们本来很熟悉、有共识的东西，不要硬去做理论分割。否则，本来大致还清楚，一较真反而糊涂了。比如什么是人，什么是文学，等等，要较真，还真是很难说清楚的。这次课标修订，我主张不要抠字眼，不要纠缠概念，尤其是一线的老师，用不着去争论概念问题。理论价值的大小，归根结底要看解决实际问题的锋利程度。我并不认为"语文是什么"这个话题研究是所谓"显学"。

问：我们知道，在新中国成立前，学习中国语言文字的课程叫作"国语"和"国文"，1948年，当时的华北人民政府教育部教科书编审委员会一律将其改称为"语文"。请问您能否设想一下，如果没有1948年的改名，还会存在"语文是什么"的讨论吗？请问您怎么看待这个问题的学术价值？

答：前面说了，从研究角度，讨论"语文是什么"是有其学术价值的，但不要纠缠，要面对现实。"国语"叫法比较早，五四时期就有，那时提倡白话文，强调"文学革命"与"国语统一"合流，形成了"国语"运动。1918年，胡适在《建设的文学革命论》中就提出过一个口号叫"国语的文学，文学的国语"。从1920年起教育部要求当时的国民学校低年级教学都要运用语体文（白话），当时的语文课程就叫"国语"。为什么后来又有的改叫"国文"呢？是因为意识到这门课应当重点解决书面阅读问题，"国文"的叫法突出了书面阅读。至于

1948年后改为"语文"，则是一种概念的梳理和统一。"语文"比前两个概念要全面、大气，可以把更多属于语文课的功能特征包含进去。看看历史就知道，每个时期侧重点不同，语文课程的名称也有调整。现在有学者主张回去叫"国文"，是他们比较看重书面语学习。问题是，书面语之外的其他语文要素呢？听说读写不完全是书面语阅读。现在的争议不是改名引起的，而是看问题的层面不一样。"语文"作为一门母语课程的命名，已经在我们民族集体意识中积淀下来，约定俗成了，我看不必再纠缠争论。

问：雅斯贝尔斯在《什么是教育》中说："一个人要精通一门学科就需要付出毕生的精力，在语言方面，则是母语。"我觉得这个观点与高中语文课程改革的某些思想有共通之处。请问您是否赞同这个观点？可否请问您，高中语文课程改革经过了六年左右的时间，您的中学语文教育思想有没有经历变化的过程？

答：我赞同。前面讨论语文概念时也已经涉及类似看法，我是主张"语文就是母语学习的课程"这一定位的。母语虽然内化在人的精神和思维习惯中，但这需要过程，所以母语要长期不断学习，语文素养提高是长远的事情。高中语文课改从第一批四个实验区开始，还不到四年，取得了一定的成绩，激活了语文教学中长期存在的某些重大问题，这些问题也许还未能解决，但已经引起普遍的关注。这就是收获。我支持课改，但主张步子稳一些，不操之过急，多从实际出发，不搞颠覆式革命。现在课改碰到阻力太大，有些地区根本推不动，报纸上说的经验一套一套的，实际上不见得有多少改变，这也是令人担忧的。关键还是如何面对高考，以及高考如何配合课改。当然，社会层级分化形成的竞争加剧，也反应到教育中来了，课改必须推进，但每一步都将是艰难的，要从长计议。我最近有一篇讲话稿《对中小学课程改革的几点看法》，发表在上海的《语文学习》2008年第1期上，其中谈到了课改应当和高考"相生相克"，是在高考不可能完全取消的前提下的渐进的改革，课改可以和高考一起改进。这是这些年我面对课改的巨大困难而产生的新的想法，大家有兴趣的话可以参考。

问：我们知道，工具主义语言观认为，语言是服务于思想的手段。在语文教育中，"工具性"除了可以指明必须重视知识掌握和能力培养之外，对于母语的学习是不是反而暴露出很多弊端？比如说，工具是身外之物，可以利用也可以放弃，但是，母语则早已内化在人的精神和思维习惯中。"不刻意追求语文知识的完整""不必进行系统的语法修辞知识教学"等要求的提出，是否已经传达出一种新语言观？请问您是否认为在语文教育研究中需要语言观的转向？

答：这个问题有较多理论性。语文课改提出工具性与人文性统一，其改革指向是防止过分和单一追求工具性，提醒人文性也不可或缺。我们知道，在过去相当长时间内，语文课程强化政治性和教化作用，对语文基本能力包括阅读写作训练有所忽视，"文革"之后拨乱反正，逐渐转向重视工具性。应当说，这是一种进步。但后来情况又有变化，那就是应试教育严重影响了学生的人格个性发展，不利于创新人才脱颖而出，而且学生负担太重，对身心健康不利，大家都有意见。20世纪90年代中期以来许多人炮轰高考制度，强烈要求课程改革，现在的课改实际上是接续了这个趋势。显然，强调工具性与人文性结合的提法，是有针对性的，带有纠偏的意思。但不宜理解为现在课改就是强化人文性，弱化工具性，而应当是两者自然的结合，在教学中你中有我，我中有你，自然生成。一线老师备课不必处处考虑如何呈现人文性，显示已经在改革，实际上，人文性比较虚，它是弥漫于整个教学的。至于课标中提出"不刻意追求语文知识的完整""不必进行系统的语法修辞知识教学"等要求，我理解也是针对目前教学中的偏向，就是把研究界探讨的所谓语言规律特别是语法等硬搬到语文课中，以致形成以语法为中心的教学。这显然是不合适的。前面说了，语文课主要是母语学习，而说母语一般不会出语法差错，可是很多语法却反而越弄越让人不会说话了。所以课标特别提出反对追求过分的"知识的完整"与"系统的语法修辞教学"，不是完全不要语法修辞知识，而是要求"随文学习"，把语感培养放到更加突出的位置。至于是否提出新的语言观了，我没有深入的看法，也许还只是教学理念的变迁，不一定上升到语言观"转向"。

问：到了高中阶段，学生的识字量、理解力和心理发展都达到了一个新水平，理应具备了一定的听说读写能力。请问在高中语文课程中，文学教育的内容是不是可以占更重要的位置？

答：我认为高中阶段的文学教育内容可以多一些，但仍然不能离开语文，是语文学习基础上的文学教育。

问：《普通高中语文课程标准（实验）》必修课程的系列目标之一是"阅读与鉴赏"，还规定"对文学类文本阅读的评价，是阅读与鉴赏评价的重点"。请问，您认为一个受过高中教育的人应当具有什么样的文学鉴赏水平？如果可以量化，是不是可以规定一个高中毕业生必读文学作品篇目？

答：这个问题提得好。其实我们对受过高中教育的人应当达到什么样的文学鉴赏水平，并没有科学的衡定，还只是模糊的要求。我们许多事情都是弄得有些模糊，结果公说公有理，婆说婆有理，反正都是观点加例子，并没有细致科学的跟踪调查研究。像你提出的问题就是一个很细致的课题，可惜太少这样的研究。如果让课标更有科学性，更能发挥指导作用，应当有大量基础性的研究支撑。我是主张最好能拟定一个建议书目。但是这项工作非常难做。古典的书目还比较好办，许多经典作品毕竟沉淀下来了，评价和理解上有共识；而现当代因为还在"流动"，共识就比较难于达成，容易引起争议。不过，我也认为不应当无所作为，可以经过认真的调查研究，提出一个建议书目。

问：您认为一个人的文学趣味有高下之分吗？高中语文教育该培养学生什么样的文学趣味？您是否认为"不培养文学家或者诗人"可以成为不进行或少进行文学教育的一个理由？

答：是有高下之分的。所谓"素质教育"，其中很重要的部分，就是要用体现人类最高尚的精神与智慧的文化去熏陶青少年，文学经典因为负载着这些精神智慧，是学生人格成长最好的营养，多接触阅读，将受益无穷。目前情况下高中生为了高考，大量时间是要应对考试复习的，但也应当有部分时间用来放松"悦读"，也就是有兴趣的阅读，其中就有文学阅读。应当多读一些文学经典，除了唐诗宋词和四大名著之类，面还可以宽一点，包括外国名著和中国现当代优秀的作品，都可以读一些。近百年来很多新的东西积淀下来，也已经成为小的传统了，对当代生活影响之大，恐怕不低于古典传统，所以现当代文学也要学习。文学教育对每一位公民的培养都会有好处。

"不培养文学家或者诗人"不能成为轻视文学教育的理由。读文学作品不是为了当作家，甚至也不只是为了学习写作，更重要的是人格的熏陶，是品味的提高，是生活的乐趣。

问：您在其他地方也讲到过语文课要重视培养学生的阅读兴趣。根据您的调查研究，目前高中生阅读文学作品的情况怎样？新课程实施以后，取得了哪些进步？

答：很不乐观。首先是高考压力，到高二就几乎不敢看所谓"杂书"了。许多家长老师把跟高考不直接挂钩的文学作品都视为"杂书"。于是学生成天只能读教辅，做习题。这些年课改增设了选修，本意就是个性化学习，让学生多读点书，这是一个"亮点"，但实施起来非常难。其中是因为有些措施难于操作，更因为高考压力有增无减，许多地区和学校不让学生来选课，或者干脆指定一两种与高考比较联系得上的，要求所有学生都要学，实际上变成必修了。所以，课改如何贯彻先进的理念，让学生多读书，读好书，培养其良好的读书习惯，还有大量要克服的困难。其次，现在是所谓影视时代、网络时代、图像时代，学生读书的时间少了，看电视上网读图多了。影视、网络和图像尽管扩大了接受信息的渠道，却不可能取代文字的书的阅读，尤其是文学的阅读。要让学生了解，比起其他接受方式，读书可能更有选择性，也更个人化，更需要主动性和创造性思维的介入。读书所能获得的文字的感觉，也是一般影视所没有的。同样，上网和读图，也较难获得书本阅读的那种独有的效果。（网上读书也是一种文字阅读，另当别论）所以影视网络再发达，也仍然需要书本阅读。我曾说过，就学生而言，养成阅读的兴趣与习惯，是发掘学习主动性与创造性的最重要的途径，这可能就是终生受益的好的品味，一种可以不断完善自我人格的生活方式。

问：高中阶段语文课程必修和选修的课程结构为培养学生的文学鉴赏能力提供了很大空间。您认为对文学阅读与鉴赏的考查在高考中应如何体现？另外，想顺便请问您，语文高考的改革是否与语文课程的改革同步进行？

答：高考和课改不应当是两张皮，前面说了，要"相生相克"，一起改进。所以我认为高考命题应当充分考虑课改的趋向，比如选修课问题，可以在高考中适当体现。文学阅读与鉴赏能力的考查也可以占一定的比重。高考与课改同步是改革方向，实际上比较难办，两个主管部门考虑问题侧重可能不太一样，这需要上级部门来协调。高考是国策，是民族习惯，承载着沉重的社会心理，马上取消不可能，改起来难度很大。况且既然高考是选拔考试，成绩就总有区分度，搞得太过灵活就没有办法区分，没有办法操作。这些都是很实际的问题，身在其中才能体会，改革要推进，又要慎重。

问：在文学教育上，大学语文与高中语文是否衔接？

答：道理上应当衔接，实际上未能很好做到。这又是跟高考有关，所谓应试教育，搞到很多学生不会读作品，也不爱读作品了。所以我主张大学语文要定位在"把败坏了的胃口调试过来"，这说得可能有些极端，意思就是在有限的时间内，让学生的眼光拓展，重新引起对于母语及文化学习的兴趣，养成好的读书习惯。这些年我和王宁等多名教授合作编了《高等语文》（江苏教育出版社2007年版）等新的教材，和通常的大学语文体例及选文都有区别，是一种尝试。

问：语文教师不可能都是文学家，对于普通语文教师而言，有没有一个"多快好省"的办法使他（她）成为培养学生文学素养的良师？

答：首先是调整好心态。现在的老师很忙，各种考核检查让人穷于应付，加上社会心态浮躁，拜金主义流行，确实难于沉下心来读书。要成为有文学素养的老师，起码要能抵制一些诱惑，有自己的精神家园，哪怕是一块不大的"自留地"。无论怎样忙，自己都能抽点时间读书，特别是读一些经典或优秀的作品。还有一个办法就是自修，自己重新审视与学习中文专业的课程，包括研究生课程，不一定正式在职读研究生，就是定个可行的计划，自己来学习。因为已经有了教学实践，学起来会有新的心得收获，不是过去大学学习的重复。学习需要毅力，"多快好省"的办法好像还没有发现。

问：现在，"教师专业发展"在教师中特别受关注。请问您怎么看待高中语文教师的专业发展？

答：和上面谈的问题差不多。"教师专业发展"不要理解为就是适应课改，或者单纯的职业训练，要有比较长远的目标，因此，可行的中短期学习计划非常必要。当然会考虑一些实际问题，比如考级、职称晋升等，但不要都是"直奔主题"，免得老师自己也卷入"应试教育"。培养专业兴趣与专业敏感很重要，是长期的事情。还有，就是拓宽视野，不断更新知识，不满足于现炒现卖、立竿见影，或者只关注与目前教学可以挂钩的，要在整体素质以及修养方面下功夫。现在高师教育是有问题的，课程设置太过老旧死板，既缺少理想的观照，又脱离实际，把学生限定死了，很难培养出优秀教师。所谓专业发展也是人生事业的发展，要有一点理想主义。

二　语文课改要摸清底细，直面问题[①]

语文新课程实施，也就是课改[②]，已经走过十多年了。对课改有各种评价，但有一点是共同的，就是承认一些新的教学理念得到普及，语文教学原本有的一些问题被激活了，课改在艰难的跋涉中前进。不少学校的探索已经为语文新课程蹚出了可行之路，积累了经验，也面临不少困扰与问题。应试教育的局面依然严峻，语文教学有些偏向仍未得到纠正，学生过重的学业负担不减反增了，对新的教学理念，很多老师既欣赏，而又感到无奈。

对语文课改的成效恐怕不能高估，但毫无疑问，课改的方向要肯定，对课改要坚持和补台。再难也不能走回头路。当务之急是要认真总结十年来课改的经验，正视那些老的、新的问题，包括可能短时期难于解决的问题，在深入调查的基础上做些科学的研究。这些总结不应停留于一般的经验描述，也不止是向上的汇报，应当有一些专门的研究，能把课改问题提升到教育科学的层面。前提就要有调查研究，

---

① 本文写作得到蔡可先生的鼎力支持，特表谢忱。本文发表于《课程·教材·教法》2014年第2期，收入《温儒敏论语文教育　三集》（北京大学出版社2016年版）。原是作为《语文课程改革调研报告》一书的序言，出版时未能收进该书中。《语文课程改革调研报告》，温儒敏、蔡可主编，北京大学出版社2014年版。

② 这里说的基础教育课程改革，是2000年前后启动的。2000年对教学大纲进行了修订，并对教材进行了大幅度的修改。2001年，新的义务教育语文课标出台，数十家出版社依据新课标编写了新课标教材，并于2001年秋季在全国各地的实验区使用。高中语文课程标准的实验稿是2003年颁布的，随后多种版本高中语文教材出版。

摸清楚情况，还要有开阔的视野和清醒的理论参照。当前课改的实践经验以及所需解决的问题，是研究的出发点和生长点，也是研究的归宿：我们的研究终究还要解决语文教学的实际问题，推进学科的发展。

我们总是听到太多对语文教学的批评，每隔一段时间就会出来某个热点争论或炒作，这或许与语文学科的社会性有关，谁都插得上话。但认真研究会发现，这些周期性的争议和炒作对于语文学科的建设并没有多大的推进，往往还可能会拖后腿。其实语文学科的学术性很强，改革难度也最大，现在重要的不是去争论，不是只提印象式的、情绪性的批评与设想，而是让一部分专家和一线的教师坐下来，认真做一些调查研究。

语文界不缺文章，不缺所谓的流派主张，缺的是科学的发现和切实可行的建议。现今关于语文课程和教材的讨论非常多，许多意见都是公说公有理，婆说婆有理，争论难于聚焦。翻开各种语文刊物，课改的文章多如牛毛，可是绝大多数仍然停留于经验描述，通常就是观点加例子，很少有严密细致的量化分析与科学的论证。课改中需要解决的问题很多，如果停留于经验层面，光是靠观点加例子的争论，是解决不了的。我们学中文出身的老师，长处可能在感性，会写文章，短处是缺少科学的方法训练。所以语文课程改革的确任务很重，除了激情，还需要实事求是的态度，以及科学的方法，特别需要相关学科研究方法的介入。

近年来，北京大学语文教育研究所持续关注有关课改的基础性研究，强调实事求是，不搞"主题先行"，我们把这种调查研究称为"非指向性"调研。我们试图通过扎实的田野调查，搞清楚当下的教育教学现状，为政策的制定与调整提供专业的支持。摆在大家面前的这本《语文课程改革调研报告》，就是北大语文所的成果之一。这是在《课堂内外》杂志社资助下，由北大语文所面向全国招标，从中选出的九项课题研究成果。这些调查结项已经有一两年时间，现在才汇集出版，不过也不算迟。这些调研所显示的当下语文课改推进中存在的问题和经验，这里略加概述，主要有五个方面。

（一）师资成为制约农村课改实施的关键问题

北大语文所的调查有多项与农村特别是西部地区的课改有关。课改十年，争议最大的恐怕是两极分化问题。没有农村的课改是不全面的课改；农村的教育面貌没有本质改变，课改也很难说成功。调查表明，师资仍是制约农村课改推进的重要问题。"内蒙古自治区中小学语文教师现状调查研究"（主持人王朝霞）样本涉及内蒙古11个盟市的135所城乡学校。调研结果显示，内蒙古地区的中小学教师学历基本达标，对语文课改基本了解，但大多数教师认为新课程的培训不能满足自己的教学需要，他们渴望得到专家的指导，认为通过观摩与交流有助于自己迅速提高教学水平与研究水平。然而大多数中学语文教师每天的工作状态是早出晚归，班额超大，课时超标，兼任班主任，职业生涯疲惫不堪，没有时间与精力去学习和补充。在"义务教育新课程实施状况县域考察"（主持人蔡可）的调研中，这一问题也突出存在，尤其是在乡镇，中心校、教学点已经成为制约县域教育均衡发展的短板。在县以下的乡镇区域，教师负担过重，收入普遍偏低，工作生活条件急需改善。

首先，大班额、寄宿制带来工作量的增加；其次，在课改新的质量观下，教师面临着新理念、新教材、新方法，需要不断提升自己，工作量上不断做加法。调研显示，义务教育阶段每天加班两小时以上的教师达到了62%。教师不适应、办学条件薄弱、专业支持不到位、课程资源匮乏等问题，已将农村教育置于生死存亡关口。而"青海省中学语文教学状况及改革研究"（主持人赵成孝）的调研显示，西部地区的师资问题尤为严重，教师的地区结构、专业结构不尽合理，优秀教师外流现象严重，在县乡一级甚至教师严重缺编。由于扩招直接关系到经济利益，师范专业的收费比起其他新设专业来低将近50%，各个学校对师范专业积极性不高。新专业的急剧增加影响到师范专业的教学质量，也影响到新进教师的整体质量水平。

其实说到底，课改就是想办法提升一线教师的水平，包括更新教学观念，提高教学水平。只要老师有水平，他们就有办法去切实改进教学。在应试教育的大环境下，有水平的老师总还是能够有所超越，懂得必要的平衡，可以让学生考得好，又不至于扼杀兴趣，而不是完全屈从现实。他们懂得如何稳步推进课改。调查也足以说明，现在推行"国培"计划是必要而适时的，这是带动课改的大好时机。

（二）应试导向的评价机制和专业支持匮乏，制约着教师的专业发展

课改的实施虽然存在着一些条件性的制约，但中小学语文教师对于正在实施的语文课程改革已经有了基本的了解。在内蒙古，小学、初中、高中教师对语文课程标准比较了解，比例分别为95%、89.74%、80%。有意思的是，王朝霞发现：小学和初中语文教师比较认同新课改背景下学习方式的转变，而高中语文教师还没有把转变学习方式作为课堂教学的重要部分，更加注重知识的讲授；随着学段的上升，教师对新课程改革的了解程度和信心却呈下降趋势。主要原因在于以考试为主要方式的终端评价，始终是制约课程改革的瓶颈。考试内容过于注重书本知识与解题技巧，忽视学生的全面素质和个体差异；考试评价方法单一，过分注重结果而忽视学生的学习过程；考试评价功能错位，考试后给学生排位，把学生分成三六九等，严重打击学生的学习积极性，也影响着教师的教学。

为此，王朝霞建议，上级教育部门应建立相应的课改发展性评价考核体系来考核学校，学校领导也应制定以教师发展为目的的评价性标准体系来考评教师。赵成孝对青海省一所重点中学和青海师大三所附中的高一、高二年级学生进行了问卷调查，在"你认为以下选项哪些切中语文教学之痛"的问题中，选择"使学生想象力僵化"的占

到56.45%。这反映出一个突出问题，由于标准化试题和标准答案的存在，教师会不自觉地将学生的思维引向看似正确无误的答案，而忽略了语文学习的熏陶以及文学作品鉴赏过程中最为宝贵的主体独特阅读体验和感受。引人关注的还有39.52%的学生认为课程改革"应围绕考试和大纲展开"，说明考试成绩依然是学生关注的焦点。

蔡可在江西、河南两省县和乡的实地调研、访谈与问卷调查中发现，伴随着课改理念被越来越多的老师、学生接受，理念转化为教育教学行为也存在着一定的偏差。例如课改提出"全面提高学生语文素养"，偏差表现为受应试影响，教学简单变为知识点分析、脱离文本的机械记忆、忽视真实情境运用，甚至以"考点"贯穿课堂教学，谈不上能力培养与素质提升。

面对严峻的形势，教师培训工作责任重大，教师们也普遍表示出对于获得更多更好培训的强烈愿望，但如果内容一味凌空蹈虚，或是像十年前只进行理念冲击，将很难收到实效。在江西龙南县的调研中，针对培训是否有收获的问题，竟有高达43%的老师认为没什么收获。教师的培训模式决定着未来的课堂形态，教师培训形式也相对呆板，需要创新培训模式，增强教师参与度，注重生成性资源开发与地方能力建设；教师在岗专业发展制度更是有待深化，地方专业支持体系建设有待加强。

（三）学生阅读缺乏有效指导，教师自身阅读状况不容乐观

听说读写，阅读最重要，阅读教学称得上语文教育的第一要务。而阅读教学是否成功，不能只看课内，很大程度上要看课外，没有课外阅读的语文课是不完整的，只能说是半截子的。这批调查对学生的阅读状况很关注。"北京市中学生课外阅读状况调查"（主持人张杰）课题组对北京市19个区县的部分中学生和部分中学语文教师进行了相关调查，调研显示出中学生的阅读缺乏有效指导。学生选择读物主要是依据自己的兴趣、课内学习需要、同学间和媒体的推荐。老师推荐排在同学间相

互推荐之后，家长推荐的更少。不仅如此，受社会上阅读材料肤浅化和娱乐化趋向影响，大多数学生喜欢轻松的、消遣性强的课外读物或网络阅读，对经典名著的兴趣还远未达到理想的状态，高中生教辅的阅读占较大比例。调查认为，社会、学校、教师、家长的支持和指导不足制约了中学生课外阅读的学习。值得注意的是，中学教师阅读现状不容乐观，除去"职业性阅读"，或者纯粹就是为了备课的阅读，几乎很少有时间与精力去自由读书。自己都没有阅读兴趣，那就很难让学生喜欢阅读。为此，调查认为，要为教师最大限度减负，为教师提供有保障的读书自修时间，多为教师提供自我发展的空间和人文关怀。

"四川省少数民族地区义务教育阶段学生汉语阅读能力现状分析"（主持人靳彤）课题组在凉山彝族自治州抽取了11个样本班级进行了相关调研。凉山州义务教育阶段学生汉语阅读能力基本达标，但在需要综合各种信息做出推理或联系生活解决问题时表现出较明显的不适应性，形成解释和做出评价的能力稍弱。调研还显示中小学生阅读的城乡差异显著，城市学生阅读能力整体上远高于农村学生。即使在北京，城区和郊区也差距明显。张杰的调查还显示，农村校学生有浓厚的课外阅读兴趣，但他们的课外阅读资源严重不足。

（四）教师知识结构迫切需要更新

现在的语文教学普遍效果不太好，不能吸引学生，学生缺乏兴趣，除了应试教育的制约，也跟老师讲课有关。由于教师知识结构的陈旧和单一，他们很难进入学生的语文生活，也很难让学生学会欣赏优美的作品。"中学语文与中国现代文学"（主持人吴福辉）的调查研究，给人们以不同的视角来观察语文课改。吴福辉在中学生中进行问卷调查的结果显示，中学生最喜爱的六位作家依次是鲁迅、冰心、朱自清、老舍、徐志摩、余光中，中学生最喜爱的七部现代文学经典作品依次为《阿Q正传》《围城》《雷雨》《骆驼祥子》《家》《女神》《子夜》。在问卷的"在55篇进入教材的现代文学作品中选出最喜欢的5篇作品"一题中，排在前五位的依次是《再别康桥》、《乡愁》、《从百草园到三味书屋》、《茶馆》、《边城》（节选）。吴福辉认为，鲁迅既是中学生最热爱的作家，也是最受部分学生冷淡与批评的作家。这其实是学术界和社会上对鲁迅经典化的复杂反应在中学的具体表现。那么，在教材中怎么选鲁迅的作品，需要认真研究。

这个课题还呈现出一些很新鲜的调查结果，如对近年来学术界评价渐高的胡适，中学生却未见得喜欢，而冰心、朱自清两位当年文学地位并不算最高的作家，其作品却受到中学生稳定持续的喜爱。在诗歌受到冷遇的今天，中学生最喜爱的作品却是两篇现代诗歌。诗歌所具备的培养审美能力、语感的特殊功能看来应该得到教材编写者的重视。

从现代文学研究来看中学语文教学，启发我们认识到语文教学中知识更新已非常迫切。当前教师知识结构陈旧，大部分一线教师接受本科教育是在20世纪90年代，甚至80年代。职前教育与在职培训存在诸多问题，必须与时俱进，方能教好语文，做好课改。

（五）部分课改难点问题，如选修课设置、教材编写取得了一定突破

教育是一门实践性很强的学科。这些调研报告有的直接介入了教学实践，如《广东普通高中语文新课程选修课的调查与研究》（主持人王士荣），全面调查研究了选修课实施过程中遇到的各种问题，对问题产生的原因进行了比较深入的分析，提出了具体有效的解决办法。在此调研基础上，广东省出版了《普通高中语文选修课优秀教学实例选评》，完善了课程标准和选修课的理论：探索以文言、文学、实用设置系列，以解决五个选修系列中的分类不当（如诗歌与散文、小说与戏剧分属不同系列）；对目前不同选修模式进行了比较与创新，形成了新的有效模式；对具体的调查研究进行了理性思考和抽象概括，形成了"自助餐式"教法60种和学法50种；设计了与新课程理念相适应的高考内容，出版了《普通高中语文科模块教学与考核要求》。尤其值得注意的是，课题还探索了体现选修课教学的评价方式：研制了高中教学水平评估的实施方案，并经受了235所学校的评估检验，出版了《普通高中语文教学与评价指导》。高中语文课程如何体现"选择性"既是亮点，也是难点，该课题的调研及其后续工作，为突破传统高中教学评价提供了很好的借鉴。

"中学语文教材编写研究"（主持人顾之川）的课题调研则认真总结了新课程高中语文教材的编写经验。在"守正出新"原则指引下，人教版这套新的高中教材继承了"文道统一"、弘扬传统文化、重整体感知等传统，强调语文能力培养的科学性，同时又在如下几方面出新：一是倡导多元文化观念，教材渗透富有时代特征的人类共同价值观；二是联系学生的经验世界和生活体验，使语文教材具有丰沛的生活气息和亲和力；三是考虑学生的兴趣爱好，教材选文更加符合学生身心特点；四是设计"梳理探究"，旨在全面提高学生的语文素养。这套教材以过程与方法作为编排线索，借鉴了多国母语教材编排的经验，由过去的知识编排到后来的能力编排到现在的按过程与方法编排教材的尝试；开发课内外语文课程资源，处处渗透"实践"的理念。目前这套人教版高中语文教材正在全国大多数省区使用，其得失经验都值得为下一步新教材的编写所借鉴。

一切教育研究都始于调查。这些调研报告调查面广，问题全面，数据准确，不搞主题先行，所有分析都建立在客观事实上。虽然部分结论与大家的印象契合，但这种研究方法体现了科学研究的意义，我认为是值得提倡的。这种研究方法还摸清了"家底"，对实事求是地制定政策也是有帮助的。

北京大学语文所成立八年来，充分利用北大多学科的优势，整合校内外相关资源，在中小学以及大学语文教育方面发挥作用。通过参与课程标准修订、召开专项学术研讨会、承办国家教师培训、发布课题研究等，北大语文所已经成为国内语文教育学术交流和教师培训的重要平台。今后，对于有助于语文课改的研究课题，包括能为课改提供决策参照的调查报告，语文所还将通过各种方式给予支持。语文所也希望能与有实力的单位合作，筹措和设立更多的科研基金，支持语文教学科研活动。

三 语文课改的步子稳一些为好[①]

　　高中语文课改已在部分省区试行了一段，现在有各种不同的声音，甚至有不少反对意见。这是正常反应。改革不可能那么顺利，如果一帆风顺，反而是不可思议的，那样或者等于没有改，或者是完全改偏了，不会构成对既有体制的威胁，人家也不用理睬。现在有较大反响，说明改革碰到"硬肋"了，碰到要害了。

　　开始接触高中语文新课标[②]，我也有看法，甚至有些怀疑。我感到这样改革是有些冒进了，主张稳一点。当时我说："批评家已经走了12步，某些领导走了10步，我们走8步就可以了。"但现在我愿意更多站在支持课改一边。理由是课改的大方向没有错，那是多年争议和探究之后迈出的步伐，不能收回来。至于步子是快了还是慢了，可以在实践中调整，总不能刚开始就回头。无论如何，课改给大家提供了很好的发展机遇，应当努力抓住。宁夏作为实验区，先走了一步，可以在改革中取得主动权，好处很多。有人说，宁可让别人先实验，自己在后面跟。这表面上很实际，其实是短视的。既然进入实验，就只能采取积极的态度，认真细致地搞好实验，积累经验，提高质量。这件事不能等待，不能等高考也完全来一个大变动后再考虑课改，那是不现实的。课改肯定会继续推进，而且也肯定会影响并推进高考的改

---

　　① 本文为2005年9月23日在宁夏"中学语文新课程讨论会"上的发言。该发言稿整理发表于《语文建设》2006年第5期，题为《扎实稳妥地推进课程改革》。收入《温儒敏论语文教育》，北京大学出版社2010年版。

　　② 指的是2003年版《普通高中语文课程标准（实验）》。

革。这是大趋势，所以我主张还是积极推进，当然是在既有格局和方法基础上逐步推进，不是搞天翻地覆，一切推倒重来。下面是比较具体的几点意见：

（一）这次课改步子较大，迈出去后，就要有些调整，头脑要清楚。局面打开了，步子不妨稳一些为好。要有些思想准备，随着课改深化，必然会出现许多原来意想不到的困难，或者有冒进的表现，那我们也应当实事求是。有时进两步，退一步，也是好的。退一步可以稳扎稳打，毕竟也还是前进了嘛。步子如何做到稳一些？我不赞成那种过分人文化、文学化的语文课改。不应当把新课程理解为加大人文性，弱化工具性。定位还是要弄清楚，要考虑国情，考虑大多数地区学生的需要，不能只盯着大城市的重点中学，应当更多地关注多数学校，包括农村一般中学的教学资源和条件。高中毕业后很多人不一定继续上大学，即使上大学，绝大多数学生毕业后也主要不是从事中文专业的工作，那么他们对语文的基本要求是什么呢？中学语文改革应该考虑大多数人的问题，首先要解决他们基本的读写能力，特别是阅读的能力，还有一般信息处理和文字表达、语言交际的能力。这是中学语文最基本的功能。我主张还是务实一点，回到朴素的立场，多一些调查研究，看到底社会上多数人首先要求从语文课学习中得到什么。这个清楚了，定位清楚了，再来讨论教学方法和教学模式的改革，就更有针对性。

对大多数学生来说，提高读写能力是他们学习语文的起码要求，先要学会掌握语言表达的工具，然后才是审美、素养等等方面的要求，后者相对是比较"奢侈"的东西。就像一个家庭首先要满足基本的生活，然后才谈得上艺术欣赏等等。当然，这两者很难分开，教学中应当是彼此融合在一起的。在学习读写技能的同时，所谓情感、态度、价值观很自然也从中得到培养。但实际上在不同的教学环节，工具性和人文性的追求又往往是有分工、有偏重的。新课程改革可能对人文性要求比较突出，希望学生学习更主动、快乐、有兴趣，这是改革的需要、策略。而且必须意识到，语文课要解决读写能力，实践性很强，必须有反复的训练和积累。训练的过程不可能都是快乐的，甚至也不可能都是个性化的。希望语文学习全都变得很快乐，或者所有学生都很喜欢，那只是一种理想。语文和其他科目一样是一门学科，有它的学习和教育的规律，有最基本的要求和规范。现在据说连"训练"都不敢提了，那语文怎么学？毕竟是实践性很强的学科。把语文功能无限制地扩大，好像很重视语文了，到头来可能"掏空"了语文。过去我们这方面的教训很多，不能忘记。

（二）请容许我在这里大声呼吁要为语文课"减负"，我所说的不止是减轻学生学习量的负担，而是先要减轻语文本身的负担，减轻语文老师和学生的心理负担。不要把什么东西都交给语文来承担。要求语文解决人生观的问题、审美的问题、道德的问题、爱国主义……这就难办了，负担太重了。更不能把现在社会道德低下、人文精神失落的原因简单归咎于教育，不能夸大语文教育的功能。我们讲语文有人文性，那也是在语文教育基础上体现的人文性。

语文课改应当有一些很实在的东西，让老师和同学心中有数的东西，也就是所谓工具性的要求吧。背诵多少文章，掌握多少文言词汇，阅读写作大致达到什么水平，都要有一些基本的实在的要求，大家可以把握，知道哪些是"基本口粮"，做到"手中有粮，心中不慌"。

中学语文本来就不好教，不好学，老师学生有畏惧感，缺少操作性，缺少成就感。如果新课程改革还是把人文性搞得很玄乎，工具性又不明确，甚至不敢理直气壮抓基本训练，那么情况有可能更糟糕。

现在有些人主张"以文学代替语文"，是所谓"文学主义"，其实也是夸大了文学的功能，那大都是搞文学的朋友们的一种设想，"可爱而不可行"，不切合语文教育的实际。

不宜笼统提"快乐教育"。所谓教学中提升学生的兴趣和主动性，不是最终的目的。这方面可以参照日本的经验，比如日本的教改经验。据说他们也推行过所谓"快乐教育"的，主要在一些公立的学校实行，结果基本训练大大减少，学生的学习质量大幅下降。他们把这种实验的后果称为"分级崩坏"，就是标准混乱了，教学规律偏离了。结果家长不敢把孩子送到搞实验的公立学校，宁可上费用很高的私立学校。

这里不妨也说说"大学语文"的改革。有些人主张以文学取代语文，或者以人文教育取代语文，有所谓"大学新语文"之类教材出来，全是人文精神讨论。"语文"不见了，那为什么还要叫"新语文"？逻辑上也是不通的。既然是语文教改，总不能丢掉"语文"教学的基本规律、基本内涵，否则可能是舍本逐末。

（三）要关注西部和农村地区中学的语文课改。我总觉得现在新教材①比较适合城市中学，特别是水平较高的中学，而不一定适合农村一般中学。现在教育资源分布是很不平衡的，城乡差别并没有缩小，反而正在加大。西部教育的状况的确有所改善，但中部问题又突出了。就是一个省区，不同地区教育资源分配的差别也可能还在加大。课改必须注意这种不良倾向。现在新的教材对于城市水平高的中学来说，问题不大，他们有的本来就开设选修课了。但是农村地区呢，有的学校师资严重缺乏，有的一所中学只有两三个语文教师，连一般主课都难以完成，怎么开选修课？这都是要考虑的问题。如果农村中学在这次课改中跟不上，不积极想办法解决实际问题，又硬要推行，那么教育的贫富差距还会加大加剧。如果这样，我们的教改就会失败。我们的教材也要想办法帮助农村中学的老师，让他们能够上手。

（四）大家最关心的是新课改如何面对高考。这是核心问题，成败也在此。我愿意多谈一点意见。

首先，是新课程的选修课②怎么教学的问题。

---

① 这里说的"新教材"指的是2003年人民教育出版社出版的新课标高中语文教材，笔者担任执行主编。

② 2003年人民教育出版社出版的新课标高中语文教材设计有15种选修课。

人教版有教师用书，但恐怕不一定解渴。大家都在摸索，我们也希望从大家的教学实践中不断总结经验，使教材成熟。但有一点是肯定的，选修课应当充分发挥学生主动性。我不主张老师多讲，应当把更多空间让给学生；也不能把选修当作必修的延长，不宜套用必修课的教法去应对选修。那样，学生肯定没有兴趣。而是否引起学生的兴趣，是选修课能否成功的主要标志。要让学生自己多阅读，多讨论，形式丰富一些。当然，也可以先在考试问题上让学生解放束缚。指定一些范围有必要，但负担尽量考虑小一些，那样才能放得开。

其次，选修课要不要考、如何考的问题。

我主张一定要考，而且在高考中要明确显示选修部分。如果不考，那就等于要放弃选修。选修课设置是这次课改的亮点，也是难点。对大家都是新的事物，要主动探索，积累经验。谈到语文高考，我主张出题不应当拘泥于具体教材。具体而言，可以考虑一种办法，即是必修和选修分开，分别占不同比例的分值。必修的赋分可以占大头，比如70%，包含作文。选修占30%，但可以超量给题。五个选修系列都有题，学生选答。这样，那些开选修课比较少的学校就不会为难，也比较公平。选修的题型"份量"可以比必修的题型小一些，以小的论述题、简答题为主。必修卷主要考基础等级能力，选修卷可以偏重考较高等级能力。当然，会有交叉，都注重综合能力考查。这样处理，有一个好处，如果一个省有多种教材，板块都是相同的，出题尽量求得所谓"共同性"，可以照顾到不同的教材。

语文高考不宜有太大变动，因为牵涉面大，政策性强，变动太大，会让人无所适从。我主张考题总体难度要降低，这是必然的趋势。过去高考难度很高，跟当时高考的功能有关。以前高校招生规模小，能上大学的是极少数人。所以高考难度就必然大一些。现在扩招，大学教育已经平民化，录取率非常高，和发达国家差不多。全国平均去年达60%，今年54%。照理，高考选拔功能应当弱化。但这几年的考题还是太难，很多省考题难度系数还是0.5左右，这是不正常的。相信以后会降下来。降到0.6—0.7之间也未尝不可。同时，命题难易比例也有讲究。较容易的应当占大头，中等难度的占少数，比较难的占极少数。基本上不应当出偏题。

语文高考也确实有些问题需要改革。比如现在考题的题型花样太多，变化太多，会让考生紧张，甚至无所适从。如果考题朴素一点，每个人都能有所准备，就看发挥得好不好，也许更能考出水平，而且也可以抑制高考复习中的"题海大战"。

近时有的专家主张大幅度提高高考作文的分值比重，比如从满分60分提高到90分。其意图是强化对学生综合能力的测试，反对考试的标准化。但这不一定合适。作文虽然最能考出综合能力，但考虑到作文评阅的确难免会有一些"非标准"因素，为了保证大面积的公正性，恐怕作文所占分值比重也不宜过大。作文阅卷给分不容易掌握，只好"趋中"给分，60分满分，就大都是给个40分上下，叫"保险分"，也比较好"交差"。这就有不公平。如果把分值比重再提高，那就可能更不公平了。所以有些事情是"可爱而不可行的"，并不像某些理想主义者所设定的那样乐观。语文高考命题和阅卷是一门学问，应该上升到理论的科学的层面，要调查分析社会接受程度等各个方面的情况。我们那么大一个国家，要有人专门研究这个问题。现在对语文高考缺乏真正科学的研究，这也是个问题。

今年高考命题，北京和全国卷，我都向某些参加命题的专家建议降低难度，朴素一点，多考虑公正性。随着新课程推广，可以预料这是改革趋向。这种趋势对于整个语文改革会大有好处。难度降低，压力减少，指挥棒作用也减少。关键是相关部门要正视现实，主管基础教育的部门应当和主管考试的部门沟通、合作。否则这事情也难办。

有人说当中学语文老师是最"吃力不讨好的"。为什么？这门课不好把握，不见得下了功夫就有更多收获。学生也不愿意投入。这种状况值得"同情"。但相信新课程的实施会逐步改变这种情况。现在的关键是空论不要太多，要有细致的调查研究。我们不要等待，应当主动迎接挑战。有关部门也应当多为一线老师着想，设身处地，多研究一些实际问题，多为水平中等或者中等偏下的学校着想。我们不是为了改革而改革，而是为了解决问题、提高质量，而课程改革是非常细腻的工作，必须依靠广大一线教师。专家也可以出一点力。北大成立语文教育研究所，就准备就日前课改中最重要最实际的那些问题，开展调查研究，有些课题正在募集基金，打算全国招标，组织一线老师参加。中学语文教学对我来说是新事物，我很愿意向大家学习，参与到大家关心的工作中去，做一些实际的事情。

四 语文课改谨防"掏空"了语文①

教育部于2003年颁布《普通高中语文课程标准（实验）》之后，各地已经组织编写和出版了几套新的高中语文教材，并在部分省区实验，推动了中学语文教学的改革，但也碰到一些新的问题，引起一些讨论。其中谈得较多的还是关于语文的定位，也就是语文教育基本的功能，讨论中各种各样的说法都有道理。但有一点首先要问，高中毕业后很多人不一定继续上大学，即使上大学，绝大多数学生毕业后也主要不是从事中文专业的工作，那么他们对语文的基本要求是什么呢？中学语文改革应该考虑大多数人的问题，首先要解决他们基本的读写能力，特别是阅读的能力，还有一般信息处理和文字表达、语言交际的能力。这是中学语文最基本的功能。

现在我们讨论语文改革，比较多的声音是关于人文性，讲素质教育，培养审美的能力，毫无疑问都是题中应有之义。以前注意不够，现在多讲讲，有必要。但是不能忘了语文最基本的功能。如果学习多年语文，基本的读写能力没有过关，学生日后找工作都会有困难，甚至连谋生都会有问题。所以还是要强调人文性和工具性的结合，不过，工具性是更基础的，人文性要渗透其中。现在众口一词在抨击应试教育，其实，这并不都是语文教学的错，也不能将语文的工具性和基础训练一概说成是应试教育。提倡素质教育和个性化学习是必要

---

① 本文根据笔者2005年8月接受《光明日报》记者采访的谈话记录整理。收入《温儒敏论语文教育》，北京大学出版社2010年版。收入本书时有改动。

的，但不能离开语文教学规律和基本的要求，否则所谓素质教育也可能是虚的，不落实的。中学语文改革的争论太多，谁都在抱怨，谁都插得上嘴，但建设性可行性的意见往往得不到重视。我主张还是务实一点，回到朴素的立场，多一些调查研究，看到底社会上多数人首先要求从语文课学习中得到什么，这个清楚了，定位清楚了，再来讨论教学方法和教学模式的改革，就更有针对性。中学语文肯定要改革，但步子稳一些为好，要考虑国情，考虑大多数学生的需要，不能只盯着大城市的重点中学，应当更多地关注多数学校，包括农村一般中学的教学资源和条件。

当然，有些人会觉得语文和自然科学不一样，语文主要承担素质教育的任务，而且太过强调模式化的训练会不会不利于培养孩子想象力以及对文学的感觉。对此我们应当怎样看？语文当然有素质教育功能，但不能简单认为语文教育就等于素质教育。从学科来讲，语文包括"语言学"和"文学"两部分，语言学比较接近科学，而文学则是艺术，前者偏重工具性，后者则偏重人文性。对大多数学生来说，提高读写能力是他们学习语文的起码要求，先要学会掌握语言表达的工具，然后才是审美、素养等等方面的要求。当然，这两者很难分开，教学中应当是彼此融合在一起的。

这里我想再谈谈语文课教材的改革问题。

这几年我有幸担任人民教育出版社新版《高中语文》[①]的执行主编，在编书的实践过程中学到许多东西，也有不少困扰。我感觉要实现语文课的基本功能，语文教材的改革也是一个关键。教育部前年颁布的新课标要求语文课包括必修和选修两大部分，必修是更加基础性的，此外还有选修课，例如文学鉴赏、文化论著选读、新闻和传记等。这是一个新的改革思路，既保证语文基础知识和基本技能的训

---

① 指2003年前后人民教育出版社编写出版的新课标高中语文教材。袁行霈任主编，笔者和顾之川任执行主编。

练，又考虑学生不同的学习兴趣和发展的要求，利于个性化的学习。最近人民教育出版社和北大中文系合作，按照新课标要求编写新的高中语文教材。这套教材的体系和结构都有较大的改革，但并非一味逐新，过去好的教学经验还是积淀下来了。其中必修教材编写还是强调阅读、写作以及口语交际能力的基本训练，保证学生共同的语文基础。必修课共五册，每一册都设计了"阅读鉴赏""表达交流""梳理探究"和"名著导读"几大板块，注意引导学生去鉴赏、思考与领悟，反复梳理学过的语文知识，在训练阅读、写作和口语交际能力方面下了很大功夫。必修课的重点比较明确，就是解决绝大多数学生共同的语文素养问题。而选修课则比较开放，计划有十多种，包括中外小说、诗歌、散文和戏剧等各种文体的名作欣赏，中外文化名著选读，新闻与传媒素养，影视文化，传记选读，汉语知识，以及写作，等等。各个学校可以根据本校具体情况选择开其中若干门课，学生可以自由选课。这套新的语文教材，在保证大多数学生达到基本的语文能力的前提下，为老师教学和学生学习拓展了更大的空间，有利于提高学生的兴趣与学习主动性，而且所谓工具性与人文性的结合也尽可能得以实现。目前全国已经出版五套按照新课标编写的新的高中语文教材，人教社只是其中一套，正在四个省区实验。试用已经有一年，受到许多学校师生欢迎，也碰到一些问题，例如课程与教材改革后如何面对高考、选修课的师资培训等等。已经迈开这关键的一步，不断探索取得经验，我想改革前景总是好的。

　　语文考核的问题也一直是大家关心的。大家都已经注意到，标准化的考试不太能适合语文科。有些很有天分的学生，平时可以写不错的文学作品，但是高考作文却考砸了，这些问题怎么看？语文当然也要有相对标准化的考核。前面所说的基本的语文素养，包括语文知识和读写的基本技能，是可以通过相对标准化的考试来测试的。比如古文的学习，要求高中生大致能读懂比较浅显的古文，对承载我们民族文化的古文起码有些初步的了解，教学大纲都有相应的明确要求，甚至连掌握多少个虚词、背诵哪些段落都有要求。考试时对这些知识与技能就可以做量化的评测。对基本的语文知识，是完全可以进行相对标准化的测试的。不能一讲人文性，一讲个性化学习，就不敢提标准化，连基本的训练和考试都放弃了。但作文就有些特别，是更加要求表达个性创造性的，考试评测比较难做到完全标准化。现在高考作文阅卷最头痛的还是作文。为了保证公正性，不能不设定一些标准，比如切题多少分、结构多少分、文字表达多少分等等。因为每个阅卷老师也有他的"个性标准"，在很短的时间内要评阅很多作文，如果不设定相对统一的标准，那就很难操作。所以尽管标准化本质上并不适于评测作文，但对于高考这样的大考来说，相对的标准化又是必要的，对大多数考生来说，这才比较公平。这些年来很多人不断批评高考，但高考在目前还不可能废除，我们只能尽量改进高考，要很务实地讨论问题。

前年南方某省高考有一位"小作家"的作文也没有得到好的分数，某些作家就此猛烈抨击高考标准化的弊病。其实这可能是比较个别的例子，也可能判卷是有问题，太过个性化的作文反而被看作不合"规矩"；但是不能把这种例子引发的问题扩大化，进而推论高考作文评测标准化是要不得的。考试总有规范性，语文考试也是面对大多数人的，公正性是相对的。当然，语文高考也确实有些问题需要改革。前已论及，此不赘述。

五 对课改应当补台，而不是拆台①

今天我和师范生同学在这里交流，我先讲，然后我们讨论。我讲三个问题。（1）关于课程改革的状况与问题；（2）对课改应当采取什么态度；（3）师范生学习与教师专业发展。

先来讲关于课程改革的状况与问题。新中国成立60年来，随着社会变迁与不同阶段的时代需求的变化，已经进行过八次课改，最近30年就过四次。1978年恢复被"文革"破坏了的教学秩序，拨乱反正，对中小学学制重新做了规定，颁布了教学大纲，集中编写了新的教材。这是第五次课改。到了1981年，为适应经济建设人才需要，抓一批重点大学、中学和小学，修订教学大纲，是第六次课改。1986年颁布《中华人民共和国义务教育法》，对中小学课程与教学体系进行调整，教学计划改为课程计划，突出学生素质的全面发展，这项工作一直持续到1996年，是第七次课改。接下来就是第八次，也就是这一次课改。这次课改从启动到现在，还没有结束，过程很长。最早可以追溯到十年前。1999年国务院批转教育部《面向21世纪教育振兴行动计划》，强调以人为本，推进素质教育，提升国民素质与民族创新能力，提出用十年左右时间在全国推行新的教材教学体系。到2001年，颁布了《基础教育课程改革纲要（试行）》，一直到现在，是第八次课改。这是新中国成立以来规模最大、持续时间最长、变革最深刻、

① 本文为笔者2009年9月25日在华中师大为师范生所做报告的记录整理稿。收入《温儒敏论语文教育》，北京大学出版社2010年版。

社会影响最大的一次课改。八年了，上上下下付出巨大的努力，成效应当肯定，但阻力太大。课改是有冲击力，也带有理想主义色彩，甚至有些悲壮味道。下面我介绍一下这次课改的情况，也说说自己对课改的理解。

为什么要进行课程改革？背景是什么？就是要改变目前中小学课程实践体系存在的落后状况，这种状况明显不适应社会变革以及学生身心健全发展的需要。社会生活中人们对两件事很不满意，一是医疗，二是教育，都和老百姓的生活关系密切。现在医疗改革正在启动，难度很大。那么教育呢，群众满意度也是很低的。课改实施之前，1996—1997年，教育部曾经组织过涉及九省市义务教育情况的调查。调查表明问题严重，表现在：教育培养方式与儿童成长规律及时代发展的需求不适应；品德教育针对性与实效性不强；课程"繁难偏旧"，结构单一；各个学科体制封闭，难于反映现代科技与社会发展新的成就；中考与高考指挥棒下，老师搞题海战术，学生死记硬背；课程评价过于看重考试，过于强调学业成绩和甄别、选拔的功能；等等。所有这些问题的存在，让学生负担重，阻碍青少年身心健康发展，不利于创造性人才的培养。国门打开之后，有了中外的对比，我们教育的弊病就更加明显了。现有的人才培养方式的确存在许多问题，最大的弊端是不讲差异，不重视发展学生的个性，不因材施教，容易把所有的学生都变成同一个模子里的"标准件"。在这样的教育机器的加工下，创造力会衰退。所以从国家的未来着想，必须推进课程改革，不改是没有前途的。从时代需求看，世界进入信息化时代，技术创新日新月异，国际竞争主要就是人才竞争。欧美最近几十年都在搞他们的课改，非常重视创新型人才培养。改革不适应时代的教育制度与课程体系，是一种世界潮流。还有，就是非常现实的问题，现在学生们学业负担太重，身心健康受到影响，从培养健全人格、"以人为本"角度考虑，也迫切需要启动课改。我们要从这个大的背景下去理解接纳这次课改。我们可以有争议，有不同的意见，但任何争论都应当服从"必须改革"这个前提，这是不容置疑的。

义务教育阶段，也就是小学与初中的课改，从2001年开始。当时教育部颁布了《全日制义务教育语文课程标准（实验稿）》，在全国各个省区逐步铺开试行，到现在已经9年了。《普通高中语文课程标准（实验）》晚一些，2004年颁布，高中课改每年推开三四个省市，现在已经5年，有20多个省市进入了实验。湖北是今年进入实验的。高中的课改正在试行当中，而初中与小学的课改就进入总结了。从2006年开始，对义务教育阶段的课程标准进行两年的调查、总结、修订。我作为义务教育语文课标修订专家组召集人，近几年也参与了修订工作。现在初中小学阶段的语文课标已经完稿，估计今年内会正式颁布。高中阶段的课程标准，可能还要试行一段再修订。

有的同学会问：课标与课改是什么关系？课标是国家规定课程教学的指导思想和基本要求。在教学理念、方式及教材编写等方面都要有基本的、明确的规定与建议。国家那么大，情况很复杂多样，水平肯定有高低，容许有不同的教学方法与风格，但也要有基本要求，如教材怎么编，各个学段大致达到什么水平，怎么考核评价，都得有基本要求，所以要制定课程标准。还有，就是想通过新课标的推行，更新教学理念、方式，推进课程改革。课标的制定、出台引起很多讨论，实际上也激活了大家对现有基础教育状况与问题的思考探索。不能说课改后问题多了，而是以前这些问题就存在，但课改把这些问题"激活"了，让大家重视了。

那么这次课改主要改什么？或者说改革的目标是什么？我理解主要想解决四个方面问题。

一是教育观念的改革。《基础教育课程改革纲要（试行）》要求改变课程过于注重知识传授的倾向，强调形成积极主动的学习态度，使获得基础知识与基本技能的过程同时成为学会学习和形成正确价值观的过程。也就是说，不光是学习知识，还要学会学习，学会生存，学会做人。后来还提出学习过程要注重情感、态度、价值观的培养。

意思是教学不要满足于灌输知识、死记硬背、获取高分，不止是看结果，还要关注过程与方法，注意健全人格与世界观的培养。

二是课程结构的改革。过去的课程结构过于强调学科本位，科目过多，分工过细，缺少整合；过多强调学科自身的体系，而忽视学生学习的认知规律。这次课改对课程结构做了较大调整，强调综合性。初中设置理科综合课科学和文科综合课历史与社会，小学与初中都有艺术课。此外，还增加了综合实践活动课，包括劳动技术、社会实践、研究性学习等。高中阶段则改变以往单一的必修课结构，变为必修加选修两大板块，必修占1.25学年，选修占1.75学年。拿语文来说，必修设计有阅读鉴赏、梳理探究、表达交流、名著选读四个系列。必修和选修课程均按模块组织学习内容，每个模块2学分。半个学期（约36学时）完成一个课程模块。选修课程设计分五个系列：诗歌与散文、小说与戏剧、新闻与传记、语言文字应用与探究、文化论著选读与专题研讨。学生修满必修课的10学分便可视为完成了本课程的最基本学业，达到高中毕业的最低要求。然后，可以从五个系列的选修课中任意选修4门，获得8学分，加上必修课程学分，共获得18学分，达到报考高等学校的最低要求。达到第二水平层次的学生，从自己进一步发展的需要出发，或根据某些院校、专业招考和某些单位招聘的要求，可再从这五个系列里任意选修3门课，获得24学分，达到最高学分数。这种课程结构是在保证全体学生达到共同的基本目标的前提下，充分关注学生在语文学习中面临的选择，努力满足其学习要求，支持其特长发展和个性发展。其他科目大致也是这样设计必修与选修。这种改革变动是很大的，主要为了发挥学生的学习主动性，让学生有选择空间，可以有个性地学习。

三是课程内容与教学方式的改革。改变课程繁、难、偏、旧的偏向，以及过分注重书本知识、死记硬背、机械训练的现状，强调学生为主体，重视学生学习兴趣，提倡个性化学习、主动参与及乐于探究。拿语文来说，就是重视熏陶感染作用和教学内容的价值取向，尊重学生在学习过程中的独特体验；应该让学生在广泛的语文实践中学语文、用语文，逐步掌握运用语文的规律；注意汉语言文字的特点，重视培养语感和整体把握能力。所以在课文选择以及思考题设计上，都充分注意这些新的理念，大力倡导自主、合作、探究的学习方式。

四是教学评价的改革。主要是注意评价功能的扩展，不止是考试，也不止是筛选、甄别，而且要有教育促进的功能。注重过程性评价，关注综合素质。例如，中考成绩结合参考平时成绩以及成长记录，高考注意强化能力测试，等等。

以上讲的课改的四个方面，都是力求对现有课程不合理状况有所突破，带有理想色彩，有冲击力。所以课标颁布以及课改铺开之后，引起很多讨论。下面我也从四个方面介绍一下目前课改进展的状况与存在的问题。

其一，课程与教学观念上有大的冲击、突破，也有大的争论。像"以人为本"，重视学生整体素质发展，注重学生身心健全发展，以学生为主体，注重启发式学习，引导学生学会学习，注重基本能力培养，等等，这些新的观念，过去也有提过，但这次通过课改从理论到实践那么集中强化提倡，正逐步得到普遍认同。无论老师、学生还是家长，对目前教学存在的诸多弊病都是不满意的，大家都希望改革，很少有人认为不需要改革现状。起码学生学习负担重，教学内容及方式不利于身心发展，大家都是有目共睹的。前面说过，这次课改激活了对于问题的认识，社会对教育必须改革有了共识，这是毫无疑义的，也可说是课改最大的收获。但是，有共识也有分歧与争议，有理论与现实的矛盾。突出的是不同专业背景产生的分歧。搞教育的专家往往主张义务教育课程适当降低难度，精简内容，如中学物理、化学大量计算可以减少，甚至认为小学和初中不要考试。可是科学家往往从拔尖人才培养与学科发展角度出发反对这样改。数学课标出台，遭到某些专家的强烈反对。2005年全国"两会"期间，多名院士代表要求停止课改实验，认为新课标将千年的数学体系破坏了，不好教，教学质量下降。教育部压力很大，只好重组数学课标修订专家组。这种矛盾其实不完全在专家，普通老师也有不同看法。这个问题现在也还没有很好地解决，不同角度、身份看问题可能不太一样。大学里的专家可能较多从学术发展需要考虑，比如我搞数学，更多考虑是如何培养拔尖的数学人才，从中小学就开始做准备培养，因此也较多考虑数学的学科完整性与知识的连贯性。而搞教育的专家，则可能侧重现实层面，考虑大多数学生，希望减轻学生负担，让学生学习更加主动，更利于身心健全发展。他们都有道理，这就需要做些平衡。我看需要一个过程，各种意见可以平等争论，主要是要实践、实验，在这过程中不断调整。但前提一定要改革，还是要从大的方面考虑，就是改变现有教育状况，在这前提下开展对话，平衡、吸收、消化各种意见。

其二，课改的某些亮点没有得到体现。比如综合性学习，动机设想非常好，体现先进的教育理念。初中以下特别是小学阶段是不宜把课程学科分得太细、太绝对的，那不利于学生思维发展，而且容易诱发各个学科膨胀，加重学生负担。但是综合课实施过程中碰到的大问题，是师资跟不上，综合课往往成了"拼盘课"。再说，有些具体问题也不容易解决，比如班级人数太多，就不太适合上好综合课。高中课改的最大变化，就是把课程分为必修与选修。必修占1.25学年，选修占1.75学年。这是很大的改革，是课改的亮点。可是，真正按照新课标要求开设多门选修课的学校有多少？恐怕不多。很多学校都是1.25学年必修学完后，就转入高考复习了。或者把部分选修课内容变为必修，那也就无所谓选修了。不少地区干脆就规定两三门与高考比较贴近的选修课，让所有学校全都来选，那也都变成必修了。选修课的设计本是这次课改的一个亮点，动机无疑是好的，可惜基本上实施不了。现在看来，选修课到底占多大比重，以什么形式呈现，是否应当在考试中体现，等等，还需要实验，也许有必要做些调整。从实验的情况看，课改规定必修课1.25学年之后，虽然没有真正实行，但是循序渐进的教学梯度给打乱了，一年级学什么，二年级学什么，哪些内容要求在先，哪些在后，乱了。有些学校1.25学年必修课学完后，马上转入高考复习。更有的从高一第一课开始，每一课都增加许多高考备战的内容。这方面的所谓"学案""第二教材"很多，专门设计了很多与高考直接相关的内容，什么"高考链接""练考篇""高考瞭望""闯关题库"等等。本来，在教学中适当关照高考，逐步做些准备，也是必要的，问题是现在把必修压缩在1.25学年，那剩下的空间不是给了选修，不是给学生自主学习，而是让高考复习提前插进来占用了。我看过湖北一所知名中学的教案，高中必修每一课都加插了大量高考试题分析与练习，分为一级闯关题、二级闯关题，还有单元综合考试。这些其实和教学目标及课文没有什么联系，而且量特别大，做题很多，等于是原有课文内容要求的三四倍。很多插进去的内容只考虑直接面对高考，或者就是把历年高考题变通过来，很难与必修课内容结合，也很难考虑深浅程度是否合适，这就必然违背语文教育的认知习得规律。高考练习的内容插进来太早、太深、太多，不是从学习梯度由浅入深不断积累提升，而是一开始就卷入题海战术，能不让学生反感、腻味？这种"魔鬼训练式"的教案与课改精神是背道而驰的。我看这样的训练即使让学生考上了大学，学生也不会感谢你，因为胃口给败坏了，学习的兴趣荡然无存了。所以还是要遵循教学规律，讲梯度，由浅入深，逐步积累提升。人教版新课标高中语文教材大致上还是考虑到学习梯度的，建议大家使用时注意这一点。即使逐步增加高考的备考内容，也要尽可能结合教材，要有关联，量也要适当，要考虑梯度。

　　其三，高考和中考仍然是指挥棒。从理论上说，课改就是要挑战现行应试教育，要改变高考与中考的指挥棒现象。应当说，有所冲击，有一定的突破。比如，有些省市改革中考的力度较大，不是单纯看一次中考成绩，而同时参考成长记录与平时成绩。但是实施起来也有很大困难。主要是家长都瞄准重点高中，竞争加剧。北京有200多所中学有高中，重点大约50多所，考上了就等于准备上大学名校，所以都拼命往这些重点挤。学校不是不让给学生办辅导班吗，家长就让孩子上校外的辅导班，从小学就开始。负担加重了，而且提前加重了负担，甚至提前到幼儿园了。学前班就开始为中考、高考做准备，胎教都说得神乎其神。高考呢，这些年也有些改进。比如题型、出题的趋向、难度系数等，都正在变化。总的来说更加灵活，注重考查学生的能力，包括知识面、思考能力与表达能力。有些省市准备将选修课也纳入高考范围，这将是重大改革。但是无论如何改，还是选拔考试，会讲区分度。只要高考存在，就可能还是指挥棒，这很难改变。目前高考与课改的关系不明确，还是两张皮，很多问题便由此发生。两张皮的问题不解决，课改很难顺利进行。

　　课改碰到的阻力太大，举步维艰。说到底，这一切是因为社会竞争加剧，矛盾转移到教育。从已经进入课改的地区学校情况看，现在碰到的阻力是非常大的。这跟国情有关。对于课改，各方面的态度不完全一样。特别是家长，对课改的想法非常复杂。现在孩子功课太重，考试的紧箍咒摆脱不了，家长是希望改革的。但真的要实施课改了，又会有担心。许多父母对素质教育非常盼望，谁都希望孩子健全发展，但实际上他们又在不断给孩子增加负担，什么英语班、奥数班、作文班，还有音乐、美术、体育兴趣班等等，都不敢落下，搞得孩子负担越来越重。我居住的北京海淀区有许多有名的中学，紧挨着这些中学的都有各种补习学校，按照规定中学内部不能办班，家长和老师就让孩子去上这些私立的辅导班。其实家长们何尝愿意这样？他们是很无奈和无力的。这些年大学不断扩招，升学率大幅提升，可是升学竞争也就是瞄准名校的竞争愈演愈烈。许多地区还是把高考考上名校学生的多少作为衡量教学水平最主要的指标，排行榜把许多校长、老师压得喘不过气来。一些重点校为了维持品牌，每年中考过后就不惜重金到处"掐尖"，把其他学校的高分学生抢过来。这样，所谓名校就越来越成为众多家长竞争的目标。这种情况可以说大家都抱怨，但老是制止不了，就在课改实验这些年，情况反而越加严重，严重到惨烈程度。当下的教育本质上是一种单一标准下的淘汰教育，小学、中学乃至幼儿园，很大程度上都是瞄准将来的高考，于是大家都不得不朝着这个单一模式去培养孩子。你素质教育讲得再多，碰到高考这个实际，就虚化了，谁都不敢怠慢高考。

这只是问题的表面。如果从深层次看，还有更重要的原因，就是社会转型。市场化的影响以及社会层级利益的不均衡，造成了普遍的心理紧张，这种紧张折射到教育方面来了。家长考虑的是孩子今后的出路问题，他们肯定把升学放到第一位，所以即使承认课改必要，也总是担心会耽误孩子考试。这就是现实，是很无奈的民意呀！我们不能不正视这种民意。

其四，教师问题。在如此困难情况下，课改能否实行，效果如何，主要看校长，看老师。他们对教育现状最了解了，对许多课改措施都心向往之，但会觉得"可爱而不可行"，因此在课改问题上也是走走看看，非常犹疑的。校长与老师不可能脱离现实，要受体制上各种要求的制约，受高考指标的制约，他们也很无奈。老师何尝不想改变现有教学模式？但在激烈的竞争中，大家每天都要应付各种各样的检查和要求，特别是要面对高考、中考实际上还是指挥棒这个沉重的现实，几乎都陷进去，难于自拔了。说实在的，老师压力太大，有很多无奈，学校也有许多无奈。课改的推进必须靠一线老师，他们的状况不能不考虑，要为老师设身处地想想。现在课改为什么难？除去前面说的现阶段教育性质的原因和社会原因，还有课改本身的原因，我看就是缺少配套的政策措施。你这边搞课改，那边又容许不正当的竞争行为，而且给校长、老师、学校那么多的压力，那不是彼此抵消了吗？调查表明，课改实行后，教师的工作量大增，日常的学生管理、查找印发资料、备写教案、批改作业、业务学习等琐碎的工作更加繁重。有的教师感觉总在赶课，无法兼顾学生探究能力的培养。这个问题也必须重视，应对教师多一些关心。

不过，从老师这个角度，无论多么难，我们应当以比较实际又比较积极的态度来支持课改，投入课改。高考短期内不可能取消，高考的改革也是有限度的，是考试就难免有指挥棒的作用。怎么办？如果一定要等到高考取消或者彻底改进，才来课改，那也是不实际的，而且又晚了，等于束手待毙。看来还是要有点调和，课改不能完全不考虑高考，一定要有高考的逐步改革来配套，来推进。或者说得更明白一点，我们是在高考仍然存在的前提下来进行课改的。下面我还会讨论高考与课改的关系问题。当然，讲了课改那么多困难，不等于无所作为。课改还是要有些理想主义，有些冲击力度，要不断突破应试教育框架，以此促成高考改革。在一段时间内集中解决课改面临的一些问题，也是必要的，但要有心理准备。课改是长期的、渐进的，不可能是突变的、彻底革命的或者运动式的。"从长计议"就包含这个意思。

这次课改的原动力出自下面，普遍有这个要求嘛，而课改的实施却是从上到下，是作为政策性的要求来推动的，加上处于实验阶段，有些配套措施很难跟上，现在确实效果不是很明显。课改如此艰难，阻力那么大，有非常复杂的原因，主要是社会原因。前面也讲了，是社会转型，竞争加剧，很多矛盾转移到学校里来了。但无论如何，对这次课改我们应当支持，应当补台，而不是走过场，更不能拆台。大家都在一线当老师，对课改冷暖自知，可能有这样那样的看法，但是有一个基本点，也就是共识吧，就是对现在的教育状态大家很不满意。所以，我们还是要以大局为重，不管眼下困难多大，阻力多大，都要坚持课改的大方向。不能一窝蜂上去，又一窝蜂下来，既然已经开始，总要留下一些成果。在改革问题上只要大方向正确，我们不要否定，要补台。我们当老师的即使从自身工作需要讲，也要支持课改。不管课改现在有多难，碰到多少问题，我们要支持，在运行过程中来寻找出路，解决问题。

关于课改我就介绍这么一些情况。面对课改，我们一方面感到必要性与迫切性，另一方面又感到很难，举步维艰，甚至很无奈。面对复杂的情况，以及很多好像无休止的争论，我们的基本态度是什么？我想讲三点看法。

一、要补台，不要拆台；要从长计议，不要激进颠覆。大家在改革问题上是有共识的。只要课改大方向正确，我们不要否定，要给课改补台。许多事情不好办，往往出台某种改革措施，当批评家的比建设者还要多，议论纷纷，议而不决，许多机会就失去了。我比较赞赏那种虽然有切实的批评，但更多有实践精神的改革者。这就是我说的"从长计议"，意思是眼光要放长远一些，要把课改作为一个必须长久持续推进的工作。

课改虽然已经在多数省市实施，但许多学校可能是"水过地皮湿"，做些表面文章，并没有怎么推进。课改的效果不太乐观，原来设计的"亮点"并没有落实。学生负担并没有减轻，有的还加重了，普遍的素质也并没有得到提高。课改在许多地区实际上已经回潮了，于是批评否定的意见又很多。我们应当认真总结经验教训，应当补台，而不是拆台。即使批评课改某些问题，也应当采取建设性态度。

二、课改不能操之过急，不能离开国情，不能搞颠覆式革命，也不能丢弃以往的经验和好的传统。课改是长期的渐进的，要"从长计议"。要清醒意识到，现在课改碰到的阻力非常大，就跟国情有关。所以改革的步子要稳一些，改革付出的成本要适当，要考虑每个地区学校的具体条件，一步步往前推进。在确定课改大的方向前提下，一个地区一所学校具体怎么改，应当容许选择和实验，不一定齐头并进。课改当然要有些刚性的要求，比如要让学生有些选择性，要开设一些选修课，等等，但又要有一定的策略和方式，有些柔性，不能一个模式硬性推进。改革有时还要有一些必要的妥协，要考虑改革成本。如果是拍脑袋搞运动式改革，下面就可能做表面文章，阳奉阴违，结果走过场，浪费人力、物力、精力。总之，对课改一是要支持，二是要实事求是，稳妥一些，协调好各方面的矛盾，一步一步、一寸一寸地往前推进。中国那么大，学校类型多样，改革也应当有不同的办法与选择，有长远的打算。

三、课改应当和高考"相生相克"。现在有一种看法，好像课改就是要完全摒弃应试教育，就是要改变高考、中考带来的一切负面影响，就是和考试对着干。这种看法与态度是不符合实际，也无济于事的。我看课改应当和高考"相生相克"，一起改进。"相生"就是共存，"相克"就是互相有矛盾，又互相促进改革。为何要"相生"呢？说到底，课改目前还得在高考的框架下进行，不能过分理想化，以为可以和高考对立起来，独立推进。在高考框架下课改能走多远，就尽量走多远。完全不考虑高考，甚至忌讳谈高考，这样的课改是脱离国情，脱离实际，不会成功的，家长和老师也不会听你这一套。所以课改怎么面对高考，和高考共存，又不被高考拖着走，恐怕要调整思路，想想办法。高考恐怕不会取消，只能改革，事实上这几年已经做了一点改革，但它既然是考试，就有基本要求，具体到教学环节，就需要高度重视，所以课改必须面对，但又要保持一定距离。这里的"平衡"需要水平。有平衡，就是进步，就是改革。这是个现实问题、核心问题，是改革的瓶颈。也不能简单认为面对高考，就是站在课改的对立面。这种思路恐怕也有问题。我们要帮助学生学得好，学得活，考得好，这无可非议。高考对于课改仍然会起关键的作用，要逐步减少这种"指挥棒"作用，也要高考改革配套。具体来说，先让配套的高考大纲尽快出台，和整个新教材配套的考试评价体系也要尽快出来。总之，课改将是非常艰难的漫长的过程，要有充分的思想准备。这件事急不得，但有些具体措施应当做得细一点，设身处地为一线着想。我们希望课改和高考能谋求一些共存，"相生"又"相克"。

课改肯定也能一步步"迫使"高考以及大学招生模式进行改革。要看到大学选拔人才的方式正在变化，自主招生还会扩大。完全按照过去那一套应试的模式来教学，越来越不行了，不但不利于学生的整体发展，而且对你的学生升学也是不利的。高考在变革，在往课改的方向改，比如题型、出题的趋向、难度系数等都正在变化。总的来说更加灵活，注重考查学生的能力，包括知识面、思考能力与表达能力。有些省市还准备将选修课纳入高考范围，这将是重大改革。这就要求教学中注意整合必修与选修内容。另外，大学的自主招生比例将逐年增加。自主招生也要考，内容方式和过去考试很不同，就是考整体素质和应变能力，对于那些完全从应试模式中出来的学生，那些死读书、只读教辅和做题、知识面窄、思维比较死板的学生，肯定就不利。

各个大学自主招生考试的题目，都越来越注重考查学生的发散性思维和创新能力，考学习能力，考的是"修养"如何，能否联系实际，思路是否开阔。这种考试不需要也不易进行辅导和复习，要靠学生在平时生活中多积累，活学活用，也就是要提高综合能力。那种只是死读课本及教辅的学生，完全靠做题和押题来复习的学生，高分低能的学生，是很难在这种考试中胜出的。从这几年北大自主招生的情况看，面试、笔试过关后，获得了资格，还得参加高考，所谓优待就是给加20分。90%以上考生即使不加分也能考上。这说明自主招生考整体素质，还是很有效果的。

自主招生考试方式的变化，可以说多少也预示着未来高考甄别人才的方式变化。那就是以高中新课程的技术、艺术、体育与健康、综合实践活动、人文与社会、科学等六个学习领域的学科课程标准为依据，着眼于不同学习领域、不同科目间的有机整合，借助一定的生活、生产和学习情境，综合考查学生的各种基础知识、基本技能、学习能力、实践能力以及情感态度和价值观。从这个意义上讲，我们也要积极推进课改。

最后，我对诸位未来将要从事教师职业的同学们说几件你们可能更关心的事，提一些建议。

现在大家都很忙，确实难以沉下心来读书。但是你们要想到，大学几年是人生最美好的不可重复的几年，以后到了社会，就再也不会有这样的生活了。所以要珍惜。一是要认真学习，打好学业基础，要培养好的习惯，最好有自己的一个精神家园，哪怕是一块不大的"自留地"。不要一窝蜂地考这个证那个证，不要一心就想着尽快找到好的工作，想着怎样赚钱。那样可能欲速则不达，几年大学时光过去了，没有学到什么东西，没有坚实的底子，日后也就没有发展的基础。即使一时找到较好的工作，也不一定就有好的前景。未来竞争会很激烈，大学期间不是马上投入竞争，而是准备好条件将来更好地应对竞争。

现在本科教育质量下滑，老师有责任，但学生心里也要明白，必须有自己的计划、打算，利用大学条件，尽量打好学业基础。比如，日后你们可能当语文教师，现在就要学好基础课，不止是学那几本教科书，而是尽量多读书，文史哲、政治经济等等，都读一些，扩大知识面。学会发现问题、解决问题，培养思想力。还要学会写文章，让自己成为写家。不要随波逐流，不要沉迷网上，与流行事物保持一点儿距离。让自己有高尚的趣味。

现在教师社会地位没有20世纪五六十年代那时高，但我相信会逐渐提高，物质上也会得到较高的回报。再说这是稳定的职业，是创造性的职业，以后一定会成为更令人羡慕的职业。大家要有长远目光。

"教师专业发展"不要理解为就是适应课改，或者单纯的职业训练，要有比较长远的目标；因此，可行的中短期学习计划非常必要。当然会考虑一些实际问题，比如考级、职称晋升等等，但不要都是"直奔主题"，免得老师自己也卷入"应试教育"。培养专业兴趣与专业敏感很重要，是长期的事情。还有，就是拓宽视野，不断更新知识，不满足于现炒现卖、立竿见影，或者只关注与目前教学可以挂钩的，要在整体素质以及修养方面下功夫。现在高师教育是有问题的，课程设置太过老旧死板，既缺少理想的观照，又脱离实际，把学生限定死了，很难培养出优秀教师。所谓专业发展也是人生事业的发展，要有一点理想主义。记得年轻的时候看过苏联电影《乡村女教师》，女主人公瓦西里耶夫娜教孩子们念诗，有这样一句："向前看，别害臊，前面是光明大道！"我很为那些老师的理想与事业心所激动，这几乎成了当时我年轻时积极上进的格言。我想现在当老师也还是很需要"向前看"的精神的。

六　课程改革不能以"认知"代替"筹划"①

　　《母语教材研究》正式出版之前，就听说过有这样一个研究项目，但阅读"期望值"不是很高，大概因为类似的书已见过不少。不料这套书的编者把清样寄给了我，拜读之余，冰释豁然，完全改变了原先的想象，引发了极大的兴趣。这是专门研究母语教材的系列书，共十卷，五百万言，洋洋大观，探讨了我国一个多世纪以来语文教育及课程教材的历史经验，以及世界上四十多个国家和地区母语课程教材的情况，称得上皇皇巨著。该书主要编者洪宗礼老师，一个在一线任教的中学教师，联手上百位有建树的语文专家，历经十多年漫长而艰难的跋涉，完成了这样一部在规模和质量上都有重大突破的著作，实在令人敬佩，可贺可喜。

　　这是一套奠基之作，为语文课程与教材的研究打基础，为当前正在推行的语文课改打基础。现在，义务教育语文课改已经进行六年，高中语文课改在十多个省区实验，最早的一批也经过一轮了。下一步怎么走，非常关键。课改的大方向正确，成绩显著，积累了许多经验，但也面临不少问题与困扰，需要认真总结。这些总结不应停留于一般的经验描述，也不止是向上的汇报，应当有一些专门的研究，能把课改问题提升到教育科学的层面，前提就要有开阔的视野和清醒的理论参照。（当前课改的实践经验以及所需解决的问题，是研究的

---

　　① 本文系为洪宗礼主编《母语教材研究》（江苏教育出版社出版）所写书评。收入《温儒敏论语文教育》，北京大学出版社2010年版。

出发点和生长点，也是研究的"归宿"：我们的研究终究还是要解决语文教学的实际问题，推进学科的发展。）目前有两样基础性的工作必不可少：一是弄清"家底"。百年来尤其是最近二十多年来我国语文教学的历史经验，就是"家底"。尽管人们对语文教学状况有这样那样的不满，甚至有些愤激，但无可否认，以往的语文教学还是成绩巨大，经验丰富。我们一旦进入研究，就必须对此保持一种温情与敬意，当然还要加上分析的态度，守正创新，把以往语文教学好的东西继承下来，绝不能搞虚无主义，一切推倒重来。其二，就是放开眼界，广为借鉴外国的理论与实践经验，特别是科学的态度和方法。不是照搬理论，而是结合国情，让异域文术新宗，真能落地生根，为我所用。应当说，如何结合语文课程与教材的改革来清理"家底"，借鉴域外理论，这样的工作才刚刚开始。《母语教材研究》在这节骨眼上出版，如同及时雨，具有很高的学术价值和应用价值。

现今关于语文课程和教材的讨论非常多，许多意见都是公说公有理，婆说婆有理，争论难以聚焦。翻开各种语文刊物，课改的文章多如牛毛，可是绝大多数仍然停留于经验描述，通常就是观点加例子，很少有严密细致的量化分析与科学的论证。比如：现在中学语文课程的文言文多了还是不够？已经争论很久，看法可能完全相反，彼此都有理由。可是至今很少有人用科学的方法去跟踪调查，靠数据分析，来认定社会学意义上的当代"标准公民"高中毕业后到底需要怎样程度的文言修养，就可以满足他们生活与工作的需要，而实现这要求，体现在教学上，又应当有怎样的层级标准与措施。课改中需要解决的类似的问题很多，如果停留于经验层面，光是靠观点加例子的争论，是解决不了的。我们学中文出身的老师，长处可能在感性，会写文章，短处是缺少科学的方法训练。所以语文课程与教材的改革的确任务很重，除了激情，还需要实事求是的态度以及科学的方法，特别需要相关学科研究方法的介入。《母语教材研究》给我们提供了一些很实在的案例和研究线索，也昭示了某些方法论的眼光。

该书共十卷，包括三大部分：

第一部分是回顾总结我国由清末至今语文课程与教材的历史经验，梳理语文课程教材演进的线索，比较精彩的是其中对代表性教材的评价。编者从搜集到的数百套教科书中遴选出有代表性的164篇课文，深入探究其选文（或自编自撰，或特约撰文）的思路和原则，讨论语文教科书编制的基本规律，总结成败得失，并在此基础上对如何科学编制教科书提出一些建议。这也是前面所说清理"家底"的工作。心中有数，才不至于妄自菲薄，因为传统的语文教学经验仍然是我们不可或缺的宝贵资源。

第二部分是翻译介绍国外母语课程标准和教材情况，材料丰赡，博取约说。例如，外国的母语教学课程标准是如何制定的，其理念和侧重点各有哪些不同，教材编制、审定和使用有哪些规定，等等，都有精到的叙述。这对于当前新课标的修订以及教科书编写，无疑都会大有增益。

第三部分力图从前两部分资料评述中超越出来，进行中外比较，包括语文教材编制基本问题研究、中外语文教材模式比较等。这些研究往往扣紧当前课改所面临的某些问题，反思中求突破，借鉴中求创新，洞烛幽隐，多有辨证，新见迭出。这套书是概观性、资料性的工具书，研究者、语文工作者和老师可以顺藤摸瓜，从中获取许多语文教学研究的信息资源；又是很有问题意识、非常切合实际的一部专著，预料对当前的语文课改能起到大的推进作用。

我特别关注该书对不同国家语文课程目标制定情况的介绍，读来果然颇获裨助。其中一个重要的启发就是，语文课程标准的制定，应当使语文课程形态具有多种选择的可能，要强化对语文课程形态的内部论证，不再是理论空转，必须基于可行的方案筹划，并证之于实际的成效。比如"语文综合性学习"，普通教师会问：究竟是什么与什么的综合？如何综合？谁来综合？综合成何种模样？这些问题落实到课堂上，都应当是具体的、准确的、可以操作的，课程标准应当注意引导，给教师留足发挥的空间。又比如作文教学，如今聚讼不断，各种套式说法简直让人目迷五色，一线老师真有点左右为难。看看该书对历史上作文教学某些可行性经验的总结，以及国外许多具体的作文教学模式，我们可能会感到现在的许多议论是太夸夸其谈脱离实际了。无论本国历史上的教材，还是域外的教材，多数的定位都比较清楚，不排除作文技能的因素，而且都重视训练，有层级递进的具体要求。相形之下，我们有关作文的许多争论是否有些过于"宏大叙事"？如果没有明确的、必学的知识内容，没有必须达到的、统一的作文技能指标，而只是让学生进行自发"创作"，美其名曰"个性化"，其实是难以操作，也难以收到好的效果的。诸如此类的"现实问题"，这套书多有涉猎，且力求从中外教学经验总结分析的基础上去观照、讨论，理论性和资料性并重，问题意识也很强，新知灼识随处可见。

这套书让我领略了一个很重要的观点：不能简单地以"认知的方式"来对待"筹划问题"，否则很容易导致对现实问题的视而不见，使我们的研究工作沦为"坐而论道"的无效。无论制定课标，还是改革课程、编写教材，都是复杂的系统工程，必然涉及方方面面，要靠某些"合力"来最终完成，这和个人凭心逞意地写几篇痛快文章是两回事。有些东西很理想，但碰到现实，可能是"可爱而不可行"的；有些经验在某一地区或某一类学校实行得很好，到了其他地区或学校，就走不通。所以说不能以"认知的方式"来对待"筹划问题"，也不能以经验主义遮蔽科学的态度，重要的是既实事求是，脚踏实地，又有高远开阔的胸怀，以及必要的理论观照。联系当前语文课改状况来读《母语教材研究》，是很有意思的事情，我很乐意把这本书推荐给所有关心语文课改的老师和朋友们。

七　课改和高考应相生相克

——答《中国青年报》记者问①

　　《中国青年报》按：近日，修订后的义务教育阶段各学科课程标准正式颁布，其中，语文最受关注，语文教育改革问题也随之再一次成为社会热点。新课改已经推进了十年，但社会对语文教育的批判声一直不绝于耳。每到高考前后，由高考作文引发的批评声浪就达到一个高潮。十年教改，语文教育有哪些得失？语文教育改革难在何处？此次语文新课标的修订隐含了哪些改革信号？就这些问题，《中国青年报》记者采访了语文学科课程标准修订的召集人——北京大学中文系教授、山东大学文科一级教授温儒敏。

主管部门要重视课改与考试"两张皮"问题

　　记者（以下简称"记"）：新课标公布后，语文教育改革再一次成为社会热点问题。这一方面体现了社会各界对语文课改的高度关注，另一方面也表明人们对语文教育还有不满意的地方。新课改已经推进十年，您能否总结一下十年来语文教改取得的最大突破是什么？

　　温儒敏（以下简称"温"）：课程与教学观念上有很多争论，但很多新的东西开始深入人心。像"以人为本"，重视学生整体素质发展，注重学生身心健全发展，以学生为主体，启发式学习，注重基本能力培养，等等。这些观念，过去也提到过，但这次通过课改，从

---

　　① 该访谈发表于2012年3月7日《中国青年报》，记者樊未晨。收入《温儒敏论语文教育　二集》，北京大学出版社2012年版。

理论到实践集中强化提倡，正逐步得到普遍认同，在许多学校不同程度上都有改进。这次课改激活了对于问题的认识，社会对教育必须改革有了共识，这是毫无疑义的，也可以说是课改最大的收获。

记：从2002年左右开始的语文课程改革被人们赋予了很多期许，但效果好像不是那么显著。您认为十年课改未能实现的目标有哪些？

温：课改原来设计的某些亮点的确没有得到体现。比如高中课改，希望学生学得主动，有更多的选择，就设计了必修课与选修课，必修课占1.25学年的量，其余是选修课。这是很大的改革，是亮点。可是，真正按照新课标要求开设多门选修课的学校恐怕不多。有些学校1.25学年必修课学完后，马上转入高考复习。

另外，高考和中考仍然是指挥棒。从课改的理论上说，就是要挑战现行应试教育，改变高考与中考的指挥棒现象。应当说，有所冲击，有一定的突破。比如，有些省市改革中考的力度较大，不是单纯看一次中考成绩，而是同时参考成长记录与平时成绩。但是实施起来也有很大困难。主要是家长都瞄准重点高中，竞争加剧。高考呢，这些年也有些改进。但目前高考与课改的关系不明确，还是"两张皮"，很多问题便由此产生。

我觉得主管部门对此不够重视，你这个部门抓课改，他那个考试中心不怎么动，不是配套进行。"两张皮"的问题不解决，课改很难顺利推进。

名校升学率潜规则有时比红头文件管用

记：课改很多亮点未能体现，目标没能实现，问题出在哪里？

温：课改碰到的阻力太大，举步维艰。说到底，这一切是因为社会竞争加剧，矛盾转移到教育。从已经进入课改的地区学校情况看，现在碰到的阻力是非常大的。这跟国情有关。当下的教育，本质上是一种单一标准下的淘汰教育，大家都是瞄准将来的高考。你素质教育讲再多，碰到高考这个实际，就虚化了，谁都不敢怠慢高考。

这只是问题的表面。如果从深层次看，还有更重要的原因，就是社会转型。由于市场化的影响以及社会层级利益分配的不均衡，造成了普遍的心理紧张，这种紧张折射到教育领域来了。

记：我是70后，我上学的时候，同学们并不讨厌语文课，我们的语文课上得挺活。但现在，改革进行了十年，老师也培训了一轮又一轮，怎么语文课变得越来越刻板了呢？学生的语文素养没见到更大的提高，简单的应用也似乎出现了问题。请您分析一下：问题到底出在什么地方？

温：还是因为高考和中考的竞争比以前更激烈了。升学率，特别是名校的升学率，成了硬指标。即使政府规定不让在中考与高考的结果方面排名，事实上谁不在排名？学校和师生的压力是非常大的。很多老师心里知道课改提倡的那一套很好，可是不敢用，是"可爱而不可用"，只好先对付考试。

课改不能和高考对着干

记：很多人都说，教育改革最大的障碍是高考，语文也不例外，大家形容语文教改是在戴着镣铐跳舞。您怎么看？

温："戴着镣铐跳舞"指的是放不开手脚，难办。也可以有另一种理解，就是正视高考这个现实，在这种体制下，不是无可作为，要让学生考得好，又不至于把脑子搞死，兴趣搞无。这就要有些平衡，有水平的老师懂得平衡。所以教师的水平至关重要，当然还有事业心和职业操守，有水平，又有心，学生就受益。

记：在我国目前人口众多且教育资源分布极为不平衡的情况下，高考还会在未来一段时间内存在着。您曾经说过，语文的改革要在高考的框架下进行，能走多远就走多远。请您分析一下语文教育改革与高考之间的关系，在高考继续存在的前提下，如何调整改革，同时，为了适应当前全面的改革，语文高考这个环节最需要做出什么样的调整？

温：我曾提出，课改和高考、中考应当相生相克，这也是平衡。"相生"就是共存，"相克"就是互相有矛盾，又互相促进改革。为何要"相生"呢？说到底，课改目前还得在中考和高考的框架下进行，不能过分理想化，以为可以和高考对立起来，独立推进。在中考和高考框架下课改能走多远，就尽量走多远。

现在有一种看法，好像课改就是要完全摒弃应试教育，就是要改变高考、中考带来的一切负面影响，就是和考试对着干。这不符合实际，也无济于事。高考不会取消，只能改革，课改必须面对，但又要保持一定距离。

高考应当改革，"指挥棒"也可以发挥积极的作用。目前可以先改的，是命题与阅卷。拿语文高考来说，改进的空间就很大。现在知识性的考记忆的题目比以前少了，但阅读理解还是很琐碎、技术化，很多题目不是考整体把握和理解能力，而是考如何精确判断某些细节对错。有些多项选择题有意弄得云山雾罩，一不小心就让人踏入错误泥淖。说实在的，有的让老师来做也胆战心惊。

当然，考试要有区分度，要讲究一定的难度系数，否则拉不开距离，不好选拔。高考毕竟还有选拔功能。题目全都很"活"是不可能的。我的意思是即使讲区分度，题目也别出得那样拘泥于细节，"锱铢必较"，还是应当想办法让学生都能充分发挥，在发挥的程度上去区分水平高低。题目太细腻、死板，对"会考试"的学生有利，但不见得考出真的水平。这个问题能否改一改？

举例说，现在语文教学最大的问题是学生不读书，读书少。那高考"指挥棒"能否指挥一下，让同学们都喜欢读书？我看可以试试。最近北京一所中学的语文试卷，其阅读理解这块就做了很大改进。他们不再出常见的那种归纳分析题，而是出选择题。一本指定学生必读的长篇小说到底读过没有？列出几种情节框架（其中也有细部），让学生选择其中正确的一种。如果没有读过原著，只是看过节选，这种题目是回答不了的。我觉得这题目就出得好。如果高考语文也有这样的题，不就可以往多读书、读好书、读完整的书方面"指挥"了吗？

还有就是命题水平不高，阅卷水平也大有问题。现在困扰最多的是高考作文题，每年都引起社会关注，可是始终缺少认真的理性的研究和改进。我认为高考作文定位首先是考思维能力，然后是书面表达能力，两者自然结合。可是这些年高考作文太过于注重文笔，而不太考查思维，造成作文教学也是只教文笔，甚至是应对高考的套式作文。我们的题目能否出得"智性"多一点，来抑制那种到处都是"扬起风帆"之类的"文艺腔"？先要改掉泛话题化命题和自选文体的考查方式，代之以加强限制性、明确要求文体的出题考查方式，明确给予材料范围，杜绝考生套写作文；改变考生片面追求文笔，"学生腔""文艺腔"严重的倾向，增加思辨的内容要求；"指挥棒"多往理性思维靠一靠，有意识地考查学生撰写规范的记叙文、说明文、议论文等的基本能力。

另外是阅卷，也有很大问题。由于阅卷工作量大，补贴过低，不少大学老师不愿意参加，就派缺乏教学经验的博士生甚至硕士生去阅卷，阅卷质量不能保证，也影响高考的公正性。

写作教学不能只教 "宿构作文"

记：当前中学的作文教学问题很大，如何改进？

温：现在很多中学的作文教学都是瞄准中考、高考，主要是以范文分析为核心的文体"套路"的练习，但"套路"容易沦为"宿构"，结果"宿构作文"成风。模仿式的作文教学作为一种初级写作教学的办法，通过系统上课和反复练习，让学生熟悉和练习写作的基本技能，他们会有所收获。但"仿写"不是目的，满足于"仿写"，沦为应试的 "套路"和技巧，就走向反面，肯定束缚个性，形成空话、大话、假话连篇的"八股"。前面讲的过分追求"文笔"，往往也和"套路"连成一气，结果带有"文艺腔"的"宿构作文"就遍地都是了。

作文课和阅读课一样，需要气氛，需要熏陶，需要不断激发学生表达言说的欲望。无论什么教学法，重要的是让学生对写作有兴趣，应当想办法营造一种氛围，引起学生动笔的兴趣，有了兴趣就好办。

如果把作文课上成应试技巧课，完全纳入高考或中考准备，那是很难引起兴趣的。如果老师自己都很功利，对写作没兴趣也没感觉，那也不能指望学生对作文有兴趣。应当让学生感到学习写作既是升学的需要，更是终身需要的一种能力和修养，是有趣的值得投入的本事。

八 核心素养、任务群与建构主义[①]

　　我想借这个机会，和老师们一起讨论一下高中语文课程改革所面临的一些问题。有些想法不一定对，也不代表官方或任何机构，只是个人的观察和研究，和大家一起讨论。

（一）如何理解新课标提出的"语文核心素养"

　　2017年底公布的《普通高中语文课程标准（2017年版）》，对今后的高中语文教学可能会有很大的影响。这几年我主持编写高中语文统编教材，对新课标也有一个学习领会的过程，甚至有过争论，有过不同观点，当然最后还是磨合，在教材编写中寻找落实课标的比较适当的方式。这里不妨和老师们一起探讨学习，看看在一线教学中如何贯彻新课标，搞好语文教学。

　　新课标最引人注目的，是"语文核心素养"的概念。以往也有类似的概念，如"语文素养"，就用得比较普遍。若问"语文素养"包含哪些基本内涵，大概就会说是听说读写能力，或者加上文化、文学的修养，等等，但并没有明确的界定。而新课标提出"语文核心素养"，让语文学科的定位清晰了，可以说"终结"了长期以来关于"语文是什么""语文要教什么学什么"，还有"人文性和工具性哪个更基本"等等问题的争论。课标中有一句话叫"凝练了学科核心素养"。"凝练"这个词用得好，"语文核心素养"的"凝练"表述，把

---

　　① 本文根据笔者2018年5月至2019年10月几次会议上的发言记录整理。收入本书前未发表过。

以往许多夹缠不清的问题厘清了。

语文核心素养包括哪些基本面？教学中要达成语文核心素养的目标，主要应当关注哪些要素？这是一线老师最关心的。新课标的解释非常明确，语文核心素养主要包括"语言建构与运用""思维发展与提升""审美鉴赏与创造""文化传承与理解"四个方面。也许语文学科的教学还可以达成其他一些目标，你可以说语文素养还有其他什么，但对于基础教育的语文，特别是高中语文来说，这四个方面就是"核心"，就是最基本的内容目标。

注意，"核心"所包含的四个方面并不是平列的。课标解释"语文核心素养"时，把"语言建构与运用"放在最前头，为什么？这是语文学科独有的，具本质意义的。课标的提法是，要求学生在学习语言文字运用的过程中，建构语言运用机制，增进语文学养，努力学会正确、熟练、有效地运用祖国语言文字，加深对祖国语文的理解与热爱。这对于我们一线教学来说，有什么启示呢？就是明确了，语文的本质是让学生学习祖国语言文字运用，就是学"语用"，在这个学习的过程中，把其他几方面也带进来。以前没有这个提法，或者没有很明确这样来提出。我说这是"一带三"。那么一线教学也应当是"一带三"，立足于语言文字运用的学习，把其他学习也融汇进来。

语文核心素养所包含的第二个方面，是"思维发展与提升"。课标强调的是，学生通过学习语言的运用获得几种思维能力的发展，包括直觉思维、形象思维、逻辑思维、辩证思维和创造思维，另外，还有思维品质的提升，包括思维的深刻性、敏捷性、灵活性、批判性和独创性。以往各种版本的语文课标也都有提到思维能力的培养，但当作语文核心素养的重要组成部分，放在那么突出的位置，这是第一次。

这又有什么启示？传统语文教学有很多优点，比较讲究涵养，但很少关注思维方式的发展。这是弱项。而现行的语文教育往往陷于应试，处处面向考试，更是不利于思维发展的。新课标如此强调思维发展，还把直觉思维、形象思维、逻辑思维、辩证思维和创造思维等各种思维形式都加以明示，使之成为语文教学的必需部分，这对于改变目前语文教学缺少思维训练（尤其是缺少批判性思维和独创性思维）的状况，会有一个大的冲击。注意，几种不同的思维形式都提到了。这在教学中是应当考虑的。事实上，这些年来对于思维训练，尤其是逻辑思辨能力培养，是开始重视了。高考语文命题也在往这方面靠拢。

语文核心素养的第三个方面，是"审美鉴赏与创造"。课标要求通过审美体验、评价等活动形成正确的审美意识、健康向上的审美情趣与鉴赏品位，并在此过程中逐步掌握表现美、创造美的方法。注意，这里应当关注的是"审美情趣"和"鉴赏品位"的提法。我们的语文教学其实已经很少顾及和尊重学生个人的"情趣"，新课标的提示应当给一线教学提个醒："健康向上的审美情趣"的培养，也是语文教育题中应有之义。而"鉴赏品位"这个说法的提出，在这个过分物质化的浮躁且平庸的环境中，是有针对性的。

而第四个方面"文化传承与理解"，课标要求的是"学生在语文学习中，继承和弘扬中华优秀传统文化、革命文化、社会主义先进文化，理解与借鉴不同民族和地区的文化，拓展文化视野，增强文化自觉，提升中国特色社会主义文化自信，热爱祖国语言文字，热爱中华文化，防止文化上的民族虚无主义"。这里值得关注的是，理解和尊重文化多样性，关注当代文化，学习对文化现象的剖析，积极参与先进文化的传播。这样明确的概括和提示，也是第一次。

目前社会上和学校中都在弘扬优秀传统文化，但较少顾及如何让学生理解和尊重文化多样性，也较少要求关注和学会分析当代文化现象。而只有把文化的传承与文化的理解这两者结合起来，才是健全的文化态度。课标讲"文化传承与理解"，并没有一边倒，其中传递的警示，是值得注意的。对传统文化要有分析，然后才谈得上继承和发扬。传统文化有精华，亦有许多糟粕，我们需要的是精华，是优秀的传统文化。在对待传统文化问题上，一定要坚持历史唯物主义和辩证唯物主义的立场、观点和方法，批判和抛弃那些落后腐朽的不适合现代社会发展的部分，挖掘和阐发优秀的部分，要处理好继承和创新的关系，重点做好创造性转化和创新性发展。语文课在指向语文核心素养时，强调让学生理解和尊重文化多样性，学习对文化现象的剖析。这些要求，是有现实意义的。

课标在解释语文核心素养四要素之后，有一段解释很重要，那就是"四个方面是一个整体"，彼此融合，不能分开。还特别说到语言是"交际工具""思维工具"，又是"文化的重要组成部分"，因此，"在语文课程中，学生的思维发展与提升、审美鉴赏与创造、文化传承与理解，都是以语言的建构与运用为基础，并在学生个体言语经验发展过程中得以实现的"。这对我们一线教学来讲，也很重要，就是强调语言的发展是与思维的发展、审美与文化的学习相互依存，相辅相成的。

多年来强调"人文性与工具性"的统一，这提法没有错，但在实际教学中还是容易把两者分开，或者"一项一项完成"，结果容易零敲碎打，或者"贴标签"。而有关语文核心素养所包含的四个方面协调发展的提法，也是为了扭转这种偏向。

新课标提出"语文核心素养"这个概念，澄清了长期以来语文学科定性的模糊状况，"终结"了在定性问题上的纷争，特别是对语文学科内容目标四个方面的解释，非常精到，有很多"理论生长点"，又很有现实针对性，对于一线教学，包括阅读教学，必然会产生积极的影响。

（二）任务群和语文课程结构的调整

新课标还提出"学习任务群"的概念。这是又一宗旨性的概念。把"学习任务群"确定为达成语文核心素养的主要途径，是顺势推导。这个概念和设想也不是语文课标独创，而是"顶层设计"就提出的，所有学科都要采取"任务群"的教学。

其中部分任务群的内容贯穿必修、选择性必修。这是以往高中课程从来没有过的。这种设计将对高中课程和教学产生极大的影响。能否大面积落实，现在还不好说，还得靠一线师生的实践。我是有些质疑和担心的。因为高中面临高考，这是巨大的现实。课标这些规定如何面对高考，是个问题。但从学科理论看，这是一个相当大的推进。

现在高中新的教材也基本上按照课标的要求来编。我提出"守正创新"，不能完全推倒重来，与以往的教材教学好的经验还是要有一些衔接。现在高一必修两册，高二选择性必修三册，和以往教材比，变化还是挺大的。一是单元结构的变化。以往主要是文体组织单元，或者人文主题组元，新教材是"任务群"加上立德树人的主题来组织单元。比如说，第一册八个单元，主题涉及青春理想、崇尚劳动、人生感悟、乡土中国、学习之道、感悟自然等等。这八个单元同时还分别承担着几个"学习任务群"，包括思辨性阅读、文学阅读、实用性阅读，以及当代文化参与。而语言积累梳理与探究、整本书阅读这两个任务群除了有单独的单元外，还渗透到其他各个单元之中。实际上每个单元承担一到三个任务群。

高中课标的这些变化，不只是高中的，它提示一种课改的动向。所以我们必须密切关注。

一个很实际的问题：以后语文怎么教？

这种任务群学习与过去的教学模式有很大的区别。它强调的是不以文本为纲，不求知识的系统与完备，不把训练当作纯技巧进行分解训练。教师是组织者，学生是主体，师生互动。

但是也有很要紧的问题值得探讨。任务群提倡任务驱动下的多文本学习，以及任务驱动下的学习活动，把这两点作为以后语文教学的主要方式。这还需要实验，看看效果如何，会出现什么问题。起码有好处，就是有利于学习目标和内容集中、明确，克服语文教学的随意性，同时有利于发挥学生学习的主动性。有任务嘛，教学目标就清晰了。

我强调还需要实验，是因为有三个担心，那么就要有三个"防止走偏"。

1. "学习任务群"是教学要完成的主要任务，让教学目标更加明晰，克服随意性，同时让学生带着"任务"去主动学习。但要防止把任务群教学理解为就等于任务驱动，甚至将任务驱动作为语文教学的唯一方式，一边倒。"任务"应当是属于语文的任务，而不是脱离了语文的其他"活动"。教材中每个单元都有学习任务，都和单元课文密切相关。教学中可以参考这些单元学习任务，也可以提前布置给学生。但要注意，不要局限于在任务的指使下去阅读，因为那样反而可能会让学生被动，降低他们阅读和学习的兴趣，适得其反。学生在阅读学习过程中，可能会时常想到预设的那个任务，所关心的是如何完成任务，是阅读材料中哪些部分可以用在完成任务，他们思考的问题就会限定在预设的任务范围内，而不是在阅读中自然地形成的，所谓个性化阅读、探究性阅读，很可能就会受到预设的任务的限制或者牵引。这很可能还会导致为完成任务而阅读的实用主义，自由的、开放的、创造性的阅读也就可能沦为功利性的阅读。就像我们现在很多学者被科研项目所捆绑，为了完成项目而进行研究，结果陷于项目化的状态一样。所以任务驱动的那个"任务"，恐怕不能预设太细，要考虑留给学生的空间大一些。

2. 新教材关于"课"的设计，和以前有所不同，采取的是"群文教学"为主。这可以抑制以往一课一课精读精讲、容易碎片化的弊病，但也要防止沦为浅阅读。因为都放手让学生自己去读，而且是在有限的时间里的群文阅读，肯定不可能很细致，甚至容易囫囵吞枣。在实施多文本阅读的时候，怎么把握好精读与略读的结合，怎么防止浅阅读，是非常有必要进行思考和研究的。改进的办法，还是要把群文阅读的课文或者材料分为精读与略读，要有精读的要求。

3. 任务驱动下的学习活动，不要包揽整个教学过程。有些文类的阅读，比如实用类阅读、思辨类阅读，可以活动多一点，但文学类阅读，活动少一点，还是让学生静下心来读，是自主性的阅读，而不是动不动就讨论，就组织各种活动。我们的语文课本来就很热闹，很浮躁，缺少沉浸式的阅读，缺少真正个性化的自由的阅读。如果老是任务驱动，老是组织各种活动，那也是不利于语文素养的提升的。

过犹不及，欲速则不达。新课标提出的语文核心素养的理念很好，任务群的主张也有新意义，但不要全盘否定以往语文教学的经验，也不要指望把新的办法定于一尊，那是不可能的，甚至会适得其反。在新课标刚提出之时，我说说自己的担心，也是一种提醒吧。我们可以做一些调和，吸收新课标关于任务驱动的理念，在某些教学环节可以多使用这个办法。但不一定全部都改为任务驱动，还是要实事求是，根据教学的内容需要及学情来决定如何实施。

（三）如何看待建构主义

这里专门要说说建构主义的问题，因为这个教育思想最近十多年来几乎成为课改的基本指导思想。新的高中语文课标，也多次使用"建构"这个词。课标的提法是，要求学生在学习语言文字运用的过程中，建构语言运用机制，增进语文学养，努力学会正确、熟练、有效地运用祖国语言文字。在以往的教学大纲或者各种版本课标的相关表述中，一般也就使用"语言的运用"，似乎极少使用"建构"这种说法。那么新课标为何采用了"建构"来说明"语文核心素养"这个概念呢？

与此同时，还有"情境化教学"，也是和建构主义一样，成为主流的教学理念。

心理学和语言学的"建构主义"，代表人物是瑞士的皮亚杰（J. Piaget）。这个流派认为学习过程是学习者基于原有的知识经验的生成意义、建构理解的过程，而这一过程常常是在社会文化互动中完成的。这种教育思想显然有别于传统的教学观念。20世纪90年代以来，"建构主义"在我国教育界有很大影响，几乎成为主流的教育理论，并在课程改革中发挥作用。如课课改强调以学生为中心，强调

"情境"对意义建构的作用，强调利用各种信息资源来支持学习，强调"协作学习"，重视学习过程中学习者的主体性和知识的建构性，其背后就有一种新的教育理论，即"建构主义"的理论。也许有些老师并不知道这其中有"建构主义"的影响，他们赶上课改的潮流，推进教学改革，也起码是暗合了"建构主义"观念的。现在新课标在多处明确地采用"建构"一词，事实上是为十多年来一直助力于课改的"建构主义"教育思潮"正名"。

"建构主义"认为，知识主要不能靠教师传授，而要学习者在一定的情境即社会文化背景下，借助其他人（包括教师和学习伙伴）的帮助，利用必要的学习资料，通过意义建构的方式而获得。课标也多处强调"情境"对于学习的重要性，强调语文课用"任务群"的办法，取代过去单篇课文讲授为主的教学模式，围绕一个个人文主题来组织学习资源，设计学习任务，让学生通过阅读与鉴赏、表达与交流、梳理与探究的自主活动，自己去体验环境，完成任务，发展个性，提高思维能力。

在课程结构中，新课标提倡的是"以自主、合作、探究性学习为主要学习方式"；建议追求语言、知识、技能和思想情感、文化修养等多方面、多层次目标发展的综合效应，而不是学科知识逐点解析、学科技能逐项训练。每一任务群的"教学提示"，几乎都主张以参与性、体验性、探究性的语文学习活动为主，增强课程内容与学生成长的联系。比如"当代文化参与"任务群，就建议引导学生创建各类社团，开展各类学习活动，如读书交流、习作分享、论辩演说、诗歌朗诵、戏剧表演等。"整本书阅读"任务群，则建议以课内外自主阅读为主，辅以交流讨论，不以教师的讲解代替或限制学生的阅读与思考。几乎所有的教学活动，都围绕着学生"核心素养"的自主建构。

这些观点有现实的针对性，有利于扭转当今僵化的应试教育模式。但是，任何理论都有它形成的背景，所谓"谱系"，而且理论往往也是有其适用面的，超出这个范围，可能就不灵了。

建构主义的主要理论根据是语言学和心理学，而且是儿童语言学和儿童心理学。建构主义比较适用于小学的语文教学，但到了高中，就不见得适合全面推广，或者说，推广要有范围和指向。

比如刚才讲到的任务驱动项目化学习、情境化学习、"以语文实践活动为主线"、要搞很多活动来取代讲授等等，我认为这些都只是一种实施的方法，可以建议，但不宜规定。建构主义有些主张可能适合语文教学的一部分，但不是全部。建构主义是基于语言学和心理学的研究，发现儿童的语言学习的确有自我建构的过程，这是有道理的，值得小学语文重视。但这个语言学习的自我建构，不等于语文学习全都得照此办理。特别是高中，没有必要所有的知识全都靠学生自我建构。很多语文知识，主要应当通过老师的讲授让学生掌握，没有必要全都交给"活动"。"活动"其实很费时间，往往还会低效。

再说"情境化教学"，也要实事求是。小学语言教学可以多用一点，初中慢慢减少，高中没有必要搞很多情境化教学。见到有些高中老师备课，在如何制作多媒体、如何营造课堂气氛上下了很多功夫。都高中生了，有这个必要吗？

我的意思是，建构主义所主张的知识在活动和交往中去自我建构，小学可以多用一点，高中是否要多用，还得看教学内容和学情的需要。

语文学科和其他学科不同，实践性很强，你很难指出一条速效的办法去提高语文素养。前面提到新课标一些新理念，都很好，但说来说去，需要回到这个朴素的道理，就是多读书。读书的过程，读书的积累，读书兴趣和习惯的养成，本身就是语文。读书兴趣和习惯的培养，以及读书方法的掌握，远比现在这种面向考试、精读精讲、反复操练的做法要高明，也更加重要。

九　评一节高中语文课^①

　　最近看了长春希望中学张冬梅老师讲戴望舒的《雨巷》的录像，很有感触，新课标推动的语文课改的确有成效。刚好北大网络学院有语文课改培训的计划，要我来参与，我想就从评课开始做点工作。

　　张冬梅是长春希望中学的老师，她主讲的戴望舒的《雨巷》收在人教版新课标高中语文课本的第一册，是高一第一学期的课。总的来看，张老师这节课设计得非常好，能较好体现新课标精神。首先，是充分调动了学生学习的主动性，改变了以往常见的满堂灌的做法，真正实现了教与学的互动，课堂气氛非常活跃。课的开头老师先朗读作品，让同学对作品有初步印象，随后又由学生朗读两遍，一遍是个人读，一遍是集体朗诵，每读一遍老师都提醒学生注意自己的感受。接着是同学的发言，谈各自对诗歌的印象，较多的是"凄清""迷惘""寂寥"等等，大都只是摘取诗中某个词语来表达。老师及时抓住同学们的感受，逐步往诗作的基调与氛围上引导。这些引导很自然，因为紧密结合学生的"第一阅读印象"，并非高头讲章，也不是一味灌输。这样，同学们不知不觉就沉浸到诗作的氛围之中，阅读、感受和理解的积极性调动起来了。

　　讲语文课特别是文学作品，阅读非常重要，只有通过反复阅读或者朗读，才能更好地进入作品世界，让学生在感受、体验和想象中

---

　　① 本文为2006年10月为北大网络学院中学教师培训课程所写的讲课稿。收入《温儒敏论语文教育》，北京大学出版社2010年版。

得到熏陶，提升审美能力。以往常见的教学模式主要由教师讲，而且往往是一背景、二词语、三段落大意、四主题归纳这样一类老办法，学生难以产生兴趣。特别是诗词课，更加要求阅读主体的融入，讲求氛围的浸润，没有阅读的引导，那情味就出不来。张老师这堂课强化朗读的效果，并力图以此调动学生的感受与体验，是对路的，也符合新课标提倡发挥学生主动性的精神。

这堂课还有一点比较成功，就是既放得开，又不面面俱到，要解决的问题比较集中，整个安排干净利落，井井有条。课程前半部分反复阅读课文，从中穿插引导学生去感受诗作氛围，并不时抓住同学们普遍能体会到这首诗"很美"，顺势提出要探讨"美的原因"；接下来用细读方法，重点分析"油纸伞""丁香"等意象，讲得很深入，又能够密切结合学生的感受，顺理成章就把学生的想象力与感受力引发出来了；最后则提升一步，重点解说形成诗作"美"——意境之美的主要原因，说明意境在诗歌创作与欣赏中的作用。这样，就把《雨巷》的艺术特色勾勒出来了，同时也让学生了解"意境之美"对于诗歌的重要性。

新课标是提倡启发式教学的。所谓启发式，很重要一条就是善于抓住学生在学习过程中常见的问题，让学生能通过自己的体验和探讨去逐步加以解决，感受力、理解力与表达能力都很自然地得到提高。张老师这个课就是注重启发式的，课的每一段都不断引发学生感受与思考，是在不断提问与引导中完成这节课教学计划的。其实怎样引导提问，怎样层层推进，很有讲究。所提的问题要深浅适当，有层次感，又符合学生的接受能力，让学生有兴趣，这并不容易。如讲到"油纸伞"这个意象，老师问同学有什么联想，学生想到电视剧《白蛇传》中的许仙就是常打着油纸伞的。老师就顺势让学生从"朴实""古老"等方面去体会"油纸伞"这一意象所唤起的感觉。这里我替张老师补充一点："油纸伞"其实是比较传统（不宜用"古老"这个词）的日常用具，也比较优雅，很适合《雨巷》的氛围。不妨让同学们想象一下，如果不是"油纸伞"，而换成"塑料雨衣"，那质感不同，味道也就两样，诗味就会失去。所以应当让学生全身心去体验，才能发现诗美。张老师的这节课的节奏掌握也比较好，没有哗众取宠的表演性质，比较放得开，但又能扣住教学的基本要求，实现教学目标。

但如果从更高的标准来要求，张老师的课也存在一些可商榷，或者应当改进的地方。我这里结合自己对戴望舒《雨巷》以及现代诗歌的理解，同时考虑到在高中一年级如何讲现代诗，谈一点意见。

一是应当重视阅读的"第一印象"。讲诗歌课一定要非常重视阅读。只有反复阅读，才能沉浸到作品氛围中，获得自己的感受。这一点张老师的课已经做得不错，课的开头大约三分之一时间都用来引导朗读，效果不错。但对于"第一印象"强调不够。张老师只是一再提醒学生阅读时把握"思想情感"，这当然没有错。但是"思想情感"这个词用得太多了，就如同以往常常要求的"主题归纳"一样，学生可能已经有"固定反应"，不利于引发兴趣。如果改动一下，不用"思想情感"，而要求学生把握并说出各自读诗后的"第一印象"，大家可能会更有兴趣。"第一印象"也就是直观感受，对于文学作品阅读欣赏，特别是诗歌欣赏来说，是头一件最重要的事情。其实张老师也有一处提到了"直观感觉"，可惜未能突出出来，也未能帮助学生了解怎样去获取这"直观感觉"或者"第一印象"。

也就是说，有必要启发学生学会如何接触一首诗，特别是带有象征与朦胧色彩的现代诗。应当向学生提示，"第一印象"获取必须通过"整体感受"。就是说，读一首诗，不要一开始就字斟句酌，不妨整个作品一气读完后，体会一下其中给自己最突出的感觉与印象是什么。这"第一印象"就是欣赏分析一首诗的前提与基础。文学课讲究情感培养和审美能力的提升，感受和印象的引发是题中应有之义。从张老师的课堂效果看，学生是有他们的阅读印象的，如果老师能就此强调这个"前提"对于诗歌欣赏的重要性，并引申一步，让学生了解这是一种读诗的方法，那教学效果就会凸现出来。

　　我的第二点建议，是应当给学生提示，诗的欣赏"不宜直解"。张老师大约会同意我的建议，因为她也不止一次说到诗的"多义性"。也许是课的内容安排上没有充分考虑到在强调"多义性"时，是否还要像传统的讲法那样，介绍一下创作背景和思想，因此张老师就显得有些犹疑。当第二遍朗读完了，张老师问大家感受如何，同学们谈到各种印象，几乎都说"很美"。这时老师插进来简要介绍戴望舒的创作前后变化，以及《雨巷》写作的时代背景，其中特别谈及《雨巷》和1927年大革命失败的时代背景关系。类似这样的介绍，据我所知，在以往讲《雨巷》时，是很常见的。当然，对于理解《雨巷》来说，这也可以提供一种背景。不过，张老师的"犹疑"反映了她对于是否要介绍《雨巷》的时代内涵，其实把握不住。如果要较完满地处理这一矛盾，可以介绍创作背景，也可以说明《雨巷》的写作可能和诗人对特定时代氛围的感受有关，但同时必须说明，一首诗的成功在于它的可以激发不同的想象与体验，对《雨巷》的理解不应当是单一的。这样，就可以和理解诗的"多义性"这一教学目标结合起来了。我还发现，学生谈他们阅读《雨巷》的感受时，有的感觉太实，某些同学径直理解为是"失恋"之作。面对学生这种"太实"的读诗法，老师应当提醒，诗歌欣赏的要义是"不宜直解"。

　　第三，也是比较重要的一点，我觉得这节课总结提升不够。前面说了，张老师的教学偏重启发式，整个课的安排大都是在师生的不断对话中完成的。这是非常值得肯定的优点。但如果课后问问同学，你们到底主要学到些什么，有哪些是以前不懂而现在明白了的，以后再接触现代诗歌会有什么方法，恐怕同学们不见得能清楚回答。上课可以放开，让学生发挥，但一堂课下来，必须有所积淀，必须有些"干货"可以把握。这就要画龙点睛，总结提升，凸现知识点。比如，应当以阅读的"直观感受"或者"第一印象"作为基础，点明象征性的诗歌有"多义性"，诗歌欣赏"不宜直解"，读诗要注意感受和把握"意境"，等等。总之，几条主要的阅读经验最好都能提炼和突出出来，作为一种必要的知识，提醒学生注意掌握。

我理解新课标强调学习主动性及人文性，强调思想、情感、价值观的融会合一，把这些方面放到非常突出的位置，是对以往教学中那些弊病的纠偏，但这并不意味着不要知识性的教学要求，也不是要抛弃语文技能的训练。像《雨巷》这样更加强调个性化学习的课，也要有知识点，要考虑语文素养的培育。

我们设计课程时不妨多替那些学生想一想：他们读完《雨巷》之后，感到一种特别的美，一定也想知道这种美是怎样形成的。老师解释说是"意境之美"，那么到底为何会有这种意境美？教学中并没有回答。其实，光是讲"意境"如何美是不够的，学生好奇的可能还在于造成意境之美的"秘密"，包括诗歌形式上的成功。而这方面显然没有多少涉及。

其实教科书的设计已经照顾这一点，也就是这一课的其中几个知识点。本课练习的第一道题，要求"从课文中选出一两节诗划分节奏，标出韵脚，反复朗读，体会其音乐性"，就有知识性的考虑。这道题如果老师课上一点不讲，同学是很难理解的，也就不可能"积淀"下读诗的必要方法。谈到这里，我愿意稍微展开一点，探讨《雨巷》为什么读起来非常舒缓优美，不光是意象美，还有音乐美、节奏美，而这些又怎样形成诗作所要表达意境的必要条件。

首先，《雨巷》意境美的形成跟"音顿"有关。所谓"音顿"，是指每一行诗读起来其间都会有多处短暂的停顿，行与行之间则有稍微长一点的停顿。这些"顿"又叫"音节"。比如：

撑着/油纸伞，/独自/
彷徨在/悠长/悠长/
又寂寥的/雨巷，/
我希望/逢着/
一个/丁香一样的/
结着/愁怨的/姑娘。

　　其中斜杠标示的就是阅读时很自然的短暂停顿。句子音顿的多少会影响节奏，音顿多的（比如三次"顿"以上）读起来徐缓，音顿少的读起来就急促一些。《雨巷》多是三顿以上的句子，约占全诗三分之二，是"三顿化"了，所以能造成舒缓效果，产生一种沉郁的节奏。

　　其次，是句子双音煞尾。一般讲，单字音或者三字音煞尾，会显得轻快，形成吟唱式。而双字音煞尾，则比较平缓，呈现悠悠诉说的调式。《雨巷》42行中有32行为双音煞尾，造成平缓舒展的效果。"双声叠韵"也是分析《雨巷》音乐美的一个方面。这首诗的语音缠绵黏着，有徘徊意味，就与此有关。以上诸多方面，是形式问题，也是形成意境的条件。张老师在课堂上曾提到"双声叠韵"，可惜未能稍加展开。

　　再者，是诗行处理。古诗不分行排列，靠音韵句读。现代诗特点之一就是分行。比如，《雨巷》第一节其实就是两句话，中间只有两个逗点，可以让同学们实验一下，如果不加分行处理，而是采用通常的习惯将这两句话排列在一起，那就完全是散文，而不见诗味了。

　　　　撑着油纸伞，独自彷徨在悠长（悠长）又寂寥的雨巷，我希望逢着一个丁香一样的结着愁怨的姑娘。

　　这就可以让学生发现，分行也大有讲究，可以产生诗的韵律，这正是新诗的特点之一。上述理论知识老师不一定都要讲，但应当有这些知识储备，应当适当讲清楚这首诗形式和手法上的特色，让学生了解诗歌美形成的"秘密"，这还能激发学生读诗写诗的冲动。

　　最后还要谈谈意境问题，与知识性教学也相关。张老师这节课着力点就是要学生领会《雨巷》的意境之美，她的教学目标是基本实现了的。但在引导学生体会其中的意境美时，最好能以斑见豹，让学生了解关于意境的一般知识，从而掌握读诗的一般方法。张老师这方面做了一些安排，但同样是提炼不够清晰，没有形成能让学生明确把握的知识点。张老师在引导学生欣赏《雨巷》时先后用过"思想感情""内容""环境""情绪""意象"等多个概念，这些概念和"意境"有什么关系，又有什么区别，老师是应当加以说明的。张老师也曾经要解释"意境"含义，但也同样没有作为知识点凸现出来。"意境"是传统文论使用频率很高的一个概念，学术界有各种解释，当然没有必要给高中一年级学生做烦琐的介绍，但根据学生的接受水平进行简要的定义，是非常必要的。张老师在解释时提到 "象外之象"，也没有解释，用这个有难度的古代文论概念来说明另一个有难度的概念，可能无助于掌握"意境"的含义。对"意境"（还有"意象"）这样的"中心概念"做必要的提取与解释，并作为重要的知识点提示学生掌握，对这样一堂诗歌课是非常必要的。

　　一堂课要讲得好，自然要讲究设计精到。但怎样才能做到，恐怕还得靠老师的学习积累。所谓厚积薄发，有足够的学养，才能提升教学水准。

第二章
统编教材的编写与使用

一　在义务教育语文统编教材编写启动会上的讲话[①]

编写义务教育语文教材这件事，酝酿已一年多，最近才决定下来，基础司要求9月就要使用新教材，确实非常紧急，困难很多。按照常规来说，这样仓促编写，有点不可思议。一套教材怎么也得打磨两三年才能出来。几年前我参与编写人教版高中语文，也磨了差不多两年，还有人批评说太着急。何况很多人并不赞成统编教材，他们眼睛都盯着这件事。我们接这个任务，压力是非常大的。但既然是国家的任务，而且是这么重要的一件事，容不得去过多议论，也不应当去考虑个人的得失了。接了任务，无论如何就要按期、保质、保量完成。我们还是要有信心，只要下功夫，一定可以在短时间内编出一套高质量的教材。说

① 本文系笔者2012年3月8日在义务教育语文统编教科书编写启动会上的发言稿。收入《温儒敏语文讲习录》，浙江人民出版社2019年版。

这话不是虚的表态，是有根据的。根据之一，就是十年课改，积累了许多宝贵的经验；再者，已有的小学11套、初中8套教材使用多年，其得失也可以参照。我们编的是所谓"国编本"，可以充分吸收全国各种同类教材的经验，来充实丰富自己。我们并非一无所有、从头做起。事实上，这套新编教材所拥有的资源是任何一套教材所没有的。虽然时间短，但这套教材的标准定位要高，起码应当超越既有多种版本的水平。大家要有这个信心。

编好这套教材，指导思想上要明确，就是要把十年课改沉淀下来的经验吸收进来，要以新颁布的语文课程标准来确定教材编写的思路。下面，先讲讲我对课改与课标的认识。

（一）通过教材把课改的经验沉淀下来

课改十年了，效果怎样评价？现在有很多批评，但我认为成绩要肯定，也要承认课改的确举步维艰。一种趋向是，把课改片面理解为颠覆性的，不顾实际条件，一味追求课改的形式与声势，语文课上成了思想教育课，掏空了语文。"花架子"并不可能提升教学质量，反而把新课程"名声"给败坏了。但更令人担心的、更普遍的现象是，很多地区和学校我行我素，仍是老一套。学生的学业负担减不下来，甚至比十年前加重了。课改在竭力反对竞技式教育，可是"竞技"在不断加重与提前，提前到小学、学前班，甚至"胎教"。于是很多批评又指向课改，认为不改还好，越改越糟。

十年课改举步维艰，到底是怎么回事？是课改本身有问题吗？可能有些问题，但责任主要不是课改本身。主要是这十多年来，经济发展，但社会财富分配差距拉大，竞争加剧，社会心理紧张；最近十多年大学扩招，本来可以让更多青年上大学，可是竞争反而加剧，是对优质教育资源的竞争。所以，课改提出的那些先进的教育理念，在这种非常紧张的社会心理面前，被虚化了。我们的确应当正视这种现实，看到课改所面临的巨大困难。也要看到，老百姓对现行的教育状况是很不满的，他们希望改革，所以课改实施还是有巨大的潜在动力，势在必行。课改不可能再走回头路，只能从长计议，调整步伐，坚持下去。

我们的新编教材，应当看作是这次课改的直接产物，是对课改的总结与支持。课改中提出的很多新的先进的教学观念，如"以人为本"，重视学生整体素质发展，注重学生身心健全发展，以学生为主体，启发式学习，引导学生学会学习，注重基本能力培养，等等，在课改中得到集中强化提倡，成为普遍的社会认同。新编教材应当把这些东西吸收体现出来，教材编写是有些理想主义的事业，我们要力求摆脱平庸，让这套教材在众多同类教材中显示出特别的光彩。

（二）依照语文新课标来编

围绕语文课的争议特别多。这次课标修订，也注意到各种争议，吸纳那些比较切合实际的意见，但更主要的工作，是针对长期以来语文教育方面存在的普遍性问题，总结这十多年来课改的经验，同时按照国家教育规划的总体要求，面向未来，提出语文课程的基本标准。我介绍修订过程和相关的理念，也许对于教材编写是有参照意义的。

这次修订，在如何让核心价值观渗透到语文教学中下了很大功夫。比如课程的定位，这次修订比较明确地说明："语文课程是一门学习语言文字运用的综合性、实践性的课程。义务教育阶段的语文课程，应当使学生初步学会运用祖国语言文字进行交流沟通，吸收古今中外优秀文化，提高思想文化修养，促进自身精神成长。"这样，就把工具性与人文性统一起来了。我们编教材要做这种统一的工作，做得自然一点，不用去刻意突出人文性，更不要把两者割裂开来。

关于语文知识的问题，也是有些争论的。现在老师们受制于应试教育，很注重做题，注重讲授和操练所谓系统性的语法修辞知识，这并不利于学生自主学习、发展个性，而且容易让学生对语文产生厌烦。课程标准特别强调要摆脱对语法修辞等概念定义的死板记忆，必要的语文知识的学习可以保留，办法是随文学习，不必刻意追求系统性。这次修订将原来的附录《语法修辞知识要点》内容扩充了，增加了关于汉字、拼音、阅读、写作、文学等方面的知识，不过并没有完全采纳将语文知识"细化、系列化"的建议，因为过分细化和系列化，有可能使课程标准显得烦琐，并对教师造成束缚。但教材编写还是要有自己的语文知识体系，要有把得住的教学要求，下面我还会谈这个问题。

还有，就是"三个维度"问题。新课标要求关注学生的全面素质，为语文课程标准的目标系统建立了"三个维度"的模型，即包括：知识和能力，过程和方法，情感、态度和价值观。语文课程需要结合本学科的特点和内容，促进学生整体素质的发展。课标这样表述，是有针对性的。过去，语文课程基本目标曾经是"语文知识"；后来则突出"语文能力"，关注点集中于语言文字运用的技术层面。我们新编教材肯定要体现"三个维度"的思想，但目前很多语文教材对"知识和能力，过程和方法"这两个维度如何体现，是不明晰的，甚至可以说是有些混乱的。这次新编教材要认真考虑这个问题，重视"知识和能力，过程和方法"的落实。

与此相关的是 "语文素养"，这是课标中比较引人注目的核心概念。所谓 "语文素养"，是指中小学生应具有的比较稳定的、最基本的、适应时代发展要求的听说读写能力，以及在语文方面表现出来的文学、文章等学识修养和文风、情趣等人格修养。过去语文课一般只讲语文能力，比如听说读写能力，现在提出"语文素养"，涵盖面大一些，既包括听说读写能力，又不止是技能性的要求，还有整体素质的要求。就是说，语文课程在语文基本能力培养的过程中，必然要注重优秀文化对学生的熏染，学生的情感、态度、价值观，以及道德修养、审美情趣得到提升，良好的个性和健全的人格得到培养。同时让语文教育在继承和弘扬中华民族优秀传统文化、增强民族文化认同感、增强民族凝聚力和创造力方面，发挥不可替代的优势。语文素养是在"双基"基础上的丰富与发展，而且包括了对"双基"的重构。

教材编写应当把提升学生语文素养作为主要目标。但提出"素养"不等于不要"双基"，不等于不要训练。教材编写是很具体的，我们的课程设计，包括教学提示、思考题、综合性学习，都要注重课标倡导的启发式、探究式、讨论式、参与式，帮助学生学会学习，激发学生的好奇心，培养学生的兴趣爱好，营造独立思考、自由探索的良好环境，但同时也需要训练，语文学习肯定还是要有不断训练的过程。

教材编写中要关注一下这次课标修订的情况。有一些变动值得注意：有的部分原先设定的目标难度过高，这次适当降低了；有的地方需要补充说明，要强调改变烦琐的教学过程和过于理性、抽象的要求；有的地方要修改对"目标""建议"的表述，力求使各学段目标的梯度和层次及有关表述更加清晰；在"课程目标"和"实施建议"中，还有必要进一步强调关于语文学习的关键性要求，补充相应的措施和说明。这里再具体说说几处修改：

一是适当减负。这个"减负"不完全是学习负担的"量"的减少，更是追求学习效率的提高，以及激发兴趣，教学生学会学习。比如小学生的识字写字教学，过去一、二年级就要求会认1600—1800字，会写800—1000字。现在减少识字量，改为认识1600字，其中会写800字。提倡"多认少写"，希望扭转多年来形成的每学一字必须达到"四会"要求的做法，不再要求"四会"。还请专家对儿童认字写字做了专门的字频研究，从儿童语文生活角度提出先学先写的300个"构形简单，重现率高，其中的大多数能成为其他字的结构成分"的字。这些字应当作为一、二年级教科书中识字与写字教学的重要内容。

二是更加重视写字与书法的学习。从小学一年级到初中三年级都有相关规定，强调"正确的写字姿势"和"良好的写字习惯"，强调书写的规范和质量。明确写上"在小学每天语文课都要求安排随堂练习，天天练字"。

三是阅读教学也有新的理念，那就是强调阅读是个性化行为，尊重学生阅读的感受，老师应加强指导，但不应当以教师的分析代替学生的阅读实践，不要以模式化的解读代替学生的体验与思考。这些话对当前某些教学倾向是有针对性的。教材的阅读提示以及练习题设计，都要参考这些意见。

课标还特别注重学生读书的问题，提出"学习语文必须注重读书，注重积累和语感培养，注重品味、感受和体验，注重语言文字运用的实践"。这些年学生不读书少读书的现象日趋严重，为此，课标特别写上这样一句："培养学生广泛的阅读兴趣，扩大阅读面，增加阅读量，提倡少做题，多读书，好读书，读好书，读整本的书。"对于课外阅读，课标也格外重视，阅读量有具体要求，9年课外阅读总量达到400万字以上。如何做到课内课外阅读的链接，如何关注学生的语文生活，是我们编写时应当重视的，这可能是个突破点，是教材有新意的地方。

四是写作教学。这次课标修订特别注意引导鼓励学生自由表达和有创意地表达，写真话、实话、心里话，不说假话、空话、套话。平时作文和高考、中考作文有区别，不能以后者取代全部。所以课标提出的这些精神也要想办法体现在作文教学的各个环节中。

针对目前语文教学中出现的某些新的偏差，课标也有意提示纠偏。如阅读教学中"以教师的分析代替学生的阅读实践""用集体讨论代替个人阅读，或远离文本进行过度发挥"，就明确要求改正和防止。教材思考题设计应当考虑这些提醒，不要偏。

这次语文课标修订，总的是要尽量摆脱应试教育的束缚，往素质教育靠拢，同时遵循语文教学规律，特别注意激发兴趣，保护天性，学会学习，这样也许可以更好地体现核心价值观的引导，为学生打好"三个基础"：培养学生语文素养，为学好其他课程打好基础；为学生形成正确的人生观、形成健康的个性与人格打好基础；为学生的终身发展打好基础。这"三个基础"也是新的提法，对语文课性质与教学总体目标有简练到位的表述。我们教材编写应当吃透课标的精神，站得高一些。

讲一讲总的工作思路。

这套新教材，应当是在十年课改基础上按照新课标要求重新编写的有新的思路、新的内容、新的风格的新教材。个是在原有哪一种教材基础上修修补补。可以吸纳各种教材的优点与经验，但它是全新的。我们这套教材是在教育部基础司直接领导下编写的新教材，不是人教社的教材。但以后给人教社出版了，它就会被看作是人教版的了。所以我们这个编写班子，虽然以人教社为主，但集中了全国的力量。

基本思路，要按照课标来实施。这次课标修订对于教材编写也提出一些建议，其中提到教材要符合学生的心理发展特点，有助于激发学习兴趣，选文要文质兼美，有典范性，还要给地方、学校、老师留有开发选择的空间，等等。这些提法都是有现实所指的。现在的教材普遍不够重视教学梯度，有些教材很"说教"，都应当改一改。还是要从实际出发，认真调查总结一下使用情况。

现在所有新出的教材都往人文素质教育靠拢了，有的靠拢但并没有脱离语文教学规律，有的就可能走得过远，把语文的含量稀释了，甚至把教学秩序打乱了。所以还是要注重教学规律。篇幅要控制一下，内容过多，课时有限，很多老师还习惯固守着教材，不敢有一点儿遗漏，这就使得课时紧张的问题更显突出。好的教材应当留出老师与学生的空间，多一点弹性。在新课标指导下，教材编写还是要守正创新，既要听取各方面意见，吸收中外教材编写成功的经验，又要沉得住气，不搞颠覆性改动，毕竟还要考虑教学的连续性，以及一线老师如何使用。那种动不动把现下的教材视为"垃圾"，甚至鼓吹要"对抗语文"的颠覆一切的思路，以及"翻烧饼"的做法，是不可行的，既不能解决问题，还可能制造混乱。

再具体一点，说说编写的思路。作为建议，不是定论，还可以讨论调整。

一是体系结构问题。现有的教材所采取的框架有两种。一是按照人文主题（或者其他因素）划分若干单元，如人教版小学一共86个专题，北师大版130个专题，每个单元4篇课文。北师大版则采取传统"文选式"编排。初中呢，人教版、语文版、江苏版都是"主题单元"方式，而长春版是"文选式"。现有的调查报告并没有很清楚地表明哪一种方式更好。为什么课改之后的教材大多数都采用主题单元框架？主要是为了体现人文性。的确有这方面的好处。另外，学生比较喜欢，从教学来说，这样比较有节奏感。但最大的问题是，往往只照顾到人文性，而考虑不到语文性。语文教学的梯度被打乱了。有些版本意识到这个问题，如人教版，做些补救，每个单元都适当讲一些语文知识或技能训练。这是加插进去的，并没有一个通盘考虑，梯度也体现不出来。所以这次重编教材，要首先解决框架结构问题，实际上也是语文教学体系问题。我原来是不赞成主题单元框架的，但看了几种教材，有新的想法，那就仍然采取单元结构，但这个单元，不是主题单元，而是语文知识能力的单元，即把语文素养划分为若干因素，然后以这些因素来组合单元。比如阅读教学，是贯穿全部的，但也可以划分若干因素——如何精读，如何快读，如何迅速把握关键词，文学阅读的涵泳、想象，等等；文体也可以分为小说、诗、散文、戏剧、传记、游记等等；古诗文也可以分为诗 、词、古文等几个方面的欣赏；写作可以分为记事、状物、抒情、议论、续写、改写、缩写、仿写等等；还有很重要的，是语文基础知识，包括语法、修辞常识，也可以划分若干单元。我的意思是把这些构成小学或者初中语文学习基本的因素或要件，作为组合单元的主要依据，同时适当考虑选文的类型集中。两者兼顾一点，但突出的是语文要素。那么选文就要尽量往语文因素这方面靠，实在靠不了，不要紧，在思考题上下功夫。所以，单元因素要在阅读提示以及思考练习题上多体现，教师用书也往这个方向靠拢。小学的情况比较复杂一些，一开始不必考虑单元，后面的单元组合也可以松散一点，但每个单元的语文学习要点必须体现。单元前面的提示语要简洁明了，重点突出，指向性就是语文素养。特别说明，不是回到历来语文教学都习惯的围绕知识点展开的教学，而是在教材中让"语、修、逻、文"基础知识和基本技能要求更清晰，教师教学有章可循，具体到教学，还是要避免死记硬背、题海战术。教材的结构要充分考虑到教学，各个单元重点突出，单元与单元之间衔接也注意由浅入深，不断积累提升，反复落实基本训练。

二是选文。现有的各种版本选文都比较放得开，凸显人文性，照顾到学生兴趣。要吸收和保持这个优点。但也有的版本比较粗糙随意，特别是时文的选择，量比较大，语文性不见得那样强。传媒对语文教材的批评，往往集中在选文上。我建议选文首先应讲求经典性，是文学史上有好评和代表性的作品。经典性非常重要，那些沉淀下来、得到广泛认可的作品才有资格进入教材，因为语文教学必须培养对文化的尊严感。有些传统的选文，虽然经典，可是不太适合中学生学习，也不一定要选。有些当代的文章好读，学生也有兴趣，但经典性显然不够，或者不太适合教学，不一定选。其次，所选必须是美文，思想格调高，语言形式优美的。再次，要适合相关年段学生的接受能力，有利于教学的发挥。能多少扣住单元需要就更好。小学低年段课文有的要自己编写，要非常重视这一工作。现在有的编写并不好。不要太多说教（思想情感教育是必需的，但不等于说教），要讲究童心童趣。深浅程度问题，现在普遍比较浅。如今的学生一上小学，就知道很多东西，知识比前辈的童年要掌握得多得多，要考虑这个特点。在课标要求的框架内，小学、初中都要稍微提高一点难度。不要低估学生的接受水平，不要只考虑让学生能懂，都懂了就不用学了。

三是关于语文知识。编教材一定要有自己的知识体系。这个体系的呈现方式可以是隐形的。前面讲到单元组合，如果用语文素养的若干因素来组构，那么我们的工作就一定先要罗列一下小学、初中到底要掌握哪些基础的语文知识，要在哪些方面进行必要的训练，具备哪些基本的语文技能，都要有个明确的安排。所谓梯度，所谓螺旋式提升，都先要有这种安排。现有教材中，人教版在这方面做得较好，初中几册的补白都有精要的语文知识、技能的说明提示。可惜放到补白。我希望大家在这方面多下点功夫，很可能这就是我们教材的特色。

四是关于阅读。现有教材比较偏重思想内容分析，以及字词句分析。这有必要，但好像普遍不太重视阅读技能的习得。比如精读、快读、浏览、朗读、默读，都有技巧，要在教材中体现。还有，学习阅读和写作都是思维训练，小学、初中开始就要注重思维训练问题。还有，就是注重学生的语文生活，重视课内阅读与课外阅读的链接。这也可能是突破点。

五是关于写作。写作是难题，不知道如何结构，是否应当有体系。我觉得还是要有体系，但不一定作为体系呈现。语文版很有特色，其做法是扣紧每一单元，布置一次写作。小学高年级习作，仿写童话、寓言是个好办法，利于保护和培养孩子的天性与想象力。每一单元的作文要求要明确，有简洁可用的提示，有操作性，还要考虑学生的兴趣，启发他们的潜能。写作部分的编写应重新强调语言运用的评价，对有新意的表达多加鼓励，但不要过分追求"文笔"。"文笔"不是写作教学的第一要义。语文教学包括作文教学主要培养表达能力，特别是书面表达能力，能写通顺、得体的文字，这是最主要的。

这次会是工作启动，学习课标与相关文件，领会教材编写的方向与指导思想。大家可以各抒己见，可以有各种不同意见。但进入编写工作后，不要再争论，时间来不及。然后，有大致的日程表，以及工作分工。拿出小学和初中的编写体系、框架。如果划分单元，要整个都设计出来。每一单元对选文要求，以及如何与语文训练对应，都考虑好。分工进入工作程序。可以分几个方面，如选文、练习、写作等。先保证小学一年级和初中一年级的具体设计。

整体推进，先保开头。按照日程表，有分有合。在最后有必要集中时间、人力来做。方案出来后，可以征求专家委员会意见，还有基层老师的意见。

二　语文教科书编写（修订）的十二个问题①

现在语文教材要启动修订，是适逢其时。现有各个版本的语文教材，都是十多年前语文课程标准实验稿出台、课改刚推进时组织编写的。经过多年课改的实践，《义务教育语文课程标准（2011年版）》已正式颁布，教材修订有了更成熟的理论指导。这次修订最重要的，就是以语文课程标准来确定思路，同时把课改的经验吸收进来。

现在全国已获审定通过发行的小学语文教材有12套，初中语文教材有8套。总的来看，这些教材在体现课改精神、落实新课标（实验稿）的理念和目标方面，都做出了各自的努力。和课改之前的同类教材比较，现有各种版本的语文教材都有更加丰富多样的人文内涵，在内容选择和编排方式上也更活泼，都能注意到以促进学生的发展为中心，注重情境性、趣味性、综合性，练习设计也力求开放、多元，口语教学得到空前的重视，综合性学习成为一个新的亮点。这些都是成绩，凝结着在座诸位主编和专家的心血，应当充分肯定。

但是对照新课标的要求，还有就是站到十年课改之后所达到的新的认识高度来观察评价，也会发现现有各种版本语文教材的问题与不

---

① 本文系笔者在2013年9月12日教育部召开的义务教育教科书编写（修订）会上的主旨发言，参加会议的是原有各个版本教材的主编和部分编写人员。该文刊载于《语文教学通讯》2013年第11期。收入《温儒敏论语文教育　三集》，北京大学出版社2016年版。部编本（后来叫统编本）小学和初中语文是2016年才陆续铺开使用的，此前全国许多省市的学校仍然使用老教材，所以当时教育部要求各个出版社对原有教材进行修订。

足。最大的问题是彼此趋同，个性不足。本来，"一纲多本"就是要发挥各个地方的主动性创造性，形成不同风格特色的多种教材的竞争。但是现在"竞争"是有，那是发行推广方面的竞争，而教材本身特色、质量的竞争并没有很好地形成。

另外，现在多种教材都往人文素质教育靠拢了，这是个进步，也是课改推进的结果，应当充分肯定。但是也有两种情况：有的教材往素质教育靠拢，并没有脱离语文教学的规律；有的则轻视甚至违背了语文教学的规律，把语文的含量稀释了，甚至把教学秩序打乱了。

所以修订教材还是要全面理解课标，尊重教学规律。我主张努力做到四个字——守正创新。要听取各方面意见，吸收中外教材编写成功的经验，又要沉得住气，不搞颠覆性改动，毕竟还要考虑教学的连续性，以及一线老师如何使用。

下面我想结合对课标的理解，讨论语文教材修订编写可能涉及的12个具体问题。

（一）识字写字教学

课标对此非常重视，论述的分量加重了，但其精神又是在减负。这个"减负"不应当理解为只是学习负担"量"的减少，更是要求学习效率的提高，以及激发兴趣，教学生学会学习。学习有兴趣，又得法，效率就高，负担相对也就小。课标对课业负担"量"的减少是有规定的。比如小学生的识字写字教学，过去一、二年级就要求会认1600—1800字，会写800—1000字。现在减少了，规定认识1600字，其中会写800字。请注意，课标对识字和写字还分开来提要求，提出"多认少写"。多年来语文教学习惯的每学一字必须"四会"，这个标准过高，课标提出要降低，"多认少写"，不再要求"四会"。

识字和写字分开要求，是符合语文学习规律的。传统语文教学的识字和写字也分开。蒙学的《三字经》《百家姓》《千字文》主要供小孩阅读背诵，有意无意就认识一些字了。有意思的是，"三百千"

合起来总字数是2700多，剔除重复字后的字数是1462，数量跟现在要求1600差不多。古代蒙学的学写字也并不一定依照"三百千"来写，而是先写笔画少容易上手的字，如"上大人，丘（孔）乙己，化三千，七十士，尔小生，八九子，佳作仁，可知礼"。记得我小时候开始填红学写字，写的也是这些，而不是课文。可见把低年段的认字写字分开，是有必要的。

课标这样规定，除了减负，还为了让识字写字教学更科学。有一个重要的规律叫"汉字效用递减率"，是周有光先生提出的。他做过统计分析：使用频率最高的1000个字，使用覆盖率达到90%；再增加1400字，合计字数2400，覆盖率是99%，这增加的1400字只扩大了9%的覆盖率；再往后呢，继续增加到3800个字，覆盖率也就99.9%。就是说，字频与覆盖率的递进关系，在字频1000位的段落中，汉字效用的增长最为迅速，而当字频达到将近2000位时，汉字效用的增长就非常缓慢了。

所以，选择基础字要在字频1000位内的字中去选择，才更为有效。小学低年级认字，不是越多越好，应当是先学基本字，即使用频率最高的字。课标附录有两个字表，大家编教材时应当关注。一个是《识字写字教学基本字表》，另一个是《义务教育语文课程常用字表》。字表是根据"汉字效用递减率"的论断制定的。课标修订时还特别请北师大王宁教授带领的团队做一个课题，对儿童认字写字的字频专门进行调查分析，从儿童语文生活角度提出先学先写的300个字。这300个字选择的原则是"构形简单，重现率高，其中的大多数能成为其他字的结构成分"。这些基本字如何先进入低年级的教材，是大家要考虑的。

（二）汉语拼音

请注意课标在第一学段目标中，是把汉语拼音放在"识字与写字"里边的，并没有独立列出一条。学汉语拼音为的是什么？为借助拼音认读汉字和查字典，提高识字效率。就这个功能。学拼音不是为了掌握拼音阅读的能力。因此编教材给汉语拼音的"地位"要适当，不要摆得过高。另外，要降低难度。对于刚上小学的孩子来说，学拼音的确太难了。过去要求《汉语拼音字母表》必须"背诵"和"默写"，还要写得如何工整好看，有点为难孩子，也没有这个必要。课标现在不再这样要求，只要求那个字母表能"熟记"和"正确书写"就可以了。拼音和认字问题是小学语文教材的一个难点，应当有新思路，处理好，不要让小学生负担太重，不能一上来就给"下马威"，扼杀了学语文的兴趣。

（三）写字与书法的教学

课标对这方面的要求明显加强了，从小学一年级到初中三年级都有相关规定，强调"正确的写字姿势"和"良好的写字习惯"，强调书写的规范和质量。课标还明确写上这样一句话："在小学每天语文课都要求安排随堂练习，天天练字。"教材修订时对此应有所体现。按照教育部要求，有的出版社正在编书法教材，它与语文教材什么关系？那是补充教材，语文教材应当也可以适度包容写字书法教学。在多数学校，限于师资、课时等条件限制，很难开出专门的书法课，那么语文课就应当适当加大这方面内容。

（四）阅读教学

课标关于阅读教学提出了新的理念，鲜明地强调阅读是个性化行为，尊重学生阅读的感受，老师应加强指导，但不应当以教师的分析代替学生的阅读实践，不要以模式化的解读代替学生的体验与思考，防止用集体讨论代替个人阅读或远离文本进行过度发挥。这些话都有针对性，针对的是目前语文教学中出现的某些新的偏差。设计教材思考题应当考虑这些提醒。要多引导整体感受，涵泳体味，鼓励展开想象与思考，不要把课文分析搞得很琐碎、技术化。

现有教材比较偏重思想内容分析，以及字词句分析，这有必要，但好像普遍不太重视阅读技能的习得。比如精读、快读、浏览、朗读、默读，都有方法技巧，要在教材中有所交代。现在许多教材都频繁地要求"有感情地阅读""结合上下文理解""抓住关键词"或者"整体把握"等。但是最好能给出方法，有示范，让学生把握得住，能举一反三。学习阅读和写作其实都是思维训练，小学高年级开始就要注重思维训练问题。还有，阅读教学要特别注意结合学生的语文生活，重视与课外阅读的链接。有的教材在拓展课外阅读方面是不错的，好的设计应当保留。

（五）读书问题

这也是阅读教学的一部分，课标特别加以重视，提出"学习语文必须注重读书，注重积累和语感培养，注重品味、感受和体验，注重语言文字运用的实践"。现在语文教学的弊病之一，就是学生读书太少。课上读得少，课外读得更少，还是停留于做题，中学毕业了，没有完整读过几本书，也没有养成读书的习惯，这样的语文教学是失败的。课标对课外阅读是有要求的，9年课外阅读总量必须达到400万字以上。如何激发学生的读书兴趣，养成读书的习惯，做好课内课外阅读的链接，如何关注学生的语文生活，过去的教材注意不够，修订时应当作为一个要点来加强。

（六）写作教学

课标特别注意引导鼓励学生自由表达和有创意地表达，写真话、实话、心里话，不说假话、空话、套话。现在的作文教学问题很大，只考虑面向高考、中考，教的基本上是"套式作文"和应试技巧，特别是到了高中，作文教学沦为敲门砖，可以说是"全线崩溃"了。课标强调自由的有创意的表达，是有现实针对性的，尽管实行起来会有困难，但这是方向，教材编写必须坚持。

写作是教材编写的难题，难就难在不知道如何结构，以及是否应当有体系。我觉得还是要有体系，或者叫"系列"也可以，总之要有一个计划、流程。现在有的版本有些特色，其做法是扣紧每一单元，布置一次写作。比如写一件事，写一个人，仿写一首诗，还有缩写、续写，写童话、寓言、科幻故事，等等。要有一定的梯度，不要随意搞"提前量"。课标指定小学低年段是"写话"，高年段是"习作"，初中才是"写作"或者"作文"。名称上的区别，表示了教学的梯度。如何让学生不怕写作，对写作有兴趣，这是个大问题，教材编写应当想办法，在读写结合上多下点功夫。有的小学高年级和初中教材设计了让学生仿写童话、寓言，我觉得很不错，利于保护和培养孩子的天性与想象力。如果是结合单元来设计写作教学，要求要明确，有简洁的提示，有操作性，还要考虑学生的兴趣，启动他们的潜能。写作部分的编写应聚焦语言文字运用，对有新意的表达多加鼓励，但不要过分追求"文笔"。"文笔"不是写作教学的第一要义。语文教学包括作文教学主要培养表达能力，特别是书面表达能力，能写通顺、得体的文字，这是最主要的。

（七）单元结构

为什么课改之后的教材普遍采用"主题单元"？主要是为了体现人文性。也的确有这方面的好处，学生也比较喜欢。从教学来说，这样设置单元也可能比较有节奏感。但最大的问题是，"主题单元"框架往往只照顾到人文性，而较少考虑到语文性。以人文主题组织教学，语文教学的"梯度"也容易被打乱。有些版本意识到这个问题，如人教版，想做些补救，每个单元都适当讲一些语文知识或技能训练。这是加插进去的，并没有通盘考虑，梯度还是体现不出来。所以这次修订教材，要认真解决框架结构问题，实际上也是语文教学体系问题。

可以把构成小学和初中语文学习所要达到的知识点和能力训练点梳理一下，安排到每一学期各个单元之中，最好每一课都有一点"干货"，能做到每课一得就更好。这些都应当作为组合单元的要素之一。如果还是以人文主题来结构单元，那么也把这些要素往里边靠一靠，选文能紧密结合就最好，实在结合不了，那就在单元导语、阅读提示以及思考练习题上多体现，教师用书也往这个方向靠拢。这不是开倒车，不是回到以前（其实现在也有）那种完全围绕知识能力点展开的教学，而是在教材中让"语、修、逻、文"基本知识和技能要求更清晰，教师教学有章可循。教材的结构要充分考虑到教学需要，各个单元重点突出，单元与单元之间衔接也注意由浅入深，不断积累提升，反复落实基本训练。

（八）课文

课标提出选文要有经典性。那些沉淀下来、得到广泛认可的作品才有资格进入教材，因为语文教学必须培养对文化的尊严感。当然，经典也在流动，而且有些传统的选文虽然有经典性，可是不太适合中小学生学习，或者不太适合教学，也不一定要选。有些版本选的当代的文章较多，好读，学生也有兴趣，但经典性显然不够，或者不太适合教学，修订时应当考虑调整。我赞成所选必须是美文，是思想格调高、语言形式优美的。

小学低年段课文有的要自己编写，要非常重视这一工作。现在有的编写并不好，太多说教，要讲究童心童趣。现在小学和初中教材普遍比较浅。如今是信息社会，学生接触社会的途径比以前宽，在学前班和小学就知道很多东西，要考虑这个情况。在课标要求的框架内，小学初中语文教材最好都稍微提高一点难度。

（九）语文知识和能力点

如果用语文素养的若干因素来组构单元，那么我们一定先要罗列一下小学、初中到底要掌握哪些基础的语文知识，要进行哪些必要的训练，具备哪些基本的语文技能，都要有个明确的安排。但呈现方式要考虑自然一点，不至于陷入死记硬背，最好能结合情景去提出问题，让学生有兴趣去思索体验。另外，注意梯度，有螺旋式提升，都先要有安排。

（十）文言文与现代文的比例

这在每个学段的比例应当是不太一样的。过去小学阶段古诗文很少，按照课标要求，修订时应当适当增加。低年级也可以有些古诗，但要求不能太高，也就是接触一点，读读背背，似懂非懂不要紧，感受一点汉语之美，有兴趣就好，并不把文言文阅读能力作为教学目标。小学部分课标建议一到六年级背诵古诗75篇，可以部分编到教材中，也可以要求课外背诵。古诗文平均每学期也就六七篇，分量并不重。到初中，开始学习文言文，并逐步增加比重。课标提出初中背诵古诗文60篇，平均每学期也就10篇左右。不一定全都要编到课文中，也可以作为课外背诵。就课文的篇数安排而言，大约初中的古诗文占到五分之一左右，比如一学期30课，古诗文就是6课左右，可以一年级5课，二年级6课，三年级7课，按年级逐级递增。如果每册5—6个单元，那么每单元大概也就安排一课。高中的比重可以更大一些，占到四分之一甚至更多。我认为这样大致就可以了，中小学语文教科书主体还是现代文，文言文不宜再层层增加。

这个问题我愿意多说几句。事实上，在一线教学中，古诗文始终都是重头，比较难，可是有"讲头"，而考试又比较好拿分（因为古诗文方面的试题一般以知识性为主，死记硬背的也多一些），所以老师会在教课中"加码"。如果教材编的古诗文分量再增加，有可能一半的教学精力都投放于此，这是不利于完成整个教学计划的。

语文学习，提升读写能力，更主要的还是学习现代汉语，应当以现代文为范本。这是基础教育的任务性质所决定的，基础教育毕竟是面向未来大多数公民的教育。为何也要学点古诗文？因为古代汉语是现代汉语的源头，要学习现代汉语，最好对古汉语有些了解。目的还是为了更好地学习现代汉语。另外，为了了解我们的传统文化，也要让学生适当接触一下古诗文。这里有主次的分别，不能颠倒，文言文与现代文也不宜平分秋色。

近年来有些专家主张中小学不要学文言文，他自有道理。但也不必走极端，还是要接触一点文言文，学点古诗文。我理解这就是"接触一点"，对传统文化及其载体有些感性印象，就可以了。这方面要求不能过高，古诗文所占比重不宜过大。课标对此是有要求的，初中毕业，能依靠工具书阅读浅近的文言文即可，并没有更高的要求，编教材或实际教学都要掌握这个度。课标虽然没有明确规定文言文在教材中的比重，但在各个学段目标中，还是有具体要求的，重头还在现代语文，而不是文言文，两者的主次位置很明确，不宜颠倒，也不能比例失衡。

（十一）教科书编写语言

要力求贴近学生生活，减少教化，避免套话空话，做到生动活泼，能引发兴趣。不要动不动就让学生体会"深刻内容"和"丰富感情"，也不要处处都是"人生启示"。现在许多教材的课文或者单元导语写得很辛苦，可是效果还不好，文艺腔，矫情，甚至有点"酸"。我们教材编者自己要注意文风，自然一点，朴实一点。

（十二）教师用书

现在的教师用书大同小异，就是提供一些案例、一些资料，对教学没有很多帮助。现在是互联网时代，教案获取非常便利，结果适得其反，很多老师过多依赖别人现成的教案，所谓集体备课也就是把一些教案拼凑一下，并不怎么考虑学情，也不能发挥老师的创造性和个性，一些老师都变懒了。我期待各个版本教材都能编好教师用书，真正能打开老师备课的思路，而不只是提供教案。好的教师用书可以起到提升教师素质水平的作用。还有就是不要过分提倡做课件，不要过多依赖多媒体，让语文回归语文，朴实一点。教材出版后的教师培训，要重视这些问题。

以上所讲12个问题，都是教材修订编写要碰到的具体问题，我力图结合现在一线教学的状况，以及对课标的理解，对教材修订编写提出一些看法与建议。这不是定论，也不一定能代表课标组，只是一种学术观点，目的是引起讨论，集思广益。我也很想听听大家的意见。

现在诸位老师所主编的各种版本教材都有自己的基础，有的还很不错，修订时要注意保持自己的特色。有些属于框架体例问题，要做大的改动也难，我看就不一定要大动，做些调整即可。我还是赞成"一纲多本"，希望有多种不同特色的语文教材出版，也希望各个版本能互相学习，取长补短，共同改进。

老师们，教材编写是一件功德大事，也是理想的事业，也许比我们自己写的很多论著、研究的很多项目都重要十倍百倍。我相信大家都会非常看重这件事。让我们摆脱名缰利索，超越平庸，努力修订编写好语文教材，不辜负国家和人民的重托。

三 编教材要实事求是，照规律办事

——在原人教版高中语文教材修订启动会上的讲话①

现在使用的高中语文教材，是2002年高中语文新课标（实验稿）公布之后，紧锣密鼓编写的。还记得当时人教社思想大开放，邀请北大中文系参与和主持这套教材的编写，并请袁行霈先生出任主编，我和顾之川担任执行主编。北大来了16位教授，参与了编写的全过程。14年过去了，今天又要启动新的课标高中教材。我本来不想再参与其事，因为部编本小学和初中语文教材拖拖拉拉至今仍未能脱手，现在又要增加新的任务，确实有点烦。但经不住人教社的热情邀约，再想到原先高中语文也是参与了的，总不好甩手不管。编写团队有北大的几位教授鼎力加盟，还有来自全国的几十位语文教育专家和一线老师，加上人教社的专家，阵容还是相当可观的。有14年前人教版教材垫底，有这么多年全国课程改革实践提供的经验，有我们这个实力雄厚的团队，我们有信心编好这套教材。

14年前，编写高中语文教材时，袁行霈教授和我不约而同提出"守正创新"这个宗旨（袁先生的说法是"守正出新"）。我想这套

---

① 本文系笔者2016年6月4日在原人教版高中语文教材修订启动会上的讲话稿。收入《温儒敏语文讲习录》，浙江人民出版社2019年版。当时按照教育部的要求，由人教社组织修订的班子，对原人教版高中语文教材（2003年前后出版）进行修订。拟定的修订幅度很大，几乎是重编。2017年8月，教育部决定停止各个版本教材（包括人教版）修订工作，组织新的统编本高中语文教材的编写队伍，聘任笔者担任总主编。这份发言稿体现了笔者最初对高中语文统编教材的设想。

新教材的编写，仍然可以把"守正创新"作为指导思想。守正，就是保留与坚守原有人教版（也包括其他版本）教材好的传统、内容和风格，不搞颠覆性的改动，不要推倒重来。教育有滞后性，有时要等一等。改革也要考虑可行性与成本，不能朝令夕改，也不能为改革而改革。当然要创新，要符合新课标的基本要求，但这一切必须建立在"守正"的基础上，"守正"是创新的前提。

现在教育界有一种不好的风气，就是"多动症"，不断改变所谓顶层设计，却很少考虑基层和一线实施的可行性。对此，我们也没有办法。我们能做的就是实事求是，稳步改进，也就是"守正创新"。14年前，新课标实验稿刚刚颁布，急着编教材，什么1.75与1.25啊，选修课的板块呀，当时我就感觉缺少可行性，但还是按照要求的框架去编了。好在那个新编的必修教材编得还是比较实在，后来又做了几次修订，基本上能满足一线教学需求。但这么些年过去了，原来高中课标实验稿的得失如何总结？这次修订如何吸收十年课改的经验和教训？修订教材如何既适应一线教学需要，又体现新的教学理念？好像并不太明确。现在高中语文新的课程标准尚未定稿，还在征求意见，我们也不必等待新课标完全给出答案，按照其关于语文核心素养的精神来编就是了。教材编写自有其基本的规律，还有一线教学的需求和可行性也会左右教材编写。我们既要充分理解新课标，贯彻其好的理念，同时也要实事求是，照规律办事。

下面我再说说自己对尚未定稿的高中语文新课标的理解。这可以引发我们讨论如何去落实，去"守正创新"。

（一）如何理解现在提出的语文学科"核心素养"

新的高中语文课标（未定稿）提出的"核心素养"主要包括四方面：一是语言建构与运用，二是思维发展与提升，三是审美鉴赏与创造，四是文化传承与理解。应当说，比起以往一般讲语文素养，要具体一些。特别是把语文素养扩大到了"思维发展与提升""审美鉴赏与创造""文化理解与传承"这些方面，是有意义的，也是有针对性的，应当在编写中得以贯彻。但素养的四个方面，不是并列的，语言的建构与运用应当是基本的、贯穿全部的。其他几个方面，都应当结合语言运用来实行。教材编写时，要把重点和基点放置好，不要割裂开来，不要分几部分去编写。

（二）如何理解核心素养和以往对语文教学一些解释的区别

过去不是不谈素养，而是比较侧重知识与能力。以前概括语文知识，包括"字、词、句、语、修、逻、文"七个方面，侧重知识维度，当然这也有能力；后来，又提出过语文能力包括"听说读写"，这都没有什么错，是很实际的可操作的说法。不宜说现在提出"语文核心素养"，就是否定和取代过去的说法。我看新提法可以包容以前的说法。我们编教材，进入具体操作层面，还是要考虑"字、词、句、语、修、逻、文"，考虑"听说读写"，不过可以在"核心素养"这一更高的层面去统领和处理那些相对具体的知识与能力要求，兼顾文学审美、文化价值、思想价值。部编本初中和小学语文就用特定的形式隐性恢复了语文知识系统，在高中是否也可以这样来做，可以多加考虑。特别是语用和逻辑知识，可以适当进入高中语文。

（三）认为语文核心素养是以"学生"为中心的，是以"人的发展"为基本指向的

其实2003年的高中课标也强调过"学生"中心和"人的发展"，现在新课标有新提法，但不是从头来过，不是又一个转向，也不是颠覆过去。十多年课程改革，先进的观念要坚持，但更要落实。我们编新教材，也要注意不搞颠覆，不搞花架子。现在有些专家总是批评过去的语文教学面向应试教育，是以知识为中心。问题是：在应试教育仍然普遍存在的大环境下，我们能有多少解脱、多少改进？还是要面对现实，脚踏实地，稳步推进改革。

（四）新课标好的设想要想办法贯彻

比如"整本书阅读"，就是亮点。但如何落实，还需要讨论。"读整本书"其实也并不是这次课标修订的发明，传统的语文教学就基本上是"读整本书"的。后来出现新式学堂，学生要学的东西多了，语文转为学习文选为主，概论为主。后来又出现面向考试的精读精讲，学生读书越来越少，问题也越来越严重。我最近几次演讲都说到语文教学的"牛鼻子"就是激发读书兴趣。"读整本书"也是我们人教社老总编叶圣陶先生的思想。早在1942年，他在《论中学国文课程的改订》中就指出："现在国文教材似乎该用整本的书，而不该用单篇短章……退一步说，也该把整本的书作主体，把单篇短章作辅佐。"1949年中华人民共和国成立之初，他为当时教科书编审委员会草拟了《中学语文科课程标准草稿》，又把上述观点修正和发展成为这样一条内容："中学语文教材除单篇的文字而外，兼采书本的一章一节，高中阶段兼采现代语的整本的书。"

这次修订新课标重提"整本书阅读"，是针对当前语文教学的通病而提出的一项主张，是有学理根据的，要引导我们的语文教学回到"读书"这个正道上来。

"整本书阅读"对于培养学生语文核心素养具有十分重要的意义。这个问题我稍微展开说得多一点，希望教材编写能在这方面下功夫。还有，就是在应试教育盛行的现实背景之下，如何保证语文课应有的地位和时间。有些不是我们教材可以做到的，但我们应当尽量创造条件去推动和落实。比如，要解决基本书目问题，要设置好精读与略读不同课型，要实行三位一体的阅读教学框架，等等。

（五）如何搭建新的语文教材框架

人教社同志和一些专家有过讨论，初步拟定了语文教材的框架。我看过初步的，后来修改的没有看。这次会大家讨论一下，基本上确定下来。我的意思是，既要按照课标的任务群来设置，又不必完全照搬。是不是叫任务群，也不一定。课标还没有最后定稿，还可能改。既有教材一些基本的格式不要大动，特别是必修课。可以把任务群的精神体现到教材中，比如用一些栏目、单元或者板块来体现。要充分考虑一线教学的可行性，否则你编得再"高大上"，还是落不了地。2003年版的教材已经有这种教训，选修课的设想不错，但落实不了，这个教训必须吸取。现在提出的设想不是定案，只是一种设想，目的是激发大家讨论，大家不必被束缚，还可以充分发挥主动性去设计。教材编写的结构体例是大问题，变动要谨慎。我原来提出高一编得厚一点，大综合，把几个任务群综合进去，高二小综合，更加专题化，高三以专题为主，也就是选修二①。至于选修一和选修二如何编，也还要讨论，总结以往的经验教训。

现在教材编写最缺少的不是理念，而是落实的办法。要考虑和新课标靠拢，但又不是图解新课标，而应当遵循语文教育的规律和科学性，坚持既有教材好的经验和内容。不要处处考虑是否能通过，要考虑人教版的特色与风格，最后审查也会有一个彼此讨论碰撞和修改的过程。一开始就按图索骥，肯定编不好，这也是我最担心的。

记得2012年春天，部编本语文教材启动时，我有过一个讲话，也是我对教材编写的思考。昨天我翻出来看，感觉还可以再提供给这次编写作为参考。请中语室把这篇文章复印给大家参考，不一定都对，有的在编写过程中也未能充分落实，但作为一种编写的意见，大家看一看，提出批评，或者也还可以促进问题的探讨。

---

① 《普通高中语文课程标准》（未定稿）设计的课程包括必修、选修一和选修二，后来定稿改为必修、选择性必修和选修。这里说的"选修二"即定稿所谓"选修"。

四　编审杂录五则①

教材是公共知识产品，不等于私人著作，必然要受到各方面的关注和牵制。统编教材编写更是国家事权，上级部门会有许多指导与干预。小学和初中语文统编本就编了四年多，经过各方面30多轮评审，现在还要编高中语文，一开始就诸多掣肘。整个教材编写需要理解、妥协、平衡，尽可能寻求最大的共识，过程是多变的、艰难的。所幸编写组汇集了那么多优秀的专家和老师，大家协力同心，才终成正果。作为总主编，我要对教材的编写理念和框架有总体把握，对编写的每个环节也会提出相关的意见，这其中也有许多观点的碰撞、融合或者妥协。教材编写数易其稿，每一稿我都会有修改，我在编写的各个环节的讨论中也发表过许多意见。这些修改或者意见，其中有一部分有记录，形成了文字。现从中摘录五则，不过是九牛一毛，亦可一窥教材编写的艰难也。

（一）识字写字教学要指向书面语

（2013年12月在编写组会议上的发言）

新教材要强化阅读，从小学低年级开始，就要增加阅读材料，专门设置"和大人一起读""我爱阅读"等栏目。这可能是生长点、创新点。以往低年段语文教学主要就是完成识字任务，比如有实验"集中识字"的，当然也有好处，识字写字有效率，但问题是目标感不

---

① 本文曾收入《温儒敏语文讲习录》，浙江人民出版社2019年版。收入本书时有改动。

强，对于"语文课主要学习书面语"这一点缺乏自觉。新教材目光要超越一点，从读书和书面语学习这个角度来设计识字写字教学。

课改之后，很重视情境教学，重视口语，重视课堂上的各种活动，但若把"语文课主要学习书面语"这一点忘记或者轻视了，可能就是很大的偏差。这不是我个人的看法，其实义务教育语文课程标准也提出：第一学段的教学重点是识字、写字。但同时又这样说明："识字写字是阅读和写作的基础，是1—2年级的教学重点。"注意，这里把教学的目标指向明确了，学习识字写字本身不是目的，识字写字只是"阅读和写作的基础"，是阅读和写作的基本条件，而目标是习得和发展书面语。

因此，编写低年段教材，虽然还是把识字写字教学放在重点位置，但也要有这样一种自觉——识字写字一开始就尽量和阅读结合，而在习得书面语过程中也要持续巩固识字写字。大家看看课标，对低年段的阅读也是有要求的，如借图阅读，阅读儿歌、儿童诗和浅近的古诗，结合上下文和生活实际理解课文，在阅读中积累词语，等等。这些要求在新教材中都应当有所体现，甚至要大大加强。

有些专家质疑新教材设置"和大人一起读"等读书的栏目，认为有点早了，是超出课标的要求的，会增加学生和家长的负担。这种质疑是多余的。设计这个新栏目，不但不会增加负担，反而会调动学习语文，特别是读书的兴趣。我们应当说服那些不赞成的专家，把这个栏目坚持下来。

（二）教材要多一些阳刚之气

（2015年8月8日给编写组的信）

七年级上册第二个古诗词诵读，整体是写秋思、离愁等情绪，调子偏于沉郁（虽然亦有张扬），对刚上初一的学生来说，难度也较大，最好能调整，把二、三年级某些较浅显的调到这个部分来。但这次恐怕来不及了，只能根据两次座谈会以及国务院教材会的精神做些微调。先把李煜的《相见欢》换下来，现有的《秋词》《夜雨》《十一月四日》保留，增加一篇晚清谭嗣同的《潼关》。

这首诗以往很少选入课文，其实写得非常好，有气势，有词彩，胸襟阔达，刚健遒劲，把北方的壮阔写活了，又融入了个人的生命体验，表现一种要冲决罗网、追求个性解放的精神，是感人的诗。古典诗词中阴柔之气太盛，阳刚之气不足，课文应当多选一些阳刚的作品。谭嗣同这首诗就是难得的阳刚之作。座谈会上有专家提议增加一些明清的诗歌，这也算是回应。

你们先看看。定下之后，我来写导读。

附：

潼关

终古高云簇此城，秋风吹散马蹄声。

河流大野犹嫌束，山入潼关不解平。

（三）注意两个"延伸"

（2016年4月17日给编写组的信）

新教材已经在引导读书方面形成了特色。希望还是按照咱们原先的方案来编，无论小学还是初中，都努力加强两个"延伸"，即：往"多读书"（特别是阅读兴趣与方法）延伸，往课外阅读及学生的语文生活延伸。

现在小学的低年段已经增加了阅读材料，中年段开始有"课外读书导航"。这是创新，非常好。到高年级，可以考虑每学期再增加一次"课外读书导航"。不只是介绍名著，指导阅读，还要引发阅读兴趣，培养读书习惯，教给读书方法。小学就有这方面的设计，到初中还要加强，小学初中在读书的设计上要有衔接。

"名著导读"（或者"课外读书导航"）可以每册增加一到二次（部），撰写的导读不只是介绍所选作品的作者、背景和内容提示，还应当加插和强化读书方法。比如如何克服读一本"难"书的畏惧心理，如何消除经典的隔膜，如何挑选适合自己的书，如何更快地读完一部书（如何读不同类型的书（如童话、寓言、长篇小说、戏剧、历史书、杂志、实用的书等），其实都应当教给学生方法，而以往的教材以及课堂又都是不教或少教的。

将精读和略读的区分度加大，略读不只是比精读简单，而是承担精读未能担负的那些功能，比如实验和练习浏览、检视、快读、猜读等。

关于精读和略读的区分度加大问题，不只是初中，小学也要注意。特别是到中年段之后，如何处理精读和略读是个问题。这是语文教学普遍存在的误区之一。我们要通过教科书编写来改变这一状况。小学低年段这个问题不突出，但也要防止把阅读材料当作精读材料的现象出现。在教学用书中要明确区分说明。

（四）如何面对语文的"炒作"

（2016年6月24日给领导的信，摘要）

通常平均每隔一两个月，就总有一轮对教材的议论，而最近则是集中发作，值得注意。我隐约感觉这现象背后不排除有经济或政治的企求。问题是，现在这种痉挛性的网络炒作对于教材编写极少建设性帮助，反而有很强的破坏力。本来有些是教材编写技术性的问题，偏包装上"政治正确"的外衣，"唯我独革"，非此即彼，制造对立；有些意见本来见仁见智，可以通过正常的学术讨论去解决，现在却都一家伙就捅到网上，马上引来一片杀伐征讨之声，哪里还容得下切磋探究？我觉得这种空气不正常，很不好，已经在伤害教材编写。主流媒体对于那些极端的炒作应当有所回应，对于被网上无端抹黑的教材应当给以必要的澄清。当前网上出现的对于教材的集中抨击，不光会伤害到目前普遍使用的教材，影响教学，任其下去，还可能否定这些年来教育领域和思想工作领域的成绩，波及整个教育界和思想界。但愿我这只是"过虑"吧。我们曾经吃够什么事都动辄"上纲上线"的苦头，不希望历史重演。

我本人的专业是做文学史研究，不是专门从事基础教育的，为了回馈国家社会的培养，这些年用一些时间参与基础教育特别是语文教育的研究，受聘为教育部组织的那套新教材的总主编。几年来，可以说是兢兢业业，如履薄冰。我深感到教材编写太难了，责任重大，应当有比较和谐的学术研究的气氛。

语文教材的编写必须坚持正确的政治导向，特别是在民族、宗教、疆土边界等方面绝不能出问题，但这种政治正确应当成为教材编写的灵魂，核心价值观应当是整体性的体现，而不是做给人看的摆拍。

教材应当重视优秀传统文化的传承，但也要有开阔的心胸，接纳人类一切优秀的文化。这和警惕西方政治思潮应区分开来，而轻易指斥"西化"还可能羁绊改革开放的步伐。无论如何，我会继续努力，带领编写团队，完成好新教材编写任务。

（五）关于语文教材中的诗歌

（2017年12月在高中语文统编教材编写会议上的发言）

语文教材中的诗歌包括古诗和现代诗，目前各种版本教材都比较重视选古诗，古诗占有比较高的比重，但现代诗选得很少。拿小学语文教材来说，中高年级每一册选收现代诗，大致也就两三首，这个数量远低于古诗和现代文。

其实现代诗对于中小学语文教材来说，是不可或缺的重要部分，现在重视不够。

到底为何要学现代诗？这个问题似乎都能回答，无非是审美教育、诗教等等，都对，但未免笼统，可能不甚了了。

首先应当搞清楚现代诗在语文教学中的功能目标，和古诗是有相同点，亦有不同点的。对它们之间的不同，应当格外留意。

著名诗人废名说过这样的话，即旧体诗的形式是诗的，内容是散文的，而现代诗的内容是诗的，而形式是散文的。这当然只是概而言之，但也抓住了"要害"。和旧体诗相比，现代诗写作更需要情感的凝练和表达的自由，语言形式可以更自由，更加充分地陌生化，更大胆地突破，以达到真正个性化的表达。

这样说来，古今诗歌的区别不只在语言，更在内容的自由表达。阅读古诗和现代诗是有些不同的审美期待的，自然阅读的"契约"也就不全相同。比如：古诗讲究用典，现代诗一般不讲这个；古诗有些意象已经成为普遍的感觉积淀，非常"成熟"，无须费辞，一点就通，但现代诗的意象很可能是很个人化的，阅读时需要认真去体味分析；古诗的音韵形式是相对定型的，而现代诗却有可能"反形式"；等等。

这些阅读欣赏的常识，是语文课往往忽视的。一讲到诗歌，无论古今，都用差不多的方法与套路，思想、情感的表达，对比、象征、意境，等等，顶多就是古诗多讲一点语词。最近我看人教版及其他各种版本小学语文中所选的现代诗，看习题的设计和导读，就发现比较笼统和随意，不太注意古代诗歌与现代诗教学上的区别。这就不对了。

古诗词在形式上是有高度自觉的，要欣赏古诗词必须懂得一些门道，要有形式感。教学中适当加一些古诗词的知识，包括诗歌体式、音韵、平仄、格律等，我看也是必要的。

新教材的编写应当关注这一点，在古今诗歌阅读方法的区别上给以适当的指导。

五 对小学、初中语文教材初稿的修改意见①

这几天抓紧看了八上和八下②的部分初稿，是第二遍看，又做了许多修改。

对初稿总的印象是不错的，和既有各种版本教材比，有自己的亮点，有特色。比如，语文素养知识点、能力点的体系构成及其在各个单元的落实更加明确了，精读和略读两类课型的功能有了明晰的区分，重视读书兴趣的培养和读书方法的传授，写作课更有可操作性，等等，都是有所创新的。有这些创新，教材就有突破，对此我们是有信心的。这套教材编写因为反复评审，已经拖了很长时间，明年秋季学期肯定是要投入使用的。不管多么困难，我们要往前赶，保证质量，保证明年能用。

初稿大致成型了，仍然存在许多问题。应当修改或者值得再认真讨论的地方，我都一一做了标注或旁批。为什么要修改讨论，我也尽量说明了理由，供大家参考。

八上的第一稿出来后，我就做过很多修改。部分修改的意见在二稿中吸收了，也有一些未能吸收。这很正常。虽然我是总主编，意见也不见得都对，完全可以继续切磋探究。你们发挥教学一线的经验，

---

① 本文系笔者2015年5月7日在统编小学、初中语文教材编写会议上的发言记录稿。收入《温儒敏语文讲习录》，浙江人民出版社2019年版。教材编写过程很复杂，稿子变化很大，我在编写过程中记录下来的讲话或者批改的意见也非常多，这里例举一篇，也可见编写之艰难。其中提到的一些课文或者编写内容后来定稿可能调整了。

② 指统编语文教材初二上下册。

或者专业编辑的经验，对我的意见进行打磨，使教材更加稳妥、规范，这都是好的。但我不希望把棱角全都磨平了，你们多想想我为何那样修改。我总感觉现在教材虽有新意，但还是比较"平"。而我提的很多修改意见，正是想突破这个"平"的。我曾在小学语文编写组说过，大家要有点"匪夷所思"，有点想象力，大胆提出革新的设想，进两步，然后退一步，还是有进步。如果一开始就很拘谨，求稳怕乱，那就很难出彩了。我希望初中语文编写也来点"匪夷所思"，也就是解放思想，勇于突破。我的修改如果是有些"匪夷所思"的，建议你们先考虑我为什么这样改，然后再适当调整，剪除那些过分"出格"的，但不要完全磨平其锋芒。

下面我就这次八上和八下的修改，提炼出一些带有共性的问题，给大家参考。

（一）选文

现在选的很多新课文都是名篇美文，很不错的。但如何安排，还要斟酌。单元结构有个毛病，就是可能会打乱教学的梯度，这也没有办法，我们还是选择单元结构，只是不完全以人文主题来构设单元，适当考虑语文要素。但是课文的深浅程度往往就难于兼顾。怎么办？在现有基础上适当微调，照顾教学梯度。比如《列夫·托尔斯泰》这篇比较难读，是否可以放到九年级？蒙田的《论惬意的生活》，是论说生活形态的，哲理性很强，对初中生来说可能难了，其句子也有些夹缠，可能是翻译的问题。如果能换，就换一篇。蒙田散文有很多都是比较美的。课外古诗词诵读，《梁甫行》是很难的，也可以考虑是否换一篇。古诗词选文要照顾到选择的面，最好宽一点，八上有陶渊明的《饮酒》，课外阅读又有《移居》，同一册就收同一作者两篇。李白也有两首。是否也可以分散一点？

（二）习题

现在的习题分两个层面——思考探究与积累拓展，这是比较适当的。有些题比较活，特别是积累拓展的题，设计思路很不错。如《唐诗五首》之《使至塞上》的习题，我就很欣赏：

> 《红楼梦》第四十八回，对于"大漠孤烟直，长河落日圆"，香菱说："想来烟如何直？日自然是圆的。这'直'字似无理，'圆'字似太俗。合上书一想，倒像见了这景的……"你认为香菱对这两句诗的体味有没有道理？为什么？

这道题非常好，学生会很有兴趣，而且真正能起到拓展阅读的效果。

八下有林语堂《庆祝旧历元旦》，其习题一的设计也不错。虽然难一些，但思路是导向开放的。

> 作者大力提倡"以闲适为格调"的小品文，他主张作文如聊天，应有聊天的闲适和随意。你读出本文这一特点了吗？从课文中找出一些具体的语段进行品析。

但类似比较灵活的习题还是少了。多数习题基本上老一套，而且每一课的习题设置模式都彼此雷同。这能否再有所突破？

当然，不是说现有的习题设计思路没有道理，只是说呈现形式过于趋同，很板结，会败坏学生的学习兴趣。另外，就是习题设计细致有余，开放不足。现在强调整体感知，强调适当的个性化阅读，但我们的习题这方面明显跟不上。所以这要改一改。一是往灵活、变化的方向改，特别是拓展题，尽量放开。二是激发读书和思考的兴趣。

另外，习题设计一定要注意将语文要素的知识点、能力点分布镶嵌，大多数习题都要考虑这一点。现在有的设计可能存在这方面的不足。比如，《消息两则》是关于新闻的，其习题之一就不见得合适：

> 听课文录音，或模仿播音员读课文，体会本文恢宏、磅礴的气势。用一两句话分别概括这两则消息传达的新闻事实。

我第一次修改时曾指出，这样的题目太简单。其实《消息两则》课文很短，每一则的标题又已经明确标示了内容。如果像现在这样设题，学生几乎毫不费力就能用标题概括新闻事实，这道题起不到引导思考的作用，建议修改。这道题不要往语言气势上引导，不如加上一句："注意报道中的时间、地点、事件过程以及结果的表述。"这才扣住这一课的训练要点。

另外，新闻报道要客观，一般不强调感情，起码在这里不往这方面引导。模仿播音员没有必要。

又如《藤野先生》是老课文，习题各式各样，网上就可以找到许多，但很少有考虑学生实际的。学生读鲁迅最大的问题是什么？是语言隔膜，进不去，不习惯，也不喜欢，也就读不进去，体会不到好处。现在这一课的语言方面设题还是比较少，六道题中只有第四题是关于文章修改的，和语言有关，其他题目全都是有关思想内容的。可见我们对于学生学习鲁迅的障碍，还是关注不够。我希望习题能够帮助学生学习鲁迅，喜欢上鲁迅。为此，我专门就语言个性，设计了这样一道题：

> 鲁迅好用反语，往往庄词谐用，产生某种讽刺效果，同时也传达了自己的感情和态度。如，"也有解散辫子，盘得平的，除下帽来，油光可鉴，宛如小姑娘的发髻一般，还要将脖子扭几扭。实在标致极了"。前一句描写可笑的神态，后一句却称之为"标致极了"，形成某种反差，这就是庄词谐用。请从文中再找出三五个例子，体会鲁迅语言的魅力。

为何设计这样一道题？我在批注中这样说：原五道题中有四道都是内容理解方面的，这里增加一道语言方面的题。中学生阅读鲁迅的障碍首先是语言，很多学生不喜欢也进入不了鲁迅语言层面。虽然这较难，但也应当尝试引导去体味。鲁迅语言特色在于丰盈的张力，这里只涉及讽刺，让学生有初步体悟即可。教师用书可以重点解释何谓庄词谐用，以及讽刺幽默等。鲁迅语言极富张力，味道在此，难也在此。我设题时没有用"张力"这个词，是考虑了学生的接受度的。设计习题要有层次，有些设题可以深一点，学生反而会觉得有意思。

另外，设题一定要考虑训练的有效性。现在有些题很浅，起不到训练效果。比如，郦道元《三峡》有四道题：

一　朗读课文，说说作者是按什么顺序写三峡景物的，想想作者为什么这样写。

二　写景要抓住景物特征。说说作者笔下的三峡夏天、春冬、秋天各有怎样的特征。

三　翻译下列语句。

1. 两岸连山，略无阙处。

2. 自非亭午夜分，不见曦月。

3. 至于夏水襄陵，沿溯阻绝。

4. 清荣峻茂，良多趣味。

四　解释下列句中加点字的不同含义。

第一、二两道题都是分析写法，指向写作，但也比较简单。在这篇极为短小的文章中分析这样一些写作方法，不是不可以，是太简单了。

第三题翻译，所给出句子很多都已经有详尽注释，翻译就等于把注释抄一遍。这样的题目就失去效果。不如改为要求翻译全文或者中间两段。要求把原文和自己的译文都朗读一遍，边读边体会一下不同的语感。

我举这个例子是说明咱们的习题设计还要多下功夫，力求创新。有几点请注意一下。

一是注意落实语文素养的知识点和能力点，起码每一课都有一两道题是关于语言文字训练的。所谓能力点的分布，很大程度上靠习题。

二是针对课文教学中常见的问题，来设计一些纠偏、引导的题。比如《藤野先生》那道新设计的题，就是引导性的，对于教学会有很大帮助。《三峡》修改后的第三题，也是文言文教学的一种导向，往古今比较、语感等方面引导。文言文教学不能满足于翻译和读懂。

如何改进习题设计？这次讨论作为一个重点。能否考虑，每一课起码有一道题是原创的？五分之一或者六分之一原创，这个要求不高。可以参照一线教学或者考试的试题来加工设计。我们每个人发挥主动性，每次汇合讨论，要求每个人都能提出一道原创的题，那就相当可观。

（三）导语和预习提示

导语的确很难写，字数很少，要照顾方方面面，一写就往往程式化。现在几乎都是先用一句或几句引言，概括本单元主题，说学习本单元的思想收获意义，用的语言都是比较美而又有些"做作"的，而且显得太过教化。我不满意现在到处都是"丰富我们的感情""深化对于什么的认识"之类。几经修改，导语写得好一点了，但还是不满意。小学语文干脆不要单元导语了，改用一两句诗或者格言什么的，是比较活泼的表示形式。那也很好。

导语怎么写？我对八上八下单元导语做了一些修改，都是字句方面的，还是走不出来，不太满意。例如，关于古诗文山水题材那一单元的导语，我是这样修改的，你们从中能体会我的用意。大家看看是否可以参照一下（注意加粗的宋体字是新添加的，方框内文字是要删去的）：

"山川之美，古来共谈。"自然山水，或 具 清幽 之氛围，或 拥雄奇 之景物，或 呈秀丽 之色彩，都均 显出 造化之灵妙。深入其中，总能让人流连忘返，引起无限的情思。从古到今**古代诗文中**，**有很多**歌咏山水的优美篇章 层出不穷，阅读这类诗文**作品**，可以获得美的享受，净化心灵，陶冶情操，丰富人生体验。

学习本单元课文，要能借助注释和工具书，整体感知内容大意。反复诵读，借助联想和想象，进入诗文 情景交融 的境界，感受 风景之美 **山川风物之灵秀**，体会作者寄寓其中的情思。同时，要 注意积累常见的文言实词、虚词，提高阅读浅易文言文的能力。

修改的指向是什么？是要更简洁，也更准确。

关于课文的"阅读提示"，我也做了许多修改，但改来改去，还是不太满意。大家看看我的修改指向，主要是为了更加明确落实知识和能力点，帮助教学抓点，更有可操作性。例如，《藤野先生》是老课文，生涩的词多，加上鲁迅语言独有的特点，学生学习是有较大难度的。前面说过，从初中开始，很多学生就感到鲁迅文章很难，首先是文字上难。因此，需要针对这一情况，帮助学生学会接触鲁迅，接触难的文章，破除畏难心理。现在的阅读提示是这样改的：

> 鲁迅作品的语言，初读时可能会感到有些拗口，其实很简洁、幽默，富于感情色彩。阅读时宜放慢速度，细细体味。

这就改得很好。我的意见你们也采纳了。我还要说说，为何这样修改。"阅读提示"是提供给预习参考的，但预习的要求不能过高，有些目标要等学完课文才能达到。但预习时可以指导阅读，像鲁迅作品语言比较拗涩，学生不太喜欢，就要帮助扫除阅读心理障碍，引导细读品味。其他课文导语也要注意如何激发阅读兴趣。不能把预习的提示或者"阅读提示"混同于思考题，也不宜太难。老是要求"画一画""讲一讲""说一说""和同学交流"等，这就太程式化了，是很烦人的。

阅读或者预习提示，有时还可以巧妙地起到学习语文知识的作用，一举两得。比如《短文两篇》（《与谢中书书》和《记承天寺夜游》），其提示就写得好：

> ◎ 画出文中写景的句子，读一读，感受景物之美。

> ◎ 两篇短文语言风格不同。《与谢中书书》以四字句为主，讲究对仗，韵律和谐，辞藻华丽；《记承天寺夜游》则以散句为主，语言平实自然。朗读课文，体会二者不同的声韵节奏。

前一篇是魏晋文，带有骈体的特点，而后一篇是宋代笔记，两者风格体式是完全不同的。讲四字句不提骈体恐怕不行，但又不好介绍太多文学史常识，这就要拿捏好。是否可以在适当地方简要介绍一下骈体？我想在一线教学中这个问题是回避不了的。

总之，"阅读提示"的修改，应当加强语言文字运用的内容。但语言文字运用包含诸多方面，不能理解为就是写作方法。

例如《一个灾区中学校长的避险意识》，是自读课，属于新闻报道单元，提示或者练习题设计扣住新闻是必要的，但也还是要注意语文能力训练。在这一课的"阅读提示"中，我就增加了这样一句：

> 这篇通讯语言朴实简洁，多用短句，段落切分也很小。阅读课文，感受这种语言风格的特殊韵味。

这也是提示，涉及短句切分这样的知识，以往教材是较少涉及的，而又是这篇课文最重要的语言特色。上次修改我就提出这个建议，不知你们为何没有采纳。

还有，是这一课的提示，原来我还添加过这样一段，是试图给方法，但你们也没有采纳。

> 此文2630字，情节简单，容易读。试用快速浏览方法，尽可能抓住每段的关键词（或句子），知其大意，便迅速转向下一段。争取在5分钟之内看完。然后，放慢阅读速度再仔细读一遍，看头一遍阅读是否掌握了基本内容，有无重要的遗漏或误解，原因何在。平时多做这样的练习，能有效地提高阅读能力。

阅读提示或者思考题，每个单元都应当有整合的。比如人物传记单元，在最后一课《美丽的颜色》的"阅读提示"中，我添加了一句：

> 结合阅读体验，回想并比较一下本单元几篇课文各自不同的语言。

加上这么一句，往语言运用上靠拢，而且有个比较阅读的意思。各个单元都有自己的重点，但也都要围绕语言文字运用以及思维的训练。

（四）自读课文的旁批

自读课文的旁批，是这套新教材的创新，但很难写。首先要确定旁批的功能，突出要旨，不能求全。要着重刺激阅读兴趣，然后才是提示阅读重点。评点的方式可以灵活一点，一个词、一句话，都可以。所起到的是提醒、点明，不是说明。现在的旁批有些陈旧而且死板，大多数都类似写作方法分析引导，这要改一改，往阅读兴味的焕发这方面改。比如《列夫·托尔斯泰》写外貌那一节的旁批，我做了这样的改动（加粗的宋体字是新添加的，方框内文字是要删去的）：

为何用"低矮的陋屋"比喻 什么 外貌？ 写出了托尔斯泰外貌 的什么特点？ 文中 还有一些新奇的比喻，**注意**找出来，细细体会**其特别的效果。**

这样改，不只是简短一点，还有意改变问答式。"找出来"之类，会阻碍阅读。现在我对整个自读课的旁批都还不满意，建议请专家再打磨一下。

有些自读课文很短，也不难读，不一定旁批，如《安塞腰鼓》。

（五）语文知识

现在采用的是类似词条方式，补白的方式。大家改过很多遍，还不很满意。不能只顾通俗，还要注意表述的严密和科学性。还是要有些术语概念，完全回避，就没有办法说话了。

（六）古诗词的导读

以往教材写这些导读，几乎全是"赏析体"，过于单调。修改时注意有些变化，通脱生动一点，和学生的生活贴近一点。我做了很多修改，供你们参考。

（七）教科书编写语言

我在教材编写启动会上曾经建议，教科书编写语言要力求贴近学生生活，减少教化，避免套话空话，做到生动活泼，能引发兴趣。看来还需要努力。现在新教材的编写语言比较注意如何规范，但整个行文风格还是比较死板累赘，缺少生气。

六　语文教科书编写的汇报提纲[①]

我汇报一下新编小学和初中语文教材的编写思路和进展情况，主要讲四点。

（一）在语文教材中体现社会主义核心价值观

从教材启动编写，我们就一直坚持把社会主义核心价值观作为指导思想，同时将其作为具体的编写内容加以落实。关键在于价值观如何结合语文学科的特点，化为语文的"血肉"，而不是穿靴戴帽。新编语文教材努力做好价值观的"整体渗透"。这个"整体"，是指全部，目的是让语文本身所具有的语言教育、情感教育、审美教育内容，和价值观教育融为一体，并自然地体现在课文选择、习题设计等方面。比如，毛主席《纪念白求恩》一文，这次设计做了很大改进。课前先布置预习，学生自己去读课文，收集有关资料，了解白求恩其人其事，并向学生说明，这是一篇在中国产生过极大影响的文章，很长一段时间内曾家喻户晓。要求学生上课之前先问问自己的祖辈、父辈，了解这篇文章对他们的影响。这就调动了学生学这篇文章的兴趣，而且把这篇革命的经典重新融入现实生活之中，让学生在了解白求恩的同时，也初步感受到毛主席的伟大。这样，思路就拓宽了。

社会主义核心价值观的教育，不只体现在革命传统课文（这方面

---

① 2015年8月31日，国务院召开教材编写工作会议，笔者以总主编身份汇报语文教材编写情况。本文为汇报提纲。收入《温儒敏论语文教育　三集》，北京大学出版社2016年版。

保留和增加很多，约占全部课文的11%）的设计中，也渗透到其他类型的课文中。比如诸葛亮的《诫子书》，让学生反复诵读，体味文言文的韵律美，同时要求讨论诸如"静以修身，俭以养德""非淡泊无以明志，非宁静无以致远"等名句。这样，语文学习就和修身明志结合起来了。再举一例，《动物趣谈》一课，是科普作品，讲·位动物行为学家如何聚精会神地观察动物行为，是很有理趣、很幽默的文章。教材把领略这篇作品的语言风格、学习如何观察事物作为教学重点，同时又引导学生去感受科学家专注忘我的工作精神，以及追求科学真理本身所具有的特别的乐趣。这就把语文素养和精神熏陶融合起来了。我在济南一所中学听过老师讲这篇课文，学生兴致非常高，效果很好。教材让核心价值观"整体渗透"，在提升语文素养的同时，情感、态度与价值观也很自然地得到提升。这是第一点。

（二）努力做到接地气，满足一线教学的需要，又能对语文教学普遍存在的弊病起纠偏作用

在确定编写方案之前，我们对十多年来课程改革以及课程标准实施的得失状况，进行了细致的调查总结，让课改好的经验，包括这些年提出的以人为本、自主性学习等新的教学理念，在语文教材中沉淀下来。比如综合性学习，以及某些习题的设计，都在做这种"沉淀"。同时，又实事求是，正视某些不符合教学规律的偏向。比如，现在语文教学普遍是"两多一少"：精读精讲太多，反复操练太多，学生读书太少。现在备课很容易，都在依赖网上获取课件，结果就是彼此"克隆"，大同小异，模式化。语文课上得很琐碎、技术化。老是这一套，学生很腻味，当然也就不喜欢语文。新编语文教材注意到这个问题，采取了一些改进办法，比如，在课型上做了更明确的区分，分为"教读"和"自读"两类课。"教读"课老师讲得多一点，精一点，主要就是举例子，给方法。"自读"课就是让学生使用"教读"课给的方法，更加自主地阅读，教师不必精讲。"自读"课文还专门设置了导读和旁批，引发学生涵泳体味。教材有意区分课型的功能，也是为了纠正目前语文教学过分精读精讲的僵化状况。现在的语文教学最大的问题，还是读书太少。课内读得少，课外读得也少，主要是应对考试，题海战术。中学毕业了，没有完整地读过几本书，即使上了大学，也没有养成读书的习惯。这样的语文课是失败的。

针对这一状况，新编语文教材特别强调读书兴趣的培养，让学生学语文喜欢读书，养成一种良好的生活方式，为孩子们的一生打下坚实的底子。教材特别注重让语文课往课外阅读延伸，往学生的语文生活延伸。比如小学一年级，六七岁孩子还不认字，就先安排了"和大人一起读"栏目，读故事、童话、童谣等，以激发读书兴趣来开蒙。到了小学高年级和初中，几乎每一课都有往课外阅读延伸的设计，还安排了"名著导读""古典诗文诵读"等栏目。新编语文教材力图让"教读""自读"，加上"课外导读"，构成三位一体的教学体系，这一切都是指向"少做题，多读书，好读书，读好书，读整本的书"。最近我到安徽阜阳、河南郑州等地，和一线老师交流，介绍了新编教材这些编法，得到一致的肯定，他们都希望能在应对考试和提倡读书、实施素质教育之间找到平衡，认为只有多读书，才能"拯救"语文，也才谈得上语文素养、语文教育。

（三）"守正创新"，继承和吸收中外语文教科书编写的成功经验，努力体现科学性和时代性

教材需要创新，但创新不是颠覆，要学习和继承以往教材编写好的经验。这次语文教材编写启动阶段，我们做了一项细致的工作，就是对现行各个版本语文教材的普查和专题研究。比如人教版现行的语文教材，哪些方面可以继承吸收，哪些方面应当视为教训，都做到心中有数。这是新教材编写的基础之一。此外，编写组部分成员还参与了一个国家社科基金重大项目，就是百年教科书编写的历史研究，对民国国文教科书的编写有认真的梳理总结，有些好的经验吸收到新编

的教材中。比如，新编小学语文增加了很多童谣、儿歌，能激发孩子对汉语音韵节奏的感觉，提升其学语文的兴趣，有些素材就是从民国国文课本中取来的。新编教材还特别注重"编研结合"，对学界有关语文认知规律的研究成果加以选择、吸收和转化。比如，识字写字教学内容的安排，如何让孩子"多认少写"，尽快学会读书写字，新编一年级教材的识字课文就采纳了北师大关于儿童字频研究的成果，把儿童读书最需要先认识的300个字安排在一年级教材中，努力体现教材编写的科学性。

教材在课文的选取、习题的设计、教学活动的安排等方面，努力切入当代中小学生的语文生活，适应社会转型和时代需求，体现时代性。比如，如何正确地认识和使用新媒体，如何过滤信息，都在教材中有所体现。

（四）吸收专家意见，完善教材编写

下面再简要说明对两次座谈会意见及100位特级教师审读意见的处理情况。针对这些意见，编写组进行了细致的梳理分析，分门别类进行了认真处理。这些意见中有不少意见是中肯的、富有建设性的，我们一一做了吸收。比如胡适《终身做科学实验的爱迪生》一篇，有专家认为"内容和文字都比较平淡"，现在已经调整为萧红的《回忆鲁迅先生》。又如有专家认为，课文的预习、自读课中的"自读提示"和旁批有很多是结论性的解读，会限制学生的理解和教师的教学。虽然原来的内容很多都是提示性的，但考虑到专家们的意见，编写组再次考察所有内容，尽可能增加一些启发性的问题或者提示，避免结论式呈现，以促进学生的自主学习。有些意见或者因为对内容的理解有偏差，或者只是一家之言，带有较浓的个性色彩，编写组未予采纳。比如有专家认为"《台阶》一文是宣传'恶俗竞争心态'"，这个结论需要斟酌。有些意见可能是因为没有看到全部教材，对编写意图不够清楚而形成的，我们也一一做了回复。比如有关口语交际的

问题，我们在八、九年级已经做了专题安排。

语文是社会性很强的学科，社会关注度高，也常常饱受批评。接受新编语文教材这个任务，我们如履薄冰，最怕出现硬伤，也最怕违背课标精神，这方面我们下功夫也很多。欣慰的是，最近请100位一线的特级教师提意见，他们都还比较肯定，没有发现"硬伤"。但我们不敢懈怠，要小心细致，确保质量。

经过三年半的努力，反复修改打磨，我认为小学和初中语文起始年级教材已经比较成熟，希望中央能批准投入使用，或者先在部分地区试用。让一线教学的实践来检验和充实这套教材，不断修订，逐步完善。

七 回答小学语文统编教材使用的十个问题①

这套新教材是中央关注和批准、教育部直接领导和组织编写的，其编写资源可以说空前雄厚。前后从全国调集五六十位专家、作家、教研员和编辑，组成编写组，人教社的中语室和小语室在其中起到中坚作用。实际参与过这套教材咨询等工作的各个学科领域专家有上百人。教材还经过三十多轮评审、几百名特级教师的审读，以及多个省市几十所学校的试教。如果不是"部编"，很难动员这么多力量。它的编写质量是有保障的，作为一种"公共知识产品"，也能够被多数人接受。我们不好说这是理想的教材，但显然可以超越现有各个版本同类教材的整体水平。不必把这套教材的优点说得那么多、那么绝对，它可能只是相对好一些，是站在既有的各种版本语文教材的"肩膀"上，提升了一些高度。部编教材取代原来人教版，以及其他一些版本，不要忘记前人的功劳。

很自然的，大家会比较新旧教材的异同。要关注这些不同与变化之中所体现的观念、意图和方法，通过新教材的使用去推进语文教学水平的提升。

大家现在只看到小学一年级和初中一年级新教材，其他还在最后送审，二年级大概八月份才能印出来。这里有必要让大家对整个部编本语文教材有个大致的印象。说是总体特色，其实也就是从编者角度，希望教材能够在这些方面有所创新和突破。

---

① 本文系笔者2017年5月24日在小学语文统编教材使用培训会上的讲稿。

一是强调"立德树人",却又避免做表面文章,努力做到润物无声。

二是"接地气",希望有新理念,又不挂空,能实用好用。

三是"守正创新",新教材吸收了过去教材编写以及教学改革的经验,不是颠覆以往的教材、教法,而是在以前各个版本教材的基础上去创新。

四是体现时代性,力图贴近当代中小学生的语文生活。

以上四点,是新教材的编写理念,也是努力的方向。

下面,我想结合老师们接触这套新教材之后可能碰到的若干问题,来做些说明。一共有十个问题。

(一)一年级为何要改为先认字,再学拼音?

过去都是一年级刚上学就学拼音,然后再用拼音去认字。这回改了:把拼音学习推后个把月,先认一些汉字,再学拼音,而且边学拼音边认字。这个改变体现一种更切实的教学理念。其实,传统的语文教育都是从认字开始,是在没有注音帮助的情况下进行的。以前的蒙学的办法,就是让孩子反复诵读,慢慢就会认字了。部编本多少有点回归传统。入学教育以后,第一篇识字课文,就是"天、地、人、你、我、他",六个大的楷体字扑面而来,会给刚上学的孩子留下深的印象,可能是一辈子的印象。接下来是"金、木、水、火、土""云对雨,雪对风",很传统,也很有趣。为什么这样安排?要的是孩子们对汉字的原初感觉。"第一印象"不是字母abc,而是汉字"天地人",这个顺序的改变是别有意味的:把汉语、汉字摆回到第一位,而拼音只是辅助学汉字的工具,不是目的。

先认字后学拼音,还有一个考虑,是幼小衔接,放缓坡度。对于一年级刚上学的孩子而言,一上来就是拼音,比较难,等于给了下马威,并不利于培养对语文课的兴趣。现在把拼音学习推后一点,能减少他们的畏难情绪。我看拼音学习再往后推一两个星期也无妨,总之是要想办法让小学生觉得语文学习挺有意思的，一开始就要注意培养认字读书的兴趣，这比什么都重要。

（二）汉语拼音对刚上学的孩子比较难，有什么教学建议？

老师们要明确，学拼音是为了识字，当然，还有普通话正音。拼音是认字的工具，但别当作阅读的工具。汉语拼音只是拐杖，学会认字就可以不要这个拐杖了。所以，拼音教学要实事求是，降低难度。

例如，发音是比较难学的。学拼音当然要教发音的方法，但也不要过分要求。一年级能拼读音节就可以了，不一定要求能直呼音节。拼音字母表是要熟记的，但不强求背诵默写。声母、韵母的音节能够书写即可，是否工整不必讲究。大致说来，就是一年级拼读准确，二年级要求熟练一点儿，也就可以了，别增加其他额外的负担。有许多学校一年级还学英语，英文字母和汉语拼音老是混淆，老师教学的压力是很大的。还有就是南方方言区的老师，为了训练一个发音，可费老劲了，效果还不好。如果认识到汉语拼音就是一个认字的拐杖，普通话正音无非是为了沟通，那老师的压力会小一点，辐射到学生那里负担也会轻一点，效果不见得就差。

其实，《义务教育语文课程标准（2011年版）》已经降低了难度，有些学校可能不注意。说到普通话的学习，也要实事求是。方言区的学生会用普通话沟通就可以了，不一定要求说得多么标准、漂亮。如果方言区的老师能结合所在地区学习普通话的发音难点，来补充设计更有针对性的教学方案，那就更好了。总之，学拼音就是帮助认字，不能代替认字。拼音对学普通话有正音作用，但不要把读拼音当作学普通话的办法。

另外，部编本语文的拼音教学内容还有一个变化，就是将拼音教学与认字教学结合起来，学拼音结合认字，彼此融通。对此大家也要重视。

（三）"和大人一起读"是什么栏目？要列入教学计划吗？

"和大人一起读"是新教材的亮点之一。大人指父母、老师或其他家庭成员与亲友。一年级刚上学的学生自己还不会读，所以让大人和他们一起读。这个栏目的用意是激发读书的兴趣，让孩子刚上学就喜欢语文，喜欢读书。这也是幼小衔接的学习方式。幼儿园主要是无纸化教学，听故事多，到了小学就开始使用纸质的阅读材料包括书本了，让孩子先和大人一起读，慢慢过渡到自己读，这过程需要大人的引导。以前的教材没有这个栏目，大家不知道如何处理。我建议你们把这个栏目纳入教学计划，但不要处理成一般课堂上的课，这是课堂教学的延伸，延伸到课外，延伸到家庭。让家长少看电视、少打麻将、少上微信，多和孩子一起读书，这也等于创造了语文学习的良好氛围。可以给家长"布置作业"，让他们配合做好"和大人一起读"。现在许多家长没有和孩子一起读书的习惯，我们可以先在教室里面让老师和学生一起读，然后通过家长会、家长课堂等形式，示范怎么实施一起读。

一起读可以是朗读，也可以讲读，或者对话式阅读，形式不拘，但要注意都是在读书，是书面语言的阅读。一起读不要给孩子太多压力，也不必布置作业，附加的任务多了，压力大了，兴趣就少了。应当让孩子在大人的陪伴下进行无压力的自由轻松的阅读。教师如果觉得教材中一起读的课文比较浅，也可以换，另外找一些作品来读。

（四）部编本小学语文教材的课文有哪些变化？

一个变化就是课文数量减少了，教学类型增加了。像一年级上册，人教版原来有41课，现在减少为32课；汉语拼音的课量也减少了，识字课却增加了。一年级下册，人教版原有39课，现在也减少了，减少为29课。

课文数量的减少，不要简单地理解为"减负"（孩子们负担重，往往不是教材、老师加重的，而是社会、家长加重的），而是教学内容方式的调整，使教材所呈现的内容更加丰富，更加重视口语、读书等方面的内容，也更有利于语文素养的提升。

从一年级到六年级，整个课文的变化很大，几乎换了三分之二的课文。课文的选篇标准强调了四点，即经典性，文质兼美，适宜教学，同时要适当兼顾时代性。新教材对优秀的传统文化格外重视，这方面选文的比重大大增加，一年级就选了许多古诗。

大家会发现，有些经典的老课文又回来啦，没经过沉淀的"时文"少了。

（五）识字写字教学如何做到更有科学性？

首先是实行"认写分流，多认少写"。这是部编本语文低年级教材的编写原则。这样做，是为了提高教学效果，为尽快过渡到独立阅读阶段创造条件。认识字和学会写，是两个不同的目标，小学要求低年级认识常用字1600左右（以前是要求1800），其中800字左右会写，教学中注意不要加码。不要回到过去那种"四会"的要求，因为认、讲、用、写是很难齐头并进的，那样做可能欲速则不达。

新教材在识字教学的安排上是有讲究的，大家在教学中要认真体会。一般而言，只要按现教材设定的各个阶段目标推进，学生到二年级下学期大致可以实现独立阅读。大家要注意，一年级上册后面附了一个《识字写字基本字表》，要求会认300字（这300字应当是低年级识字教学的重点）、会写100个字，一年级下册附400个会认的字、200个会写的字。有的老师会问：这些字是怎么来的？是为了帮助学生认读课文，才安排学这些字吗？不是的，它是依据对小学生阅读的字频调查来确定的。先认这些字，才可能尽快过渡到独立的阅读。而且从字理、字结构来看，先认识这些字，也有助于学生举一反三，认更多的字。

新教材有意安排了"多元认字"内容，就是说，不完全依赖拼音认字，还要多通过字形、结构、偏旁等去认字。如果单纯依赖拼音识字，可能会拖累识字的效率，不利于尽快进入无拼音的实际阅读阶段。教学中老师们要重视范读、熟字带生字、尽量勾连口语词等等。教第二、三单元时，要巩固和复现之前认识的汉字，避免回生。一年级要尽量照顾到多元识字，到二年级下学期，一般就掌握多元认字方法了，那时就不光会拼音识字，还会根据上下文猜读，根据形声字构字规律猜读等。新教材"多元认字"的教学思路，老师们应当多加关注，加强研究。

（六）如何上好古诗词的课？有无必要让孩子学"国学"？

部编语文的古诗文篇目增加了。小学一年级开始就有古诗，整个小学6个年级12册共选有古诗文132篇，平均每个年级20篇左右，占课文总数的30%左右，比原有人教版增加很多，增幅达80%左右。初中6册选用古诗文分量也加重了。

怎样教好古诗文的课？最好的办法就是反复诵读，读得滚瓜烂熟，不用有过多的阐释，也不要太多活动，宁可多读几遍，多读几篇。比如，给一年级学生讲《春晓》，讲春天到来的感觉、那种发现，让孩子大致上懂得写了什么，发挥孩子的想象力，就可以了，不要让孩子去记什么"抒发了诗人热爱春天、珍惜春天的美好心情"之类。因为"珍惜春天的美好心情"之类，不是一年级孩子能理解的。

讲王维的山水诗，也不一定非得往"热爱大自然"上面靠，让小学生安静下来，体会一下诗中表达的那种"静"，我看就可以了，不必添加许多成年人理解的内容。

古诗词教学要注重让学生感受诗词音韵之美，汉语之美也许一时说不清美在哪里，总之是积淀下来，有所感觉了。现在有些古诗词教学过于烦琐，像外科手术，把那种"美"都给弄跑了。

小学生学古诗文，是比较难的，要求别过高，不必在所谓主题思想、意义价值、艺术手法等方面讲太多。有的教案总喜欢来个三段论——"知作者，解诗意，想画面"，未免太死板，也不得要领。

朗读不能取代自主性的阅读和吟诵。

要不要把"国学"当作课程？我在这里非常明确地表达自己的观点：没有必要。"国学"这个概念很复杂，在晚清是为了抵御"西学"、拯救国粹而提出的，当时是"国将不国"之学，带有保守主义的意味。这些年有些人张扬"国学"，也许有一定的现实意义，但什么是"国学"？范围太大，很笼统，而且精华与糟粕纠缠，又很复杂。我看还是提"优秀传统文化"为好，这是中央的提法。至于"国学"不"国学"，学界都还弄不清楚，有争议，我们中小学不要去套用。

社会上有人开设了读"三百千"的班，说那是"读经"。夸张了。"三百千"是古代开蒙的读物，主要是认字用的，小学生读一读也无妨。但要注意"三百千"并不是"经"，里边也有许多不适合现代人格发展的糟粕。小学不要开设什么"读经"班。多读点优秀的古诗文就挺好。

（七）部编本语文为何要强调课型的区分？

课型的区分一年级还看不太出来，到了三年级，课文就分为两种类型，或者两种课型，一是精读课，二是略读课。初中教材"精读"干脆改为"教读"，"略读"改为"自读"，加上课外阅读，就建构了"三位一体"的阅读教学体系。

精读课主要是老师教，一般要求讲得比较细，比较精，就是举例子，给方法，激发读书的兴味；而略读课主要让学生自己读，把精读课学到的方法运用到略读课中，自己去实验、体会。很多情况下，略读课就是自主性的泛读。课型不同，功能也不同，彼此配合进行，才能更好地完成阅读教学。

那么小学怎么上好略读课？要安排好预习，不要布置太多作业，主要就是提一些有趣的问题做铺垫和引导，激发阅读的兴趣。重点是教阅读的方法，同时也适时教一些写作方法，两者结合起来。略读课是把精读课的方法沉淀运用。老师不要多讲，就让学生自己去读。有些老师可能不放心，还要为略读课安排讨论或者作业，这是不必要的。

我特别要说说另一种课型的混淆，不管学什么文体，无论小说、散文、诗歌、童话、议论文、科技文，全都用差不多的程序和讲法。有的上诗词课也要分析主题意义，上童话课就和上小说课差不多，还是人物性格、艺术手法等等。不同的文体课型应当有变化。何况课型不变化，没有节奏，老是那一套，学生能不腻味？

部编本语文教材在课型问题上有许多探索，比如对文体特点的提示，以及不同文体阅读方法的要求，等等，都是有用意的，老师们要重视。

（八）为何要提倡阅读教学的"1+X"？

现在语文教学最大的弊病就是少读书，不读书。教材只能提供少量的课文，光是教课文、读课文，不拓展阅读量，怎么用力，语文素养也不可能真正提升上去。部编本语文教材比起以往教材，更加注意往课外阅读延伸了，但阅读量还是不够。所以我主张加大课外阅读，鼓励"海量阅读"，鼓励读一些"闲书"，也就是和考试，甚至和写作并不一定"挂钩"的书，鼓励读一些"深"一点的书，可以"似懂非懂"地读，"连滚带爬"地读。只有这样，才能培养起读书的兴趣。当然，我们的语文课就要改一改，不能满足于精读精讲，不能要求阅读全都围绕写作，要在精读精讲之外，教给学生各种实用的读书方法，比如快读、浏览、跳读、猜读、群读，还有非连续文本阅读、检索阅读等。部编本语文教材在不同文体的阅读以及多种读书方法的教学方面，开始做一些尝试。这是新课题，希望老师们也支持。

所谓"1+X"的办法，即讲一篇课文，附加若干篇泛读或者课外阅读的文章，让学生自己读，读不懂也没关系，慢慢就弄懂了。这就是为了增加阅读量，改变那种全是精读精讲，而且处处指向写作的教学习惯。

新教材一、二年级就有延伸阅读，高年级会更多些。小学中高年级以及初中教材，几乎每一单元都有课外阅读的延伸。新教材实际上已经把"延伸阅读"部分纳入教学体制，并尝试设置一些检测评价。一线老师在这方面可以大有作为，发挥各自的主动性，去探索、研究适合自己的可行的办法。这肯定是一个教学的创新点。

（九）怎么设计"快乐读书吧"课？

"快乐读书吧"课，每学期一两次，每次安排某一种阅读类型。比如，儿童故事、童话、寓言、民间传说、科普读物等，让学生接触各种文体类型，有基本的文体知识，激发阅读各种类型读物的兴趣，有意识让学生去掌握一些读书方法。这个栏目不要处理成一般的课文学习，老师可以举一反三，讲一点相关的读书常识，包括书的类型和阅读方法，但主要是引发兴趣，让孩子自己找书来读。

（十）新教材为何要重建语文知识体系？

这些年的课改为了防止应试式的反复操练，提出语法修辞和语文知识的教学不要体系化，要"随文学习"。这个出发点是好的。问题是，如今的语文教学又出现另一种趋向，就是知识体系被弱化。很多老师不敢理直气壮地讲语文知识，不敢放手设置基本能力的训练，知识点和能力训练点不突出，也不成系列。结果教学梯度被打乱，必要的语文知识学习和能力训练得不到落实。有时课上得满天飞，可就是没有把得住的"干货"。

针对这种偏向，部编本语文教材做了一些改进。一是每个年级和各个单元的课程内容目标力图更清晰，教学的要点也更清晰，要让一线老师备课时了解应当有哪些"干货"，做到"一课一得"。

部编语文教材已经在努力重建中小学的语文核心素养的体系，这是"隐在"的体系，不是"显在"的，不刻意强调体系化，还是要防止过度的操练。老师们了解这一点，教学中就要胸有成竹，知道每一年级的语文学习应大致达到什么要求，通过哪些线索去逐步实现，每一单元甚至每一课的知识点、能力点在哪里，等等。教学实施中不去追求体系化，但还是要有体系的。

　　语文知识的教学必须加强，但"随文学习"的办法不能丢。心中有数，就能在教学中想办法落实，不要从概念到概念。

八 如何用好初中语文统编教材^①

去年和前年，统编语文教材开始投入使用，我曾经有个讲话，对如何使用新教材提出一些建议。当时主要是就初中一年级而言。今后几年将大面积铺开二、三年级，所以我讲课的内容将照顾到整个初中语文教材的使用。关于这套新教材的编写理念、框架等等，教育部的领导和其他同志也会讲到，我这里就不重复了。但我想讨论一些新的问题，特别是高中语文课程标准刚刚颁布，体现出一些新的课程改革理念，有些必然会影响到整个基础教育语文课程，包括初中，所以在讲新教材时，会联系到怎么理解高中新课标。

但是我今天讲课的主题词是"读书为要"，这是一个老生常谈的话题，但又有现实针对性。基本观点是，使用新教材，应当明确"读书为要"，把培养读书兴趣作为语文教学的"牛鼻子"。

这些年，老是"改革""创新"，一波未平，一波又起，而且改革的姿态总是在颠覆，把过去那一套摧毁。这个"多动症"弄来弄去，我们一线老师都有点疲了。改革还是要改的，但必须实事求是，不搞颠覆，不要从头做起，要尊重教育规律，尊重前人的劳动，但同时还要面对多样的问题找到主要矛盾，想出改进的办法。比如，高考中考是基础教育必须面对的巨大现实，谁都不能只是唱高调，你的理念再先进，方法再诱人，也不能不面对考试这个巨大现实。如果脱离实

---

① 本文系2018年5月8日笔者在初中语文统编教材使用培训会（成都）上的讲稿。收入本书时有改动。

际，改革要付出的"成本"过大，最终也会失败。这个巨大的现实对于小学语文也是决定性的。我们躲不开呀！

教育界总有一批理想主义者，他们的教育理想和现实形成巨大反差，是很诱人的。他们设想让学生非常快乐地学习，没有作业，不考试，没有排名，没有竞争，有的是无忧无虑的童年。这的确很美，值得向往，但是靠学校老师很难做到，只能是个教育的乌托邦。因为这理想很丰满，现实很骨感。现实是什么？是社会各阶层的竞争越来越严酷，竞争的脚步已经很难停下来了。这种社会性的竞争必然辐射到教育中来，什么减负、抑制择校热、清理辅导班、高考中考改革，是有些抑制作用的，但也只是治标，而不可能治本。社会上严酷的竞争状态始终会对基础教育产生实质性的影响。所以，在教育问题上，唱高调是无济于事的，只能实事求是，做好学校和老师本身能做好的事情。能改良最好，改一寸是一寸。

需要做一些冷静思考，看在中考高考直接制约基础教育这个巨大现实面前，我们能做些什么？能否让我们的学生考得好，又不至于完全陷于应试教育的怪圈？

我多次说过，有水平的老师都有一个特点，就是懂得平衡，能从各种问题缠绕中厘清主要矛盾，找到比较能解决问题的办法。在当前，语文教学有各种不同的理念、方法、经验、模式，还有自上而下一波接一波的改革，头绪繁杂，目迷五色，但我认为还是要向那些懂得平衡的老师学习，化繁为简，抓主要矛盾，抓培养读书兴趣这个"牛鼻子"。那一波一波的改革，还有层出不穷的改革理念和口号，都可以简化和转化到读书这个"牛鼻子"上来。回到这次会议的主题：若问统编本语文教材有什么特色，可以从几个方面去论说，但最主要的特色就是"读书为要"。用一家媒体的报道标题来说，就是"新教材专治不读书"。

语文学科和其他学科不同，实践性很强，你很难指出一条速效的办法去提高语文素养，它需要长期的熏染、积累、习得。这就必须大量读书，没有别的办法。语言的习得，需要语感的积累。光是精读精讲加练习，或者概论式的知识获取，是难以实现语言习得乃至语文学习的效果的。无论怎么改革，对于语文来说，说一千道一万，还是离不开读书。不能以为放手做各种项目驱动，把课堂搞得很活跃，学生的交际能力提高了，语文素养也随之提升。万变不离其宗，这个"宗"，就是培养读书兴趣。读书非常重要。读书的过程，读书的积累，读书兴趣和习惯的养成，本身就是语文。如果说语文教育要遵循规律，其规律之一就是激发读书兴趣，养成读书习惯。读书兴趣和习惯的培养，以及读书方法的掌握，远比现在这种面向考试、精读精讲、反复操练的做法要高明，也更加重要。

那么新教材在加强读书方面有哪些措施？我们一线教学应当如何使用和实施呢？

（一）区分不同的课型

现在语文教材很多都分为精读和略读两类课。新的初中语文课文干脆改"精读"为"教读"，"略读"为"自读"。这个改变是有明确意图的，就是大课型的区分。目录上标示有星号的都是"自读"课文，其他都是"教读"。

教学中应当如何来处理这两类课呢？

教读课主要是老师教，一般要求讲得比较细，比较精，功能是举例子，给方法，举一反三，激发读书的兴味；而自读课是让学生自己读，把精读课学到的方法运用到阅读实践中，主要是泛读，自主性阅读。

老师们可能会有一种担心，怕略读课（自读课）学得不够精细，影响阅读能力提升，影响考试成绩。其实这是"过虑"了。语文课实践性很强，精读课举例子，给方法了，总得让学生自己去试一试，通过自身的阅读实践去取得属于自己的经验。如果把两种课型都上成精读，学生自己没有足够的实践体验，阅读的经验还是没有。精读（教读）和略读（自读）两类课型的功能不同，加以区分是非常必要的，配合进行才能更好地完成阅读教学。

自读课如何备课，提点建议。备课时要研究教材的导读，然后转化为教学的内容。和其他课比较，导读应当简明扼要，点拨的、提示性的、注重方法的，不要安排太多太细，把空间留给学生。比如，八上《美丽的颜色》是居里夫人传记一节，自读的提示应当突出几点：一是传记阅读方法，类似读历史，真实性为主，感受与思考也要围绕真实；二是注意历史细节，感受真实场景。导读中有这么两段：

> 文章记述了居里夫妇在棚屋中用四年时间提取镭的过程。作者像一个摄影师，充满深情地将一个个镜头展示出来。我们仿佛置身于残破的棚屋，看到居里夫妇忙碌的身影，感受到科学发现的艰辛，从中也领略到科学家的坚守与乐观。

> 文章在叙事的同时，还引用了居里夫人自己的话，或补充历史细节，或展示传主的心理感受。这些引文，增强了文章的真实性，同时变换了文章的叙述节奏，使行文更加生动。多读几遍文章，感受这一特点。

这里提示"真实性"的问题，要求阅读时注意。上课提示这几点就可以了。

讲到课型区分，不只是精读略读的区分，还有不同文体课文教学的课型也要区分。新教材初中语文是双线单元结构，有的单元文体杂混。以后高中语文都是任务群组元，文体杂混会更加突出。这本来也不是什么大问题，一个单元里边可以有不同的文体，适当区分就好了。

现在的问题是，单元组合的文体杂混导致了教学中文体意识淡薄，课型混淆。最近十多年，各个版本语文教材几乎都是实施人文主题单元结构，按照主题来进行单元教学，同一单元课文可能有不同的文体，但教学中顾此失彼，有所忽略。常常看到那种太过单调的备课，无论是小说、童话、散文、诗歌、新闻、议论文、说明文，几乎都采用差不多的分析性阅读，很注重背景、主题、作者意图、段落大意、词句分析、思想意义、修辞和艺术手法等，一应俱全。这就有点文体混淆了。

其实不同的文体，阅读方法应当有所区别，授课的重点也不一样。老师要教给学生面对不同的文体、不同的书，采用不同的阅读方法。比如，小说和童话不一样，诗歌和散文不一样，新闻和历史不一样，文学类阅读和实用类、思辨类阅读是有明显差别的。

备课要重视课型，聚焦文体，突出重点。那么怎么去领会教材，找到我们上课的要点呢？老师要做两件事：一是自己要读课文，赤手空拳去读，获取真实的感觉和认知，这是很要紧的。自己有感受，讲课才有感觉，有温度。第二件事，想一想你的班上那些学生读这篇课文时可能会有什么反应，有哪些难点，有可能有哪些兴趣，等等。这样，备课才能有针对性。这两件事做在前面，是任何教学参考材料都不能代替的。

讲课不要老是那一套程式，应当根据课的文体以及单元要求的教学目标来设计不同的教案程序，突出文体阅读的特点和重点。比如，散文、小说、诗歌与童话的课型应当各自有所不同，古代诗歌和现代诗歌的课型也有差别。

（二）采用"1加X"方法拓展阅读

以前各种版本的语文教材，有一个共同的弊病，就是安排学生的自主阅读、自由阅读太少，每学期只靠十多二十篇课文，无论怎么精细讲授、反复练习，都是远远不够的。没有一定的阅读量，不可能保证阅读能力和写作能力的提升。吕叔湘批评说语文课少慢差费，花了2000多个课时还不过关，是咄咄怪事。其实也不奇怪，就是读得太少。所以新编语文教材要专治不读书，首先就在阅读量这方面下功夫。小学一年级就有"和大人一起读""快乐读书吧""我爱阅读"三个栏目。初中有"名著导读""延伸阅读"，高中有"整本书阅读"。

这些都完成了，阅读量会成倍增加。

但这恐怕还是不够，于是我就有一个建议：实施"1加X"的办法。即每讲一课（主要是精读课），就附加若干篇同类或者相关的作品，让学生自己去读。可以在课内安排读那些附加的作品，也可以安排在课后。不只是读散篇的作品，也要有整本的书。老师可以稍加点拨，但千万不要用精读课那老一套要求去限制学生，只要求学生能读就好。

阅读材料怎么找？由北大语文教育研究所组织编写的《语文素养读本》可以参考。

区分课型，或者"1加X"，都并非反对讲课的精细。课文的分析，有时必须要细，要精，要透，这是毫无疑问的。但这种"细"要有意义，意义就是指向学生读书的兴趣，并要学生学会读书的方法，而不能只是为了考试，其他不管。起码这两方面都要兼顾一点，别走极端。课上得死板，千篇一律，又几乎全都指向考试，这就是语文课的一大弊端，是扼杀读书兴趣的。

顺便提到，高考和中考也都开始注意考阅读速度与阅读量。使用新教材，也要重视阅读量的问题。

（三）授之以渔，要教读书方法

和以前教材比较，统编教材更加注意读书方法，或者阅读策略。使用新教材，要特别注意方法问题。

现在的语文课也不是完全不教读书方法，只是缺少自觉意识，单打一，光教精读，轻视其他。阅读方法是多种多样的。比如默读、浏览、快读、跳读、猜读、互文阅读、检索阅读，以及如何读一本书、读不同类型的书如何用不同的方法等，以往的教材是关注不够的，老师在教学中也缺少方法意识。结果就造成一种状况：很多学生只会精读，无论碰到什么文章，全都用主题思想、段落大意加艺术手法等一套分析办法去套。一些学生上了大学还不会默读和浏览，读得很慢，还不得要领。

　　老师们使用统编教材，一定要强化方法意识，加强这方面的教学投入。统编教材中有关读书方法的内容分布在导言、习题，特别是"名著导读"中。每一册两次"名著导读"，每次都会突出一种阅读方法。老师们备课时，可以参照这些方法提示，把它转化为教学的内容。比如"名著导读"的《西游记》一课，就集中研讨"跳读""猜读"。我们小时候读《西游记》等小说，不就是这样跳读、猜读的？本来这是无师自通的方法，如果语文课也能教一教，从方法上指导一下，那效果就不一样了。

　　教读书方法，要有窍门，有可操作性。光要求"抓住关键词"，要求"读得快"，学生还是不会，等于没有讲，这就需要有具体的可以模仿学习的技巧。拿浏览来说吧，就要把默读、快读、跳读等多种阅读方式结合起来，尽量在"一瞥"之间掌握一个句子甚至一个段落，眼睛最好看文章的中轴线，不要逗留。但是有些孩子阅读时还是要不断逗留，读不快。怎么办？可以让他这样训练自己：五个手指并拢，顺着书的字行往下移动，速度要比眼睛的感觉稍快，而且越来越快。这就训练出来了。

　　如何阅读一本书？也有方法，可以训练。拿起一本书，要教给学生先要看书名、扉页、提要简介、前言等，再翻一翻目录，或者挑选一两个与主旨联系密切的章节重点看看，跳着读，读几段，或者几页，最后要比较认真地看看书的结尾部分，往往是对全书提要性的总结，或者还可以看看后记，很快就可以大致了解一本书的内容，甚至能判断写得怎么样，决定是否值得再细读精读。这叫"检视阅读"，或者叫"检索阅读"，是迅速读一本书的办法。很多书都可以采取这种读法，然后才能选择自己要认真细读的书。

　　还可以教给学生如何把精读与略读结合起来。比如，一本书可以读三遍：第一遍粗读，大致了解其轮廓主旨，有个基本印象；第二遍细读，对各章节内容有更加深入的理解；还可以有第三遍，就是带着问题包括疑问去读，选择重点章节读。当然，不是所有书都需要读三遍。这里指的是比较重要的基本的书。

当然，教材不可能全都安排介绍，但老师们讲课时应当心中有数，把散落整个初中语文教材中的各种读书方法策略理一理，看大致有哪些，整个初中语文学习应当教给学生哪些基本读书方法，然后安排到讲课中。

读书方法的传授是语文课很重要的内容目标。一堂课下来，有把握得住的"干货"。读书方法就是"干货"。当然，教无定法，不同的学情可以有多种多样的教法，但无论哪种教法，都要让学生有兴趣学，又能把握方法，学会学习，学会读书。

（四）"名著导读"怎么教

统编语文教材设计了"名著导读"栏目，目的是什么？一是引导读名著，读经典，把人类文化的精华交给学生，让学生接触最高尚的精神产品；同时，就是要强化"整本书阅读"，读书养性。以前的语文教材都是单篇选文的累积教学，并没有在"整本书阅读"上提出要求。结果学生读书少，完整的阅读更少。有的从初中到高中没有完整地读过几本书。这种状况是很严重的。问题是信息时代到来后，网络为王，阅读多是碎片化的，学生更是难得静下心来读完整的书。现在提倡"整本书阅读"，新教材专门安排"名著导读"，首先就是为了"养性"，涵养性情，让学生静下心来读书，感受读书之美，养成好读书的习惯。这可能是最重要的。

初中语文统编教材的"名著导读"，其实就是"整本书阅读"。每学期两次，也就是读两本，还延伸介绍两三种。整本书阅读要列入教学计划，这是很特别的课型，特别在哪里？课内讲得少，主要是课外阅读，是学生自主性阅读。

我不太主张名著阅读（整本书阅读）课程化。当然课内可以安排一些内容，比如简要介绍某一种书的基本情况，激发读的兴趣，重点放在提示读"这一类书"的基本方法。比如，怎样读长篇小说，怎样读社科著作，怎样读传记，怎样读历史，都应当在基本方法上有所交代，让学生知道不同的书是有不一样的读法的。有时还需要"签订阅读契约"——读小说，主要是借某一角度来打量生活，激发想象，而不能像读历史那样去"坐实"；读社科著作，要关注核心概念，以及要解决的问题，要梳理逻辑思路，就不能像读小说那样放开想象；等等。本来读书方法很多，但要围绕一本书的阅读重点学习某一种适合的方法，以后学生碰到同一类书也就会读了。这些都是提示性的，可以用很少的课内时间去实施，整本书阅读主要是课外阅读。

老师们上课应当把"名著导读"独立出来，这是专门的课型，如何做好，需要实验。

中高考语文命题都在考虑如何检测整本书阅读，比如加强阅读面与阅读速度的考查，这可能"撬动"整本书阅读的教学。但那种指定读若干种书，考试就考有无读过，其效果就值得怀疑。因为有些应试的办法就是对着这种考试的，结果很多学生未见得读过这些整本的书，只是读些提要之类，也能对付考试，结果还是不会读整本书，也没有读书的兴趣和习惯。

（五）把课外阅读纳入教学计划

通常讲阅读教学，往往只是指课堂上围绕课文的教学，对课外阅读并不重视，甚至放弃了。这种状况，可称之为"半截子"的阅读教学。

语文课程是一门综合性、实践性课程。所说"综合性""实践性"，并不限于课内教学，还应当包括课外阅读。我们应让课堂阅读教学往课外阅读伸展，让课堂内外的阅读教学相互交叉、渗透和整合，联成一体。

课外阅读要给学生自主选择，但不是放任自流，必须有所指导。这就需要有相应的教学计划，根据各个学段的教学目标安排适当的课外阅读，注意循序渐进，逐级增加阅读量与阅读难度，体现教学的梯度。但是，纳入计划不等同于上课，一定注意不要太多干预，要想办法激发阅读兴趣，要给他们一些自由选择的空间。书目规定可以是一个范围，让学生在这个范围中自己找书来读。规定太死不好。

要容许学生读"闲书"，尊重他们的语文生活。如果老师们能放手让学生读"闲书"，那语文课会有变化，变得活跃，还能进入学生的语文生活。

前几天，我在济南西站候车，咖啡室的茶几上放着一本东野圭吾的《白夜行》。我翻了翻，大致知道这是日本一位推理小说家作品，写得很有技巧，文字也清浅可读。但这类小说都是有套路的，可以批量生产的，阅读功能不是感动或者审美，主要是猎奇和娱乐。但让我惊奇的是，这本书到2017年已经78次印刷。我在我的微博上说了这件事，很多跟帖说，现在中学生、大学生都喜欢东野圭吾。这让我想到，这就是现在相当部分年轻人的文学生活或者语文生活呀！怎么看待中小学生阅读流行作品？我觉得应当持开放态度。

流行作品，也是所谓"闲书"，是和考试好像关系不大的书，也是学生按照自己兴趣选择的课外书。有些老师和家长总是担心妨碍考试，他们可能会限制读"闲书"。其实，我们每个人都有过读"闲书"的经历，那是自由阅读的享受，也是最有阅读兴趣的时候。为了应对中考和高考，有些制约也难免。但限制过甚，不让读闲书，也就等于取消了学生阅读的个人空间，扼杀了读书的兴致。读"闲书"也是一种阅读，可以引发阅读兴趣，扩大阅读面，提高阅读能力。更重要的，这是学生的语文生活的重要部分。如果老师对学生的语文生活有所了解，能借此与学生对话，那么语文阅读教学便可能别开生面，并可以事半功倍，大大延伸出去。

事实上，凡是课外阅读量大、知识面广、读过很多"闲书"的学生，思想一般比较活跃，整体素质也高，他们往往也能在考试中名列前茅；而那些只熟习教材和教辅的学生，课外阅读"闲书"

少，没有阅读习惯，即使考试成绩不错，视野都比较窄，思路也不太开展，往往是高分低能。所以，在应试教育还不可能完全取消的情况下，最好还是要兼顾一些，让学生适当保留一点自由阅读的空间，使他们的爱好与潜力能在相对宽松的个性化阅读中发展。阅读面宽了，思维开阔了，素养高了，反过来也是有利于考试拿到好成绩的。

要尊重学生的语文生活。我们也许不能完全进入学生的语文生活，但应当给予尊重和必要的关照，尽可能在语文课和学生的语文生活之间疏通一条通道，那肯定会加倍引发学生学习语文的兴趣，培养起读书的习惯。我们这个讲课说的是培养读书兴趣，怎么培养？办法之一就是多少进入学生的语文生活。阅读教学，甚至整个语文教学，都要高度注意培养学生广泛的阅读兴趣，扩大阅读面，增加阅读量，提高阅读品位。

统编本语文教材也想在学生读闲书方面以及他们的语文生活方面多安排一些内容，更开放一些，亲切一些，但还是做得不够。教科书是公共知识产品，各方面制约很多，"面孔"是比较严肃的。但教师在使用新教材时，应当活跃一点，能多关注一点学生的语文生活，让学生读一些"闲书"，这也是有助于培养读书兴趣的。

（六）如何上好文言文和古诗词课

统编语文教材的文言文和古诗文篇目增加了。

我们要明白为何要让学生学文言文。一是了解现在我们运用的语言的来路、源流，就像一个家庭，要让孩子知道家族的历史一样。学文言文是"寻根"，寻找现在语言的"根"。现代汉语特别是书面语言本身就有文言文的"基因"，含有很多文言文的成分。学点文言文，了解这个"根"，会帮助我们提高语言表达的能力。还有一点，就是如果有文言文的底子，写文章的语言就会更有文气，也更有底气。当然，还有一个更重要的道理，就是让学生学一点文言文，对传统文化有些感性的了解，热爱传统文化。这些道理要让学生知道，而且转为一种自觉意识，不只是为了考试拿分，才能自觉地学习文言文，学好文言文。

据我所知，老师们对于文言文的教学普遍都是比较重视的，也因为文言文在考试中"拿分"比较好把握。这也是无可非议的。怎样教好文言文？大家都有很多诀窍。但有一点建议，就是加强诵读。把诵读作为学习文言文基本的又是最重要的环节与手段。我听过一些老师讲文言文的课，一般都是串讲，一句一句往下讲，把所有难懂的词语都疏通，还可能随文分析一些文言词语的语法，做古今词语对照比较。还有的老师用很多的功夫把文言文翻译成现代汉语，再让学生比较古今的异同。这些方法不能说不好，也有其必要吧，但我看不是文言文教学最好的办法。好办法在哪里？就是诵读，以诵读为先，诵读为主。有了大量的诵读做基础，再去做前边说的那些动作，可能效果会更好一些。文言文课起码应当有半数以上时间安排给诵读。如果两节课，一节用来串讲，半节用来活动讨论，剩下半节给朗诵，那就有些问题了。应当倒过来，起码用一节时间让学生诵读，各种形式的诵读，乃至背诵。

有的老师可能怕诵读安排太多，学生还是不懂，也把握不了虚词、实词、语法等等。这种担心是不必要的。文言文，特别是选入教材的那些经典的篇章，即使一开始就让学生去读，参考注释，也大致能懂，能达到阅读中常有的那种"会意"的状态。所谓"会意"，就是知其大意，可是又不见得说得清楚，不能确解。这不妨碍大致了解全篇。现在老是讲"整体感知"，对文言文来说，通过诵读知其大意，能对文章的文气和语感有整体感觉，这是基础。所以，我还是建议文言文课少一些串讲，少一些活动，不一定要"先译后背"，也不一定"字字落实，句句翻译"，把更多时间交给学生诵读，很多课文都可以做到"当堂成诵"。

诵读可以采取各种不同的方式，但不要全都安排做朗读。这是两种读法。要让学生有自我陶醉式的诵读，要有独处式的诵读。

古诗词的教学和文言文一样，最好的办法也是反复诵读，读得滚瓜烂熟，不用有过多的阐释，也不要太多活动。

古诗词教学更要注重让学生感受诗词音韵之美、汉语之美，也许一时说不清美在哪里，总之是积淀下来，有所感觉了。现在有些古诗词教学过于烦琐，像外科手术，把那种"美"都给弄跑了。

（七）写作教学问题

注意写作教学的梯度。

新教材的写作是有系列安排的，等六个年级都出版后，可以看到这个系统。老师们对于小学整个写作教学应当有大致的计划。

写作学习的目的不只是为了写好文章，更是为了思维训练。这道理要搞清楚。作文课和阅读课一样，需要气氛，需要熏陶，需要不断激发学生表达言说的欲望。无论什么教学法，重要的是让学生对写作有兴趣，应当想办法营造一种氛围，引起学生动笔的兴趣，有了兴趣就好办。如果把作文课上成应试技巧课，完全纳入考试准备，那是很难引起兴趣的。

提升写作能力，最重要是扩大阅读面，加上适当的思维训练和文字训练。多读比多写能更有效地提高写作能力。

作文教学是否做得好，有一个前提，就是老师自己要喜欢写作，会写文章，而且敢于和学生一起来写"下水文"。不一定要写得多么漂亮，但起码"会写"。那写作课才不至于很隔，套式化，学生不喜欢。还有，就是要给学生改作文。

（八）关于语文知识的教学

怎么去掌握新教材的知识体系？又怎么在教学中落实那些知识点和能力点呢？我这里给大家一些建议吧，也许备课时用得上。

一是参照教师用书。教师用书会有知识点、训练点的提示。

二是看单元导语。每个单元导语都会提出教学的要点。

三是研究思考题和各个栏目的要求。思考题往往体现对知识点或语文能力训练点的要求。

语文知识的教学必须加强，但还是以"随文学习"为主，不要从概念到概念。

九　如何用好高中语文统编教材^①

2019年秋季，6个省市开始使用普通高中语文统编教材，今年又增加了10多个省市。大家对新教材也早就有所耳闻了。大概许多老师都担心教材的变化太大，教学中难以实施。今天我就围绕大家比较关心的问题，来谈谈新教材的编写意图，以及怎样来使用这套教材。希望能听到大家的批评指导。

我首先要说的是，这套高中语文统编教材，和以前的教材比，有很大变化，但并非对既往教材教法的颠覆，我更愿意用"守正创新"来概括它的特色。

这套教材努力去"守"的，是中国语文教育传统的优秀成分，是十多年来课改的得失经验，是以往语文教材编写值得借鉴的东西。这些都是"正"，是这套教材编写的基础和资源。用好这些资源，吸收这些经验，化为新教材的筋骨血肉，就是"守正"。

在此基础上去"创新"，统编教材的"亮点"是显著的，主要表现在：一是编写的立意更高，遵循中央提出的"立德树人"指导思想，通过"整体规划，有机渗透"的设计，结合语文学科特点去落实社会主义核心价值观教育；二是贯彻高中语文课程标准的精神，更新教育观念，改进教学方式，有针对性地去改变目前语文教学存在的一些偏误；三是借鉴世界上母语教学的先进经验，关注信息环境下的教

---

① 本文系2020年8月26日笔者在高中语文统编教材培训会上的讲稿，发表于《人民教育》2020年第9期。收入本书时有改动。

育教学改革，让教材更加符合语文教育的规律，也更加适合新时代基础教育的需要。和以往同类教材比，这套教材无论编写理念、结构体例、课文选取还是内容设计，都有明显的变化与改进，是"守正创新"。

大家拿到新教材，看到许多课文是新的，体例和教法是新的，改革的力度大，担心跟不上，用起来困难。这种心情可以理解。但也要看到，这套教材的"新"，并非以革命的姿态把以前的教材教法全部颠覆，它是在原有基础上的变化革新，是那种大家经过努力就跟得上的"创新"。所以不必焦虑，要以积极而又正常的心态来使用教材。

我也不赞同泰然处之、我行我素，甚至拒绝改革的态度。以往语文的教材教法中的确存在随意、低效、不能适应新时代需要的亟待改革之处，改革是必需的。现在高考正在推进改革，高中统编教材是为了和"新高考"配套衔接，课改是大趋势，必须跟进。

当然，新教材落实新课标精神，实施课程和教法的改革，也在探索之中，并不完善，需要通过实践的检验去不断修订。大家对新教材不适应，有批评，这很正常，教学中也应当容许有不同于教材设计的教法，但对于新教材所引导的改革方向，毫无疑义是应当积极支持，全力以赴的。

使用新教材，改革我们的语文教学，必须立足于各自的学情，根据自身条件，在原有基础上去逐步调整、改进和更新。新教材的使用，关键是教师，教师的思想和业务水平必须跟上，吃透教材才能用好教材。而这需要时间，不可能靠几次培训就解决问题。

使用新教材，我不赞成搞"运动"，不赞成形式主义，不赞成"一刀切"，不赞成一哄而起。办学条件好的，改革步子可以大一点，条件差的，也可以等一等，分步实施，创造条件去改，能改一寸是一寸。

下面，围绕统编高中语文教材变化最大、创新最显著的几个方面，说说我作为编写者的一些感想和认识，同时也会提出一些使用建议。

（一）教材的结构和体例

高中语文教材分"必修"和"选择性必修"。"必修"有两册，所有高中生都要学；"选择性必修"有三册，理论上可供自主选择，实际上绝大多数学生都要学。所以不必纠结这些课程的名称，都作为必修来安排就是了。必修可以安排在高一，选择性必修安排在高二，当然也可以做其他灵活的安排。

整套教材以"人文主题"和"学习任务群"两条线索组织单元。"人文主题"的设计充分考虑新时代高中生人格和精神成长的需要，涉及面宽，但聚焦在"理想信念""文化自信"和"责任担当"三个方面。每个单元的"人文主题"都会突出其中某一方面。"学习任务群"是单元组织的另一条线索，每个单元都设计有若干指向语文核心素养的学习任务，保证语文工具性的落实。

高一的必修教材有两册，每册8个单元，共16个单元，覆盖7个"学习任务群"。高二的选择性必修有三册，各4个单元，共12个单元，覆盖9个"学习任务群"。单元的组织形式有两类：一类以课文或整本书的阅读为基础，读写结合；另一类不设传统意义上的课文，以专题性的语文活动为主，带动相关资源的学习，如"当代文化参与""跨媒介阅读与交流""语言积累、梳理与探究"等。另外，高二和高一的单元教学略有不同，高二以"专题研习"为主，更加凸显探究性学习。高一到高二，"学习"到"研习"，一字之差，教学的梯度不断上升，要求更高了。

此外，各册均安排有"古诗词诵读"。这主要提供课外诵读，不一定安排课内学习。

（二）关于"学习任务群"

这是高中语文课程标准提出的一个新术语，代表了一种全新的学习理念，也是新教材最重要的理念。面对这个新事物，大多数老师既感到新鲜又有些犹疑和焦虑。有些陌生感是正常的，焦虑则大可不必。

"学习任务群"其实是对十多年来课程改革经验的提升，是在"语文核心素养"的观念提出后，在教学实践中一种新的探索。以前我们大都不同程度尝试过"主题教学""综合性活动""大单元教学"等，这些做法和"学习任务群"有共通之处。"学习任务群"是一种新的教学方式，还是以课堂教学为主，还是要教听说读写，以前我们的教学经验经过调整和改革，也还派得上用场。

"学习任务群"的提出，有什么学理依据？为什么教材要改为"学习任务群"为主的单元教学？以前是以单篇课文和课时为基本教学单位，课是一篇一篇讲的，老师讲授为主，听说读写的训练分布到各个教学环节。这样做的好处是每一课都学得比较精细，知识点和能力点突出，但灌输式讲解过多，刷题太多，学生自主学习太少，读书太少。比如讲散文，尽管每篇的特点不同，但教学的思路程式大致是段落大意、主题思想、作者情思、篇章结构、写作方法等，最后得出诸如"情景交融""比喻的手法""形散神不散"之类大同小异的结论。刷题也大都围绕这些内容反复进行。我们的语文课总是显得零碎、重复、随意，可能跟这种陈陈相因的教学方式有关。

现在高中语文提倡"学习任务群"教学，以"学习任务"来整合单元教学，突破单篇阅读精讲细析的固定模式，让学生在自主的语文实践中学会学习，建构语文核心素养。某个单元或者某一课主要学会哪些基本知识和关键能力，有哪些"干货"，教师要做到心中有数，这有助于教师克服语文教学的随意性。采用这种形式也是为了减少灌输式讲解，多匀出时间让学生自主学习，带着问题学，拓展阅读面，扩大阅读量，这也有助于解决语文教学长期以来存在的"读书少"的问题。

实施课改以来，语文教师普遍认识到要多发挥学生学习的主动性，大家也都在改进教学，只是因为高考的压力太大，应试教育的那些"套路"仍然很有"市场"，这都是两难，老师也很困扰。新教材的使用，可以让我们的教学方式变得更加灵活有效，和新高考的要求更加贴切。"学习任务群"教学就是值得尝试的一种好办法。

那么，怎样用好新教材，如何实施"学习任务群"教学？

首先，备课时要明确单元的"学习任务群"。比如，必修上册第一单元有毛泽东诗词、现代诗、外国诗和两篇现代小说，文体很杂，大家可能不太习惯，不知道怎么去抓教学的内容目标。我们认真研究这个单元的导语、课文、各课的"学习提示"，以及"单元学习任务"，就会了解这个单元属于"文学阅读与写作"这个"学习任务群"，单元的"任务"就是学习文学类阅读的基本方法，领会和思考"青春的价值"。我们备课时就可以聚焦这两个"任务"，而且教师用书中对单元的"任务"也会有所提示。

其次，掌握了单元所承担的"学习任务群"之后，要把"任务"细化为教学的目标、要点、难点，形成教学方案。这就关系到单元后面的"单元学习任务"怎么使用。"单元学习任务"不同于以前的习题，不是学完一个单元之后的练习，而是对"学习任务"也就是"教学方案"的提示。"单元学习任务"应前置，是设计单元教学方案的主要依据。我们可以参照"单元学习任务"来设计一个单元的教学环节。

教案的设计形式要改一改，多往"学习活动"方面靠拢。不全是授课的讲稿或者程序，而主要是"问题"（课题）、解决问题（课题）的方法与材料提示、对学习和交流"活动"的组织引导、读书的引导等。高二以"研习"为主，更加强调让学生主动学习，探究式学习。老师要转变角色，由主要担负讲授转为引导学生在语文实践即"活动"中学习。不是讲授不重要，也不必限定讲授，而是要把教学的落脚点放在学生的自主学习上。有些课也可以多讲一点，有些课则要少讲一点，但都应力求围绕自主学习的"任务"去设计。

比如，必修上册第一单元的"单元学习任务"有四个，都是以"活动"为主，不要求回答问题，而是要让学生带着问题在一定的情境中去"做事"。教材设计的"单元学习任务"提供的"活动"侧重点不一样，也分为不同的层次。第一题是覆盖整个单元的，要求学生从本单元课文中最有感触的某一点出发，就"青春的价值"和同学讨论。整个"任务"可以在学习整个单元之前布置，也可以学完整个单元之后做总结。第二个"任务"是围绕"意象"和"诗歌语言"探讨欣赏诗歌的方法，还下设三个小的题目。可以把这个"任务"布置在诗歌的那两课中。第三个"任务"是有关小说的，可以在第三课安排。第四个"任务"是指向写作的，应当在单元教学总结时安排。备课时应当认真研究"单元学习任务"，看怎么把这些"任务"转化为"问题"和学习的方法，在"活动中"去解决问题，学会学习。教材没有为每一课设计好教学方案，教师应当根据自己所面对的学情去自行设计。教师也可以超越教材的"单元学习任务"，自己另外设计一些可能更加贴切有趣的"活动"，从而更好地完成单元教学。

备课时最好能够重新研究和参照语文课程标准，看其中对本单元所承担的"学习任务群"是怎么定义和要求的。比如对必修课"文学阅读与写作"的"学习目标与内容"，课标就强调精读作品，根据不同文体特点从语言、构思、形象、意蕴、情感等多个角度欣赏作品，那么这个单元的教学重点就要放在启发学生通过诗歌和现代短篇小说的欣赏，举一反三，掌握阅读诗歌和短篇小说的一般方法。课标对"文学阅读与写作"任务群的教学也有建议，包括如何做好问题设计，提供阅读策略指导，在学习过程中进行指导点拨，以及引导指定读书计划，等等。这些建议在教材的"学习提示"和"单元学习任务"中已经有所体现，备课时要把这些意图转为让学生去思考的问题和解决问题的途径。

其实，课标对各个任务群的教学功能、目标都有要求，有些属于比较"上位"的要求，备课时也应当关注，让教学设计的方向更加明确。比如，课标在论述"语文核心素养"时提到要"通过语言运用，获得直觉思维、形象思维、逻辑思维、辩证思维和创造思维的发展"，还提到要帮助学生形成"正确的审美意识、健康向上的审美情趣与鉴赏品位"。直觉思维、形象思维、审美情趣等是新提法，我们以前教学中较少关注，新教材也努力在体现，我们备课时就应该多考虑。在设计"文学阅读与写作"这个单元时，我们应当思考如何超越以往过于偏重文体知识灌输的教法，在设计学习活动和问题时，多考虑诸如直觉思维、形象思维、审美情趣等能力的培养，尽可能往语文核心素养的目标靠拢。

"学习任务群"是一种新的教学方式，新教材按照"任务群"来结构单元是经过全面考虑的，教学中应当全面落实，但也可以有灵活性。因为学校不同，班级的学情不一样，可以有一些微调。比如，你们班上学生审美能力普遍差一些，那么文学类的单元可以在课时安排上加强一些。如果思辨能力普遍偏弱，则可以加强一些思辨类的单元教学。

（三）关于"任务驱动"

新教材提倡以"学习任务群"为中心的大单元教学，以"任务"来带动单元教学，这就是所谓的"任务驱动"。

在备课时，教师应当根据单元所承担的"学习任务群"和课文的形式内容要求，来考虑如何设置"任务驱动"。有的可以是整个单元预设若干情境和任务；有的也可以一课（可能是一组课文）设定一个情景、一个任务。设计"任务驱动"，一般是"任务"在前，当然也可以安排在中间，或者后面，要根据教学的内容需要来定。教师要考虑提出什么问题、布置什么活动才能更好地实现这个单元或者这一课的教学目标，而且真正能调动学生自主学习的积极性。

实施"任务驱动"，不等于布置一下任务就完全由学生自己去学，有些比较艰深的课文，有些文言文和古诗词，或者与学生比较隔膜的经典文章，还是要先帮助学生读懂读通，然后才谈得上完成任务和解决问题。有些课老师先讲，讲得多一点，也是应该的，这方面不应该限制，不要规定讲授比例之类。不过老师的讲解也应当力求做到是那种指向"任务"的、有针对性的讲解，是能启发学生进入自主阅读的方法性讲解。

实施"任务驱动"，教师必须用好每一课后面的"学习提示"。"学习提示"的功能有三：激发学习兴趣；提示学习重点和难点，帮助读懂课文；提供阅读方法和学习策略。以前的教材也有导读之类的设计，着重介绍某篇课文写了什么、是怎么写的、用了什么手法等。而"学习提示"重点放到要怎么去读、阅读时注意什么、怎样进入探究性学习上。"学习提示"主要是给学生写的，但对老师来说也很重要，实际上也在提示教学的目标、要点与抓手。教师备课时要认真琢磨"学习提示"，在布置"任务"时必须参照"学习提示"，适当发挥，指导学生进入阅读的状态。

设计"任务驱动"，往往"任务"在前，但不能只是奔着"任务"去阅读，也不是单纯为了解决"问题"或者参加讨论去阅读。本来课文有很丰富的内涵，可以做各种个性化的理解，如果太功利，又先入为主，就"窄化"了对课文的理解。

很多课文都是经典，让学生接触经典本身就是教学的重要目标，不应该把课文纯粹作为解决问题、完成任务的材料或者讨论问题的"支架"。

在设计"任务驱动"时，要警惕"一边倒"，要尊重学生个性化的阅读，留给学生更多感受和理解的空间，避免被"任务"捆绑。

（四）关于"群文教学"

新教材实施"学习任务群"单元教学，"课"的构成原则也发生了变化，不再以单篇课文或者课时作为"课"的基本构成单位，而是根据"任务"来设"课"。以往一篇就是一"课"，现在也还有一篇作为一"课"的，但更多的情况是一组课文为一"课"。因此，教学的方式也会变化，不再一课一课地教，而是一组一组地学，这就是"群文教学"。

"群文教学"有利于调动学生的自主学习，但也不要理解为"群文教学"就比单篇教学更"高级"，也不是"群文教学"要一律取代单篇教学。在新教材中，单篇教学和"群文教学"是并存的。比如有些古文，有些比较深奥的经典，就仍然设计为单篇教学。注意，"群文教学"也应当有精读、略读之分，一课之中的两篇或者三篇课文总有一篇是要精读的，老师要举例子，给出读书和思考的方法，其他则让学生带着"任务"去泛读。

（五）关于"活动"与"情境"

"学习任务"主要是通过"活动"来完成，让学生在"活动"中建构自己的学习经验，而不只是"做题"。教材的"活动"设计大多数还是在课堂教学中实施的，课堂教学还是主要形式。语文学习最重要的"活动"还是读书，还是我们都熟悉的那三件事——阅读与鉴赏、表达与交流、梳理与探究。教师不要安排那些和语文关系不大的"活动"。

在课堂教学中设置一定的场景氛围，让学生在这种气氛或者环境中做好自主、合作、探究的学习，帮助学生更好地理解教学内容，这种做法并不罕见，许多老师特别是小学老师都可能使用过。现在新教材也提倡"情境教学"，要求教师精心设计和组织教学活动，让学习活动尽可能有"情境"。这不只是为了激发兴趣，更是为了给活动的开展提供背景、条件与氛围。有时候"情境"就是课堂教学内容涉及的"语境"。这种情境或者语境，对学生的学习活动而言必须是真实的，是能和他们的生活经验贴近，并能促进深度学习的。教材的"单元学习任务"和"学习提示"，均已设定有活动的情境，教学中可以参考采用，但更多的活动情境还是需要根据课文内容和任务的要求来设计。

语文教学的方式多种多样，"情境教学"自然有它的优势，但有些学习主要靠理论推导，对高中生而言，并非所有学习任务都要设定情境。

实施任务群教学，最终都是要导向多读书、多思考、多练笔，目标还是提升语文核心素养，不能把时间和精力浪费在那些脱离语文本质的活动上。活动切忌形式主义。表面上热热闹闹、轰轰烈烈，却没有"干货"，那不是我们所愿意看到的。

（六）关于"整本书阅读"

"整本书阅读"不要搞得很玄乎，好像新教材全都在实施"整本书阅读"。不是这样的，"整本书阅读"在整个教学中占的比重并不大。高中课时有限，不可能全都实施"整本书阅读"。到底怎样做才有好的效果？这是一个新课型，还需要在实践中不断总结经验。

统编初中语文教材已经有"整本书阅读"，设计为"名著导读"，每册指定两种书，量比较大。高中教材原来也考虑读四部以上的名著，后来考虑高中的学业负担重，还要面对高考，就把阅读的量减少了，一共才两部——《乡土中国》（费孝通）和《红楼梦》（曹雪芹）。"整本书阅读"作为"任务群"专设两个单元，都安排在必修。

统编教材中的"整本书阅读"设计是提示性的，主要包括"阅读指导"和"学习任务"两部分，比较简单。"学习任务"主要引导阅读和思考，供学生选择其中一二，不必全部完成。

"整本书阅读"旨在引导学生通过阅读整本书拓展阅读视野，建构读书的经验，形成适合自己的读书方法。"整本书阅读"的功夫在课外，应以课外阅读为主，课堂上可以安排一些交流分享活动。老师也可以给一些引导，主要是读"这一类书"的方法引导。比如，读《乡土中国》，要求学生注意概念和大小纲目，注意理论推导。读《红楼梦》，要求学生整体把握作品的思想内容和艺术特点，注意从自己感触最深的地方入手去探究、体验与欣赏等，都是方法的引导。不要同一般课文教学那样去多加讲解，更不能用教师的讲解代替或限制学生的阅读与思考。"整本书阅读"可以多少起到"磨性子"作用，"读书养性"，培育毅力，涵养心智，祛除浮躁。要求不宜太高，重在"目标管理"，不要太多"过程管理"，能坚持完整通读几本书，就很不错了。

有些老师和家长抱怨安排《乡土中国》和《红楼梦》太深了，负担太重。我在给《乡土中国》所写的导读中有这么一句话可供参考："经典阅读总会有困难，却又是充满乐趣的。读书不能就易避难，不要总是读自己喜欢的、浅易的、流行的读物，在低水平圈子里打转。年轻时有意识让自己读一些深一点的书，读一些可能超过自己能力的经典，是一种挑战。"

（七）关于综合活动单元

综合活动单元是新课型，老师们可以结合学情放手去摸索。这些课的设计是教材的有机部分，也很重要，不要因为不好讲就放弃了。

"当代文化参与"单元安排在必修上，要求做家乡文化生活调查。目的是引导学生积极参与当代文化生活，把语文课往社会生活方面拓展。教学重点要放在指导学生设计调查方案、实施访谈和调查上，从而提高其语文综合运用的能力。要注意调查访问与书面学习相结合，"活动"的实施必须是语文的。

"跨媒介阅读与交流"单元安排在必修下，主题是了解"信息时代的语文生活"。教学重点是引导学生认识多媒体，善用多媒体。要引导学生学习跨媒介的信息获取、呈现与表达，观察、思考不同媒介语言文字运用的现象，提高跨媒介辨析、分享与交流的能力。

"语言积累、梳理与探究"有两个单元——"词语积累与词语解释"和"逻辑的力量"，一个安排在必修上册，一个安排在选择性必修上册。从小学开始学语文，到了高中，学生对语言学习的规律应当有一些梳理、探究，多少获得一些理论的自觉。"逻辑的力量"这个单元的设置，是从语言运用角度学习逻辑基本知识，落脚点主要在思维训练。

（八）关于写作教学

现在很多学校几乎放弃作文课，只有临考前的应试作文训练，写作教学溃不成军。为改变这一状况，加强写作教学，引导学生系统地练习写作，新教材设计了相对独立的写作教学序列，但在呈现方式上并不强调系统，而尽可能和任务群的"专题研习"相结合。写作教学大多数单元都是融汇到学习或者研习的"任务"中，作为"任务"的一部分。另外也有少数单元的写作教学和单元教学内容的结合度并不高，这主要是因为写作教学有相对的独立性，是隐性的系列。多数单元后面附加有一个用仿宋体排列的写作专题知识讲解，是写作的"方法性知识"，是配合写作课的，虽然写得比较简单，但老师可以借此发挥，把写作课安排好。

高一安排10个专题的写作，分别是学写诗歌、写人要关注事例和细节、学写文学短评、议论要有针对性、如何做到情景交融、如何阐述自己的观点、如何清晰地说明事理、学写演讲稿、叙事要引人入胜、如何论证等。高二有8个专题的写作，分别是材料的积累与运用、思路与逻辑、审题与立意、学写小小说、深化理性思考、学写申论、学习综述、如何论证等。指导思想是读写结合，在阅读单元中把写作内容、方法的训练与阅读整合，达成在真实情境中完成写作任务的目标。

写作教学是思维与表达的综合训练，需要多模仿、练习和体会。欲速则不达，太功利教不好作文，还可能败坏了写作的胃口。高一、高二的写作专题教学要想办法安排好，不要一上来就是应试技巧和套式作文，先打好基础，然后到高三再考虑如何面对高考。

（九）强调读书为本

统编高中语文教材格外重视目前语文教学"读书少"这个问题，抓住培养读书兴趣这个"牛鼻子"，重视读书方法的养成，扩大阅读面，提升阅读品位。教材重视经典文本的选编，统筹安排古今中外各类作品的比例，有的还有建议拓展阅读书目，这一切都是为了激发读书兴趣，养成读书习惯。教材所提倡的各种新的理念和教法，包括聚焦"学习任务群"、自主性学习、在"活动"中学习等，全都离不开读书这个"根本"。

使用新教材，千头万绪，只要抓住多读书、培养读书兴趣这个"牛鼻子"就好办，很多问题就会迎刃而解。

新教材投入使用后，可能有些家长会对读书量的增加有担心和抱怨，认为增加了学业负担。其实时间是挤出来的。我们提倡的是"少做题，多读书"，把刷题的时间匀出来，读书的时间也就有了。再说，光靠刷题肯定应对不了未来的高考，还得多读书，回到语文教学的本质。

统编高中语文教材改革力度大，课堂教学的主体转换，读书的要求高，教学的难度增加了，对老师是挑战。老师怎么办？只有多读书，增学养，当"读书种子"，才能跟进，求得教学质量的不断提高。

（十）关于古诗文背诵篇目

有老师反映，教材要求背诵的古诗文篇目和课标不一致。教材必修和选择性必修5册，指定背诵的古诗文加起来20篇，而高中课标附录推荐背诵的篇目是72篇。两者相差很大，为什么？高中课标古诗文背诵推荐了72篇，是有点多，社会上反应也比较激烈。我没有参加课标制定，但定稿出来后，我曾经提出过意见，认为72篇有点多，最好是"诵读推荐篇目"，而不是"背诵推荐篇目"，有些弹性。但是来不及了，没有采纳我的意见，果然，72篇问题就被媒体炒作起来。众多家长也认为背诵量大增，加重了学生负担。我还因此受到媒体炒作的批判，72篇成为攻击我的炮弹。后来，考虑到社会接受，在高中语文教材编写的最后定稿阶段，我们又遵照教育部指示，删减了背诵的篇目，剩下20多篇。如课标要求背诵的《归园田居》《琵琶行》《永遇乐·京口北固亭怀古》《声声慢》《登泰山记》等，教材均未做要求。《师说》课标是要求背诵全篇，教材仅要求背诵其中一部分。这就有了所谓教材与课标推荐背诵篇目不一致的问题。当然，因为高中还有选修课，目前还没有统一编写教材，课标推荐，而必修与选择性必修又没有选收的篇目，原则上可以在选修课中去安排的。这样解释也可以。

本来，课标附录的背诵篇目也只是一个推荐的范围，并没有硬性要求教材全部落实。但广大师生对考试很敏感，教材和课标背诵要求不一致，大家就困惑和担心。这是可以理解的。教育部为此专门发来文件，按照进入新高考的三类情况，规定了三种古诗文背诵篇目。老师们现在按照教育部文件的篇目来实施就好了，其中很大部分教材中有的，必须背诵，少量教材中未曾收入的，则可以作为"古诗词诵读"的内容去处理。希望这个问题不会再困扰大家。

（十一）关于常规的考试与高考

使用新教材后，考试要不要随之做一些改革？回答是肯定的。大家都很看重考试，但是如何考的确是个问题。课标对于学业水平考试与高考命题是有指导性意见的。大家也注意到，这两年的高考语文命题强调以语文核心素养为考查目的，以情境任务作为试题的主要载体，突出综合考查，命题指向考查阅读与鉴赏、表达与交流、梳理与探究几方面内容。课标对于常规考试，包括期中、期末考试没有提出专门的要求。

高考属于非常规的考试，要体现区分度和信度，要有难度系数，否则很难选拔。而期中、期末考试不是选拔性的，更多是为了检测与评价学生语文学习的现有水平，发现学习中存在的问题及其原因，所以其命题、阅卷和高考应该是有区别的。而现在的情况是，普遍都将期中、期末考试当作高考的预演，甚至题型、内容也都参照高考。这恐怕不合适。我们认为，还是要体现"教—学—考"一致性的原则，期中、期末考试不要轻易"套路"高考，考试的主要内容应出自新教材，起码有70%和新教材的学习有关。

以前语文教材版本很多，高考命题是极力回避教材的内容的。现在语文教材统编了，高考命题也要考虑和教材的改革同步，涉及教材的内容可以少一点，但也应当有一定的比例。这个问题很关键，我这里只是提个醒，希望有关部门和有关专家能研究一下。

十 "学习"与"研习"

——高中语文"选择性必修"的编写意图和使用建议[①]

高中语文统编教材的"选择性必修"即将投入使用，我讲一讲编写意图和体例，对教材的使用提一些建议。关于这套新教材"新"在哪里？2019年在六省市投入使用前的培训会上，我有个发言，是就整个高中语文统编教材的说明，而这里主要讲"选择性必修"，分十个问题来讲。

（一）"必修"与"选择性必修"的衔接与区别

新教材高一是"必修"，高二是"选择性必修"，其实都是必修。课标起初设定了三类课程，包括"必修""选修1"和"选修2"，最终定稿才把"选修1"改为"选择性必修"，把"选修2"改为"选修"。"选择性必修"这个词有点别扭。为什么这样叫呢？因为高一的"必修"是所有高中学生都必须学的，而"选择性必修"是给要参加高考的学生修习的。理论上高中学业水平考试之后要分流，学生可以根据个人意愿选择是否还要升学，所以安排"选择性必修"。实际上，不准备参加高考的高中生是极少的。所以我们不用纠结为何要分"必修"和"选择性必修"，高一和高二语文都是必修，或者说高一是"必修"、高二是"必选"好了。此外，课标规定了要开设"选

---

① 本文系2020年8月笔者在高中语文统编教材"选择性必修"使用培训会上的讲稿，在《语文学习》2020年第8期和《中学语文教学》2020年第8期同时发表。收入本书时有改动。

修"，但是目前并没有编统一的选修教材，高中教材只编了高一和高二的。

高一语文是8学分，教材有上下两册：高二是6学分，有上中下三册。为何高二学分少，教材反而比高一多一册呢？这也是为一线教学考虑，分三册，每册2学分。可以安排高二两个学期学完三册，也可以高二学两册，留一册到高三。高二的课文有些篇幅长一些，难度大一些，多用点时间也有必要。这些都是机动的。

高二语文和高一语文有什么不同？大同小异。所谓"大同"，都是必修，而且前后是贯通的，编写的指导思想、设计思路和栏目都大体相同。高二和高一的语文都不再按照知识体系来安排，不是学科知识逐点解释、学科技能逐项训练的简单线性排列，而采用学习任务群的教学方式，紧扣关键能力、必备品格和正确的价值观。希望能够改变教师大量讲解分析、学生反复操练的教学模式，让语文教学以任务来整合学习情境、学习内容、学习方法和学习资源，在语言、知识、技能，以及情感态度、文化修养等多方面起到综合的效应。从六省市使用高一语文新教材所反馈的情况看，这样改革的确有点难，但应当努力坚持朝这个方向去改。

高二和高一的同中之"异"，是单元的结构方式和教学方式略有变化。高一以"学习任务群"和人文主题来结构单元，高二以"专题研习"来结构单元。还有，就是有教学的梯度，高二显然比高一难一些，要求高一些。大家可能要问：梯度表现在哪里？根据是什么？高二和高一能区分得那么明显吗？这个问题很重要，也是新教材努力要做好的。教材的梯度设计主要参考了两方面的要求：一是高二的学习任务群，二是课标规定的学业质量标准。课标的第五部分"学业质量"，其中有一个学业质量水平分级描述的表格，分五个水平等级，每个水平等级都有关于语言建构与运用、思维发展与提升、审美鉴赏与创造、文化传承与理解等方面的质量描述。水平一和水平二是高一的要求，学业水平考试主要以水平二为依据；水平三和水平四是高二选择性必修课的要求，高考招生录取的依据主要是水平四；而水平五是选修课程的要求，修习情况可供高考或用人单位参考。

课标的学业水平分级描述是有梯度的。高一学完后，理解语言时要求能区分主要信息和次要信息，理解并准确概括其内容、观点和倾向。高二的要求则是能准确清晰地阐明观点与材料之间的关系，能对文本内容及形式提出疑问，并找出相关证据材料支持自己的观点。高三选修要求更高，理解语言时能多角度获取信息，筛选信息，推断分析文本观点是否合理等。我这里只是举例，说得不全。学业水平质量的分级，还包括文学鉴赏、文化理解等几个维度。大家仔细研究，会看出五个等级是逐层递进的。教材编写所要考虑的语文核心素养，就大体参照了这些分级描述。其实，高考命题也会参照这些质量描述。

大家备课时关注一下梯度问题，是必要的，让教学设计和教学行为也有个"度"。现在网上各种教案都有现成的，备课太容易了。拿来就用，捡到篮子里都是菜，这恐怕不行。语文教学长期以来之所以被诟病，就是因为缺少标准，随意性很大。现在新教材力图体现学业水平不同层级的梯度，大家要体会这方面的用心。建议老师们备课和实施教学时，研究一下新课标中有关学业水平的分级描述，再仔细琢磨高一到高二的教学梯度，以更好地理解和用好新教材。

（二）"专题研习"的单元结构特点

高二和高一教材是大同小异，这个"异"是大家关心的。

首先，是"学习任务群"的提法和要求不同。高一有7个任务群，我们已经教过，也熟悉了。而高二是6个任务群，包括语言积累、梳理与探究，中华传统文化经典研习，中国革命传统作品研习，中国现当代作家作品研习，外国作家作品研习，科学与文化论著研习等。其中"语言积累、梳理与探究"任务群和高一是贯通的，高二专门为此设计了一个逻辑的单元。另外，高一有"整本书阅读"单元，高二没有安排。课标的要求是高二也要有"整本书阅读"，最初的编写方案也是安排了的，除了《乡土中国》和《红楼梦》，还有《堂吉诃德》和《平凡的世界》两部书。但近来网上不断有人批评新教材加重了学生的学业负担，编写组承受的压力很大，后来高二就没有再安排"整本书阅读"，古诗词背诵的篇目也由原来40多篇减少到20篇。这是无奈之举。教材是公共知识产品，要改革，还要求得到社会上大多数人的认可，也还得求稳定，特别是语文教材，有些妥协和调整应当能得到理解。

回头再说高二与高一任务群的提法和要求的不同，高二突出了"专题研习"。这是新的教材形式，以前没有过的。比如，高一的"文学阅读与写作"是按照不同主题分布到几个单元的，而高二的文学类阅读写作就分为革命传统作品、现当代作家作品和外国作家作品三个任务群，是按照"专题研习"来设置单元的。高一的文言文和古诗词分布在文学阅读、思辨性阅读和实用类阅读等几个任务群中，是分散的；而高二则集中到"中华传统文化经典研习"任务群，安排在先秦诸子、史传史论、古典诗词、古代散文这四个单元。就是说，高二转向"专题研习"了，更加突出探究性学习，是带有一定研究意义的学习。"学习"与"研习"一字之差，梯度上去了，要求不同了。

高二的单元结构方式是研习活动，每个单元设置三四个"研习专题"，也就是学习任务。我这里用"研习专题"这个词，而不用"项目"。"项目"这个词社会上用得太多了，太滥了，对中学生来说，还是用"专题研习"比较好，范围小一些，活动可以集中一点。

高二教材以"专题研习"作为单元组构的方式，各单元也可能有不同文体的穿插，但和高一比起来，还是相对集中，是往研习的专题方面汇集。比如，高二上册第二单元属于"中华传统文化经典研习"任务群，收了《论语》《礼记》《孟子》《老子》《庄子》《墨子》六家著作，都是节选，涉及面广，但仍然比较集中，都是中华传统文化经典的源头——先秦诸子。教学的主要目的就是让学生对传统文化之"根"有个粗略的印象和了解。学生从小学开始就接触过选自《论语》《孟子》《庄子》等的课文，多是从文体、阅读方式等不同角度去学习的，比较分散；而高二把先秦诸子代表性的几家作品集中到一个单元，以"初步认识传统文化之根"去引导研习，这种教学就比以往上了一个台阶，专题性、探究性凸显出来了。

高二语文的"专题研习"单元一般由四部分组成："单元导语""课文""学习提示"与"单元研习任务"。"单元导语"说明本单元所属的人文主题和研习专题，也就是教学的总目标。课文一般四五篇，也有六七篇的，兼顾不同的文体、风格等因素，一般分为两三课，有的多一些，四五课，都与研习的专题有关。课文还分为"教读"和"自读"两类，这和初中语文的设计是一样的。"教读"就是精读，老师可以多讲一点。"自读"主要就是学生自己去读。高二每一课也有"学习提示"，单元后面还有"单元研习任务"。

（三）要认真琢磨"学习提示"

"学习提示"的功能有三：激发学习兴趣；提示学习重点和难点，帮助读懂课文；提供阅读方法和学习策略。以前的教材也有导读之类设计，着重介绍某篇课文写了什么、是怎么写的、用了什么手法等。而"学习提示"重点放到要怎么去读、阅读时注意什么，以及怎样进入探究性学习。"学习提示"主要是给学生写的，但对老师来说也很重要，实际上也在提示教学的目标、要点与抓手。教师备课要认真琢磨"学习提示"，在布置"专题研习"任务时必须参照"学习提示"，适当发挥，指导学生进入阅读与研习的状态。

我们可以举个例子来看高二的"学习提示"是怎么写的，如何用好"学习提示"。比如，上册第二单元《老子四章》和庄子《五石之瓠》是一课，其"学习提示"分四段：

> 孔子开创了儒家学派，老子则开创了道家学派。老子之后，道家代表人物又有庄子等人。《老子》《庄子》中的思想常有突破俗见之处，可以说是见人所不见，知人所不知，想人所不能

想，言人所不能言。学习本课，首先就要留意《老子》《庄子》的这些篇章有哪些突破常规的认识。

这是第1段，介绍有关老庄与道家的常识。关于老庄的学说可以说上很多，但教学中不必面面俱到，让学生学完这一课对老庄有个初步的印象与常识性的了解也就可以了。高中生学习文化经典，主要是知识性的"面"上的了解，是常识性的认知，而课文所引发的少量"点"的研习，也是为了加深对传统文化经典的印象。这一课就把研习的"点"定在老庄如何"突破常规"的思维方式上。

接下来的两段，是问题的引发，以及阅读和研习的重点提示：

> 学者柳诒征指出："老子之书，专说对待之理。"（《中国文化史》）本课所选《老子》四章中的"有"和"无"，"知人"和"自知"，"胜人"和"自胜"，就是"对待"关系。通常情况下，人们偏执于这种对待关系的一面，比如"有""知人""胜人"等。可《老子》却总是提醒世人重视那通常被忽视的一面，其论说有很强的思辨性，对现实人生有一定的启示。阅读时，可以把课文中类似的关系提取出来，看看《老子》重视的是什么，有没有道理。

> 庄子也善于从常人认为没有价值的事物中发现价值。在《五石之瓠》中，惠子仅从日常使用的层面上考虑大葫芦的功用，庄子则超越了世俗经验的束缚，指出了大葫芦的独特价值。这个寓意深刻的小故事，表现出庄子与众不同的思维方式，阅读时注意体会。

第2、3段交代阅读和研习的要点，突出的仍然是思辨性，是"突破常规"思维方式也要讲求的思辨。这也是引导学生研习的重点。通过这一课的学习，学生在了解老庄智慧的同时，进行了思维训练，又很自然地增进了对优秀传统文化的景仰和兴趣。

第4段，要求比较老庄的论述风格和语言韵味：

> 从表达技巧上来说，《老子》善于汲取世俗经验展开哲理思

辨，直接论说道理；《庄子》则长于借助寓言，婉曲达意，以增强说理的趣味和效果。学习本课，要注意在比较中品味二者不同的论述风格和语言韵味。

这实际上是提示这一课的研习必须以文言文的学习为基础，要重视提高文言文的阅读能力，特别是语感与表达技巧。这是语文的本义、语文核心素养的基础，后面我还会讲到语言文字训练如何做到"以一带三"。

我举这个"学习提示"的例子，是为了说明"学习提示"是如何编写的，它的体例与功能是什么，为何备课时必须特别重视。高中语文统编教材没有练习题，一线老师可能不习惯，但大家要理解这样处理的用心，还是想改变过多精讲与反复操练的偏至，转向自主性、探究性的学习。我们编教材时，也做了调查，征求一线老师的意见，考虑过没有练习题可能造成的困难。最初讨论编写提纲时，每个单元只有"单元学习任务"，意图是以"任务"来带动学生自主性的阅读和研习。还设想过如何设计每个单元的"大情境""大任务"。但我们也担心这样的设计可能会导致另外一种弊端，那就是学生对课文特别是难度较高的经典课文还没有认真读懂就奔着"任务"去了，很可能会从网上找些材料拼贴一下"交差"。还担心如果把经典课文降格为完成某个任务的"材料"和"支架"，有可能窄化了对经典课文丰富内涵的理解，造成阅读的表面化、肤浅化。所以，后来在"学习提示"的编写上花了很多功夫。我们当老师的要意识到，学生高中毕业后绝大多数不可能再像中学时期这样细读经典了，让他们通过语文课"过"一遍，其实就是为人生"打底子"。比如，认真读过《老子四章》和《五石之瓠》，对传统文化中经常提到的"老庄"就有个感性的印象，这个印象有可能伴随他们一辈子。文化自信不是虚的，不是靠宣传就能获得的，也不是靠古装电视剧获得的，让众多国人在中小学时期多读些经典，才可能真正有自信。

教材的"学习提示"设计，还是力争凸显课文特别是经典的价值，使经典阅读成为任务活动的主要内容。"研习任务"的精要就是经典阅读，无论设计什么任务、安排什么活动，都要引导学生认真读懂读通课文。尤其是文言文、古诗词，以及某些比较难懂的经典文章，老师还是要先帮助学生读懂读通，才谈得上研习活动。还没有读懂，就研习什么传统文化，完成什么任务，那只能是游谈无根。"学习提示"虽然字数不多，但几乎每一句都是几易其稿，反复打磨，充分考虑的。老师们备课时应当仔细琢磨，在这个基础上去发挥用好。

（四）如何安排"单元研习任务"

"单元研习任务"都安排在各个单元后面，一般是三四道题，也就是几个相互关联的研习活动。"单元研习任务"希望从四个方面发挥作用。一是综合，能覆盖整个单元的学习，引导学生开展体验性和探究性的研习活动。二是开放，让单元学习内容延伸出去，既照顾学习知识"面"的广度，又有少量的"点"的研习的深度。三是选择，所设计的几个研习任务是有深浅层次搭配的，有些是一个题干下设若干道小题，学生可以从中选择，不要求全部完成。四是具有评价检测功能，包含了原来练习题所重视的测评的要素。

"单元研习任务"不是练习题，也不要转化为练习题让学生去做，它应该是在一定情境中通过综合的语言实践活动去完成的"任务"，是一个言语实践的过程。"单元研习任务"主要是学生自主性、探究性的学习活动，是伙伴式学习活动。课标所要求的阅读与鉴赏、表达与交流、梳理与探究，都体现在不同的专题"活动"中，可能会各有所侧重。

"单元研习任务"很重视"活动"，让学生去"做事"，其实主要就是读书。设计这种目标明确的"活动"，要根据"研习任务"的要求以及自己所教班级的学情。因为是新事物，大家可以做多种尝试，逐步积累经验。我建议，一般情况下，每个单元教学都以"单元研习任务"来带动研习的"四环节"。当然，有些单元的课文难度较大，也可以每一课设计一项"任务"，去组织相对独立而又和单元任务紧密相连的研习活动，同样可以实施"四环节"。这"四环节"是环环紧扣的，包括"初读""精读""讨论"和"结题"，是层层递进的四个步骤。

一是"初读"。学生围绕单元"研习"专题，并参照"学习提示"，在教师引导下自主阅读，包括读课文与相关的材料。"学习提示"中的那些阅读要点、难点、问题与方法，相当于"导读"。教师可以用一些时间布置"研习"的任务，引导学生提前阅读，为进入"研习"做准备。除非文言文等比较难的课文，一般情况下，教师没有必要先逐篇详细讲解。若能设计一些研习情境，激发兴趣，再布置任务，当然更好。"初读"的大部分时间（课上和课后）应当交给学生自读。

二是"精读"。在"初读"基础上，在教师引导下，学生选定各自的"研习"题目（可以从"单元研习任务"中选），进入第二轮阅读——研习性阅读。教师可以根据学生选定的题目，提出一些参考书目（教师用书中就有一些参考资料），要求学生除了研读课文，还要延伸阅读参考书目与其他材料。不提倡还没有怎么读书，就放手让学生从网上收集材料的做法。让学生在老师指导下自己去找参考书和相关材料，而不是轻而易举地从网上下载，这个"过程"对于研习的思维训练很重要。有的单元会要求把以往已经学过的相关课文重新组合，从新的角度去研读。比如，从小学到高中学过很多革命传统的课文，高二"革命传统作品"单元就要求把以前学过的相关课文也作为材料，汇总到本单元"研习"范围之内。在这一阶段，要求学生根据阅读和思考心得写出"研习"提纲。教师通过上课或者课外辅导方式，在整个"精读"过程中起到个性化的引导作用，对不同的学生或不同的小组有不同的更到位的指导。

三是"讨论"。采用班级交流活动的形式，展示各自的研习心得（提纲）。教师可选择代表性的心得提纲，就某些普遍性的问题加以点评；也可以围绕不同的"研习"专题分组讨论，使学生阅读思考的经验得到提升。

四是"结题"。学生根据老师指导以及班级讨论的意见，把"研习"提纲加以丰富，写成小论文。有些单元可以采用"研习任务"所指定的读写结合方式，进行写作训练。教师要对小论文进行批改或者讲评。

如果实施以上这种"研习"的方法，"四环节"都要突出读书，是任务和问题牵引下的读书探究活动，尽可能让学生的自主性学习和探究式学习落地。当然，也会有其他"专题研习"的方法。比如采取"任务驱动"，分单元设计"大情境""大任务"，是"任务"在先，让学生带着"任务"去阅读课文，寻找相关的资料，然后就"任务"中的某个题目做初步的探究，写成提纲或者小论文，采用适当形式交流。所谓"大情境""大任务"其实在"单元研习任务"中已经体现，只需具体转化，无须另搞一套。高二的"语言积累、梳理与探究"单元是"逻辑的力量"，其中内容都是学过的，是从逻辑的角度去梳理，提升语言逻辑的意识，有情境，有任务，完全可以放手去做"大任务""大情境"的教学。

总之，应当根据各个"单元研习任务"的特点以及课文的难易程度，结合学情和教师的自身条件，来决定到底采取怎样的办法去安排研习活动，不宜一个模式或教案，全都照此办理。

（五）切忌形式主义、热热闹闹却没有"干货"

除了读书，讨论与交流也是"专题研习"很重要的一环。有些老师可能注意到欧美大学多采用的小班上课方法——布置某一个专题以及基本的书单，让学生自己去读，形成心得提纲，然后在小组讨论，每个人讲自己心得，教师点评。这叫Seminar，是理想的研习方式。但Seminar的小班研习方式比较"奢侈"，我国大多数中学并不具备相应的"硬件"和"软件"。我们可以借鉴Seminar这种伙伴式合作学习的精神，那就是"专题研习"的讨论必须要"三有"：有心得提纲，有发言讨论，有教师点评引导。

"专题研习"的题目不宜太过专业。高二教材中各个单元的"研习任务"还是充分考虑到高中生普遍的水平的，还可以选择。如果另外搞一些更加专业的任务和讨论，是没有必要的。有些中学搞"大学先修"课程，那可能只适合少数尖子生，难以推广。现在大学在淡化专业，大一大二多是通识课，大三才选专业，而有些中学竟奔着大学专业去安排研习课。这不是拧着吗？高中的"专题研习"虽然带有探究性，但毕竟不是真正的学术研究。这个度要把握好。

"专题研习"的教学和以往惯用的方法比，教师讲授的比重会少一些，但对教师的要求反而更高了。我们编教材时也有担心，怕一般学校老师难以操作。所以设计"单元研习任务"的几道题，也都有深浅难易之分，给教师和学生选择的空间，不要求全做。三四个"研习任务"其实也可以分组来做，然后集中，让每位学生都能点面结合，各有获益。

"专题研习"的教学还是要实事求是，不搞"一刀切"。不同单元难易程度不一样，教学设计和安排也应当有区别。如革命传统作品单元、现当代作品单元，都是现代文，阅读难度比较小，教师可以少讲一点，放手让学生去读书讨论。但是"科学与文化论著研习"单元，马克思、柏拉图的文章很难懂，恐怕教师就要安排多讲一点。特别是"中华传统文化经典研习"单元，文言文和古诗词为主，一开始就来个"任务驱动"，学生还读不懂就开始讨论某些课题，恐怕也不行。哪些多讲一点，哪些少讲一点，哪些可以"任务驱动"，哪些要先认真讲析课文，再进行研习活动，教师要自己判断，根据实际情况来安排。

高二教材采取"专题研习"为主的教学形式，给教师和学生更多的选择空间，也为自主性、探究性学习提供了可能。改革肯定要往这个方向走。但无论是任务群学习还是带着任务去研习，最终都是要导向多读书、多思考、多练笔，目标还是提升语文核心素养，不能把时间和精力浪费在那些脱离语文本质的"活动"上。切忌形式主义。热热闹闹，轰轰烈烈，却没有"干货"，那不是我们所愿意看到的。

（六）写作教学还是要有个系列

为加强写作教学，引导学生系统地练习写作，新教材设计了相对独立的写作教学序列。但在呈现方式上并不强调系统，而是尽可能和任务群的"专题研习"相结合。高二的写作教学，大多数单元都融汇到"研习任务"中，也有少数单元的写作教学和"单元研习任务"关系不大。多数单元后面附加有一个写作专题知识讲解，是"方法性知识"，配合写作课的，虽然写得比较简单，但老师可以借此发挥，把写作课安排好。

（七）牵住培养读书兴趣这个"牛鼻子"

高二语文还是强调多读书，这也是从小学到高中语文统编教材的特色之一。使用新教材，要在这方面用心。没有足够的阅读量，语文素养的提升就是空谈。2020年高考全国卷就很注重考阅读面和阅读速度，考语言运用背后的思维能力，而且命题取材范围在拓宽。理解和使用高二教材，一定要对整个语文统编教材的特色与要求有基本的把握，那就是读书为本、读书为要。新教材专治不读书的病。使用新教材，千头万绪，就要牵住教学的"牛鼻子"——培养读书兴趣，加强了多种读书方法的训练，当然还有更高目标，就是让学生养成好读书的良性生活方式。在这个浮躁的时代，这个自媒体和手机娱乐狂欢的时代，读书兴趣与习惯培养虽然很难，但更加重要。语文课有这个责任。

高中语文统编教材特别重视让学生接触经典，有意让学生读"深"一些的书。要让高中生有这样的意识，读书不能就易避难，不要总是读自己喜欢的、浅易的、流行的读物，在低水平圈子里打转。年轻时有意识让自己读一些可能超过自己能力的经典，是一种挑战。经典在语文学习中具有无可替代的地位与作用，不能只是当成"活动材料""探究资料"或者所谓教学"支架"。如果只是设定以某个项目活动来"带"课文，可能会限制教师与学生的发挥。开展专题研习，也还是要教读书方法，比如如何读理论性较强的论文，如何读科技文，如何读诗歌、小说等，要想办法纳入研习任务中。

（八）"语文核心素养"的"以一带三"

使用新教材，站位要高一点。要认真学习新课标。课标对各个任务群的教学功能、目标都有要求，有些属于比较"上位"的要求，备课时也应当关注，让教学设计的方向更加明确。比如，课标在论述"语文核心素养"时，提到要"通过语言运用，获得直觉思维、形象思维、逻辑思维、辩证思维和创造思维的发展"，还提到要帮助学生形成"正确的审美意识、健康向上的审美情趣与鉴赏品位"。诸如此类的新提法我们以前教学中较少关注，新教材也在努力体现，我们备课时就应该多用心。

还有就是对"语文核心素养"的理解，课标提出四个方面：语言建构与运用、思维发展与提升、审美鉴赏与创造、文化传承与理解。教材编写是努力达到这个总体内容目标的，这是整个教材框架设计的基本依据。我们备课时也要认真贯彻关于"语文核心素养"的指导思想，那就是做好"以一带三"："语言建构与运用"带有语文课程的本质规定性，也是语文课程的基础，教材的使用要立足于语言文字的运用，让学生在学习语言的过程中很自然地把其他三方面"带进来"。无论怎么改革，采用什么新的教学形式，都不能脱离语文的本质规定性，要以语言文字运用的学习为基础，"以一带三"。在高二设计有专门的逻辑单元，其实也是语言的积累、梳理与探究，把从小学到高中学过的某些语言和思维现象集中梳理，获得提升。这是新的教学内容，虽然难一些，但不要放弃。

（九）把"方法性知识"嵌入"研习"活动中

其实大家认真研究新教材，会发现它与老教材还是有很多接续的，不是要颠覆以前的教材。在许多方面，新教材吸收了老教材的经验，是"守正创新"。比如语文的知识与技能，过去的教材与教学是很重视的，如今新教材仍然有它的知识技能的学习体系，只不过是隐含在各个单元之中，不是显性呈现。比如，高二必选上册第一单元要求了解古典诗歌的"发展脉络"和不同诗歌体式的节奏韵律，中册第二单元要求了解文言文中的意动用法和使动用法等，都是必要的语文知识。事实上，知识的学习和积累还是很重要的，特别是"方法性知识"，是语文教学的题中应有之义。比如如何读一本书，如何加强语言表达的逻辑性，如何筛选信息，等等，也都有"方法性知识"，总要想办法"嵌入"研习活动中。以前语文教学也有许多好的经验和做法，比如比较重视知识的积累和训练，应当把这些经验纳入这一场改革中。不要动辄把以前的语文教学说成是"以知识与技能为中心"，那就是以偏概全了。

有些学校老师抱怨新教材比较难，于是我行我素，以不变应万变，基本上还是用老一套办法来教。这恐怕不行。大家也都承认现有的语文教学的确存在许多问题，包括学生不读书、读书少、缺少学习的自主性和创造性等。这些都是要改的。新教材提出许多新的教学理念和方式，我们应当积极学习跟进，改善我们教学中存在的缺失。再说高考也在改革，和课程、教材的改革是同步的，我们的教学不改革也不行。

课程改革的主力军是教师，应该给教师更多的自主性，鼓励他们多读书，当"读书种子"，提升业务水平，发挥创造性。一个教案再好，也不能全国照搬。我的讲话，还有其他培训老师的教学建议，都不是模板，只供老师们参考。千万不能搞运动式的课改，不能搞"一刀切"。在改革方向的引导下，一些条件好的地区和学校可以先走一步，改革的步子大一点，也可以进行一些比较超前的探索，将所取得的先进成果作为引领，进行更大范围的推广。但大多数学校，还是要实事求是，稳步推进。最好的学校，老师们往往都能使用教材，超越教材，甚至自编教材。这套统编教材对他们来说就是素材，他们自己会剪裁调整。而绝大多数普通学校，一般县城高级中学，应当是我们编写时主要考虑的水平线。这也是体现差异性和选择性。新教材既要坚持改革，坚持先进的理念，又要努力做到脚踏实地，满足大面积使用的需要。

"有什么样的教材，就有什么样的国民。"语文教科书编写体现国家意志，积极发挥育人的独特优势，始终坚持将"立德树人"落到实处，继承和弘扬中华优秀传统文化、革命文化和社会主义先进文化，培养文化自信，推动文化的创新发展。教材以新时代高中学生的"理想信念""文化自信""责任担当"作为内容主轴，紧扣培养关键能力、必备品格和正确的价值观。这是教材编写的指导思想，也应当是语文教学的指导思想。有这个意识，有这份心，我们的教学就有了主心骨，就有了制高点。

第三章

"聚焦语用"与"读书为要"

一　语文教学中常见的五种偏向[①]

课改以来，中小学语文教学的理念与方法有显著的变化，大家都感到现在的基础教育的确问题很大，并不利于学生的身心健全发展，必须改革。拿语文课来说，本来是"化育"人的课，是学生天然喜欢的课，可是由于"考试为本"，成了让人头痛的课。教师们也感到无奈。现在完全抛开中考和高考来谈课改是不现实的，课改和考试也并非就水火不容，我们要做的是不被考试牵着鼻子走，要有些平衡，让学生既考得好，又不至于被题海战术败坏胃口，不会把脑子"搞死"，把兴趣搞没了。这说起来容易做起来难，但只要有心，总会有些改进的办法，无论如何不能退回到应试教育的泥淖中去。这里我想结合对义务教

① 本文是根据笔者在北大承办的"国培计划"语文骨干教师研修班上的讲话整理而成，原载《课程·教材·教法》2011年第1期、《语文学习》2011年第1期。收入《温儒敏论语文教育　二集》，北京大学出版社2012年出版。

育语文课程标准的理解，对目前语文教学中常见的几种偏向提出一些看法。主要有以下五种偏向：

（一）不注重教学的"梯度"，违背语文学习的规律

首先是教材的问题。现在新编的小学和中学教材都往新课程改革的方向靠，应当说各有特色，各有所长，这要肯定，但普遍不太讲究梯度。这和编写体例有关。过去的教材一般注重梯度，每一学段、年级，甚至一个学期的前、中、后期，课文、知识点和练习的安排，都依照深浅程度形成一条循序渐进、螺旋式上升的线索。而现有的多种新编语文教材体例都变了，就是采用"主题单元"的框架结构，以主题来牵动整个课程计划。比如，有的初中教材三年六册，费尽心思分列出诸如"家国情怀""亲情歌吟""生命礼赞""品行善恶""艺术感悟""亲近自然""时政聚焦""科学之光"等二三十个单元，每个单元三四篇课文，都是按照主题类型来安排的，选文自然也主要从主题需要的角度考虑，各单元之间本来应有的语文学习的逻辑递进关系，就难于照顾了。再说"练习探究"题，每课三四题，也都偏重主题内容方面，从语词表达等方面设计的练习题较少，也很难体现教学的梯度。有的教材可能意识到这个问题，特意穿插补充某些语文知识的小板块，比较零碎，还是看不出梯度。现在通行的高中语文必修课教材也大都采用主题单元框架，有的甚至把初中已经有过的部分"主题"重复一遍，加上必修课时间缩短到一个多学年，更谈不上梯度了。

这种主题单元结构的编法有无好处？有。就是课文内容相对集中，分阶段围绕某一方面主题来实施教学，凸显所谓人文性。问题在于，用主题来划分教学单元或板块往往顾此失彼，很少考虑难度系数和教学适用度，也难体现语文教学由浅入深、循序渐进的规律。教材编写的这种新的偏向，是片面理解"人文性"所造成的。当初教材编者可能为了通过审查，刻意凸显选文与内容的创新，在主题编排上花费很多功夫，相对就忽视了梯度以及教学适用度的要求。

现在教材编写基本上都是出版社组织班子，以项目的形式分头进行，编高中教材的不太考虑初中，编初中的又不太顾及小学，彼此的衔接以及梯度更成问题。教材的偏至，已经给一线教学带来一些麻烦，造成教学梯度的丧失。我建议今后教材修订要认真考虑梯度问题，要讲规律。最好放弃这种主题单元的体例，回到语文习得的主线上来。从小学到高中，每个学段语文教学要达到怎样的基本要求，这些要求可以分解为哪些主要的方面，又如何在选文、练习与教学活动等方面予以体现，都要有通盘的考虑。

好在义务教育语文课程标准修订稿很快就会公布，其中对每个学段必须达到的标准都有规定，可以供教材编写者参考。当然，教师们不能等到新教材修订出版后才上课，那可能要等上几年。现有的教材继续用，注意在梯度问题上有所调整就是了。不必死板地按照现有教材的体例和顺序进行教学，教师们可以发挥各自的创造性，对现有教材做必要的调整。这要认真参考新课标对不同学段的要求，结合自己所在学校以及学生的情况，对教材的单元结构进行重组，遵循由浅入深的规律来安排语文学习的某些基本要素，课文的单元组合服从这种新的安排。比如，这两周的课重点是讲解和练习"浏览"，下两周重点是"群读"（瞬间能看一组词），这一单元侧重学习描写，下一单元重点学习议论等——以语文"基本要素"的侧重点来组成教学顺序与线索，课文则是服务和体现这一顺序与线索的。如果感到这样改变的"工程"太大，难于操作，也可以仍然按照教材的单元顺序以及课文组合，但最好在讲解和练习等方面往语文学习的"基本要素"方面靠一靠。就是说，尽量回到语文学习与训练的框架上来安排课程，讲一点梯度，而不是"主题先行"，把教学计划弄得很零乱。

为何现在语文教学不太讲梯度呢？除了教材和教学体例的混乱，还有更深层的原因，就是"急躁症"。一切还是瞄准考试，便都很功利，很焦躁，都在搞"提前量"，随意增加教学难度。过去高考的紧张从高二之后才出现，现在高一就进入紧张备考状态了。连初中生也总被提醒如何准备考大学，某些高中的课就搬到初中来学了。这种紧张还波及小学，甚至幼儿园、学前班都在搞课程学习的"提前量"。有的学前班就要求孩子认识3000个汉字，上小学一年级必须先会拼音，二年级就开始写作文，等等，一级一级都是超负荷的提前量，太不正常了！课改后高中分为必修与选修，本是个创举，可是有的学校1.25学年必修学完后，马上转入高考备战了。还有的刚上高一，就大量练习"高考瞭望""高考攻关"之类的习题。课改本来是要减轻学生学业负担，可是搞了多年，并没有把负担减下来，有的还加重了，真是适得其反。这里当然有社会原因，竞争加剧，转移到教育了。但从课程教学本身检查，一切面对中考、高考，不断搞提前量，层层加码，必然是不讲梯度，违背规律，搞乱脑子。

这次课标修订，重新强调了教学的梯度，这是很值得重视的。比如，小学低年段识字量就降了一些，提倡"多认少写"，并不要求都"四会"。拿阅读教学来讲，课标强调不同学段都要有梯度。小学一、二年级，阅读教学主要还是激发兴趣，让孩子开始接触阅读，喜欢阅读，感受阅读的乐趣，能够多多少少做到结合上下文和生活实际了解课文中词句的意思。一开始最重要的就是尊重天性，培养兴趣。到了三、四年级，开始学习默读和略读。做到不出声，不指读，粗知文章大意，能联系上下文理解词句的意思，体会课文中关键词句表达情意的作用。而到了第三学段，五、六年级，阅读才有速度要求，要让学生学会浏览，能初步阅读叙事性作品。作文教学呢，也有梯度要求。小学低年级不安排作文，只有"写话"，能用几句话写自己看到、听到、想到的事物就可以了。到小学高年级，也还不是完整的作文，所以叫"习作"，要求能不拘形式地写下自己的见闻、感受和想象，具体明确、文从字顺地表达自己的意思。这时还没有必要把各种文体分得那样清楚。到了初中，才开始有作文，要求能写简单记叙性文章和说明性文章，做到明白清楚，写简单的议论性文章，做到有理有据，根据生活需要写日常应用文。高中呢，作文开始有文体练习的要求：

一是理论类，如评论、随感、杂文等；二是实用类，如提要、自荐书、考察报告、研究报告等；此外，还可以尝试进行诗歌、散文等文学类的写作。注意，高中作文是把理论类和实用类写作放在前面，这是基本的，然后才是尝试进行诗歌、散文等文学类文本的写作。

一个学生初中毕业，一般而言应当具备怎样的写作能力水平？现在被弄得模糊了。其实课标是有要求的。初中毕业也就要求能写通顺、清晰的文字，大致熟悉并能掌握一般的议论文、记叙文或应用文，有一定的逻辑分析能力和表达能力。但是现实情况不是这样。因为面向中考和高考，标准普遍拉高，而且方向也在偏离，如要求"创新""个性化""思想深刻""文笔优美"等，都是高出课标要求的。不讲梯度，都在搞"提前量"，有的小学一、二年级就要求作文了。字都认不全，怎么作文？那只能是家长替写。有些教师要求小学生"不动笔墨不看书"，凡是过节或者逛公园都要布置作文。那也太过苛严了，结果就是让孩子害怕读书，反感过节逛公园，这是扼杀天性。现在初中作文就开始和考试挂钩，高中作文更是全都对付高考，很多学生因此讨厌作文课。这些反常现象都值得我们反思。

所以我这里讲梯度，不完全是技术问题，而是关系到整个基础教育的全局性问题。我们还是要强调贯彻语文课程标准的精神与要求，不能顺便搞"提前量"，给学生层层加码。

（二）课堂教学"两多两少"：教师讲得多，讨论对话多；学生默读少，涵泳少

现在很多教师备课很程式化，课堂上留给学生读的机会不多，还是讲得多，加上练习、做题和讨论又多，"读"就被挤压了。还有，就是讲课太琐碎，美文鉴赏变成冷冰冰的技术性分析，甚至沦为考试技巧应对。本来语文阅读是一种美好的享受，现在变成了苦差事。考试当然要面对，但总不能只顾考试把学生的兴趣扼杀了。再说，阅读课读得少，默读少，如何能提升语文能力？新课标强调语文能力的综

合培育，理解、感觉、体验、察悟，包括语感，主要靠在大量阅读中去逐步习得。这就是"涵泳"，浸润式习得，语文阅读教学最佳的境界。语文课要想办法让学生多读，尤其是诗词课，还有文言文的课，更要求阅读主体的融入，没有反复阅读，那情味就出不来，语感就出不来。集体朗诵也有必要，但不能取替个人的默读。如果缺少个人的阅读体验与感觉，没有个性化的阅读，而教师讲得太多、太细、太零碎，就可能破坏"涵泳"的感觉。现在最需要改进的就是增加学生阅读时间，让学生在默读与细读中咀英嚼华、涵泳浸润。小学阶段特别是低学段，可以多一些集体朗读；到了中学，特别是高中，就要更注重默读、浏览与快读，让学生有机会静下来自己去读，进入作品世界，在感受、体验和想象中得到熏陶，提升审美能力。

课改之后强调学生学习的主体性，课堂上讨论多了，教师备课也刻意安排许多讨论和对话。讨论和对话是需要的，可以活跃气氛，但必须有个前提，那就是让学生自己先读，先有阅读的印象与感觉。不管什么类型的课，一上来就安排集体朗读，然后字词解释、段落大意，最后就是对话讨论，这样一味追求热闹，学生根本没有机会静下心来读。有的教师追求课堂效果，并不重视学生自己的读，而是安排很多讨论和对话。师生之间有问有答，但很多问答无关紧要，是脱离课文的无"语文性"的问答，我把它称为缺少思维深度的"浅问答"。学生还没有怎么读，教师就要求放开思路"对话"，结果只能是天马行空。这样的课很活跃，可是上完了，并没有什么把握得住的"干货"，真有点浪费时间。语文教学的对话很重要，这也是课改之后的新气象，但对话要有质量。其实对话有两种：一种是师生或者同学之间的对话，还有一种是学生与课文作品之间的"对话"。不能只顾前一种，而忽视后一种"对话"。学生与课文作品之间的"对话"是课堂教学的基础。只有学生自己经过细读、默读，先和作品形成过"对话"，然后再和老师或同学"对话"，这才有质量和意义。课堂教学中应当留足够的时间让学生去默读、细读，尽量达到涵泳的效果，同时也可以让学生动笔写一点印象、感受等。这样，文字可以将思维细化和条理化，也是调动学生自主学习的好办法。

可以说，没有默读和细读，没有涵泳，也就没有成功的语文课。

现在中小学语文阅读教学缺少涵泳，效果不太理想，除了受制于高考和中考，还跟照搬大学中文系专业教学的框架方式有很大关系。比如文言文教学，像大学中文系的古汉语研究似的，把语法讲得那样细，一个字一个字翻来覆去掰碎了，学生哪还有时间读书？往往一首诗、一篇文章学生自己还来不及读几遍，就开始总结思想、分析形象，甚至过度阐释，语文的感觉、体验始终没有出来。还是要注意给学生一些空间，营造一点涵泳氛围，培养其语感和审美力。每个教师可以有不同的教学方法，但只要有心，想着让学生的智商和情商都得到发展，让学生既能考好又确实培养起阅读兴趣，那才有真功夫，也才符合课改精神。

现在关于语文课堂教学有效性的研讨很多，对教学实施是有帮助的，但我觉得不能只从技术层面看待这个问题，还是要更新观念。有了正确的观念，才可以找到好的办法。大家可以注意一下这次课标修订是如何强化新的阅读教学理念的。课标认为：阅读除了获取信息、认识世界，还有一个重要功能，就是发展思维、获得审美体验；阅读是学生的个性化行为，要珍视学生独特的感受、体验和理解。这里就包括前面说的"涵泳"。新课标还特别提出要打破以往教师讲得太多，而且以教师的分析来代替学生阅读实践的偏向，当然，也要防止用集体讨论代替个人阅读，或远离文本过度发挥。这些提醒，对于教学都是有针对性的。课改是提倡启发式教学的。所谓启发式，很重要的一条就是善于抓住学生在阅读过程中常见的问题，让学生能通过自己的阅读体验和探讨去逐步加以解决，感受力、理解力与表达能力都会很自然地得到提高。教师应当让学生在阅读中全身心去体验，去发现美，这样才能调动学生的兴趣与感觉。看来，要提高课堂教学的有效性，还得注意改变"两多两少"现象。

（三）不让学生读"闲书"

新课改在阅读教学方面有明确的指示，就是让学生有选择，有自由度，扩大阅读空间。对于语文教学来说，阅读量非常重要，有一定的阅读量，语文素养才能得到提高。光靠做题是不行的，题海战术只会败坏学生学习的胃口，让他们失去对语文的兴趣。这里要特别讲讲学生读"闲书"的问题。现在无论教师还是家长，一般都不太赞成学生自主选择阅读，不让读"闲书"。这种偏向是不对的。"闲书"指的是学生选择的课外书，包括某些流行读物。读"闲书"也是一种阅读，可以引发阅读兴趣，扩大阅读面，提高阅读能力，更重要的，这是学生语文生活的重要部分。

2009年我在北大本科一年级新生中做过一次调查，发现两点：（1）凡是喜欢语文，形成了阅读习惯的，都是课外阅读量大、知识面广、读过很多"闲书"的，这一部分学生思想一般比较活跃，整体素质也高；（2）只熟悉教材和教辅，课外阅读"闲书"少，没有阅读习惯，即使考试成绩不错，转入大学的学习方式也都比较困难，视野窄，思路不太开阔。第二类学生占有相当比例，他们往往是高分低能。在应试教育还不可能完全取消的情况下，最好还是要兼顾一些，除了"为高考而读书"，还应适当保留一点自由阅读的空间，让学生的爱好与潜力在相对宽松的个性化阅读中发展。反过来，人文素质高了，也是有利于考试拿到好成绩的。

中小学语文教学如何沟通课内课外的阅读，是需要探索解决的重要课题。前面讲到现在某些新编教材存在不讲梯度等缺失，但也有长处，就是普遍都有阅读探究的"链接"，给学生提供课外阅读书目。我们应当好好利用这种"链接"资源，鼓励学生课外阅读。教师和家长应当把目光放长远一点，学生有课外阅读需求是非常值得珍惜的，不要因为考试而扼杀这种兴趣。教师和家长对学生的课外阅读应当有所关心并提供一定的指导，但没有必要过多干涉。学生有他们的语文生活，有他们的语文"圈子"与表达形式，包括他们的课外"闲书"的阅读交流、上网、博客、QQ等。其实这些都是他们语文能力成长的重要方面，又关系到语文兴趣的培养和阅读习惯的形成。我们也许不能完全进入学生的语文生活，但应当给予尊重和必要的关照。应当看到，现在的应试教育是扼杀兴趣的，学生除了课本和教辅，再没有兴趣读书。这是可悲的。语文课改一定要高度重视激发学生的阅读兴趣，重视并能多少进入学生的语文生活。阅读教学，甚至整个语文教学，都要高度注意培养学生广泛的阅读兴趣，扩大阅读面，增加阅读量，提高阅读品位。

应建立这样一种观念：语文教学的效果好不好，不止是看课内或考试，很大程度上要看课外，看是否培养了阅读的兴趣与习惯。这次课标修订也强化了对于课外阅读的指导，强调在阅读问题上"尊重天性，培养兴趣，提高能力"。这三句话很值得琢磨。在课内注意引起阅读的兴味，学生课外就会主动找书来看，慢慢形成习惯。

现在语文教学几乎完全指向高考，这是很枯燥、很累人的。很多学生中学毕业了，却没有形成阅读的爱好与习惯，除了课本与教辅，没有读过几本书，阅读对他们来说不是一件优雅有趣的事情。这样的语文课是失败的。

语文教学除了学习知识、提高能力，还有更重要的，就是培养高尚的读书习惯，把阅读作为一种基本的生活方式来培育。一个人成年后不管从事什么工作，无论贫穷富贵，如果没有读书的习惯，甚至基本上不怎么读书，就很难实现终身教育，也很难提升素养。培养阅读习惯是为学生的一生打底子。

课改指导下的阅读教学，重在养成阅读的兴趣与习惯，发掘学习主动性与创造性，这是可以让学生终身受益的。如果能从培养一种完善的生活方式这一角度去理解，阅读教学的改革就可能获得新的高度和力度。

（四）"文笔"成了作文教学的第一要义

我曾经写过专门的文章，认为"文笔"并非作文教学的"第一要义"。[①]目前，过分看重"文笔"的偏向很突出，应引起高度警惕。

语文课历来注重文学性，注重修辞、文采，文学类课文在语文教材中所占的比重是很大的。文学作品在情感教育和学习表达方面有特殊的功能，语文课多选一些文学类课文是必要的，特别是小学与初中。而到了高中，则应当适当增加非文学类课文的比重，包括理论性、应用性的文章。总的来说，无论教材编写还是教学实践，我们的语文课还是格外注重文学的。这容易给人一种印象——好像"文笔"好就是语文好，其实不见得，两者不能画等号。中小学生学习文学，是为了审美教育和情感教育，为了学习语言表达，但不是为了学会创作，更不是为了培养文人。我看有些初中语文教材的思考练习题设计太过偏重文学技巧的训练，而不在引导审美与表达方面下功夫，这是舍本逐末，偏离语文教育的宗旨了。我们许多教师都是中文系毕业的，对文学创作比较有兴趣，在文学技巧手法方面也好像比较好发挥，"有讲头"，教学中很自然就往文学的方面偏，偏重于"文笔"了。我觉得对这种偏向应当有所反思，应回到语文教育的宗旨上来考虑问题。目前语文教学偏重"文笔"，不见得就是钟爱文学，也不一定是重视审美与情感教育，而是另有功利化的考虑。为了准备中考和高考作文，我们许多教师往往就教学生如何把文字写得漂亮，以吸引阅卷教师的"眼球"。这做法影响到整个语文教学，从小学、初中到高中，作文课都往抒情、修辞、文学的方面走。于是那种缺少思想内涵与智性分析，动不动就用典、堆砌辞藻、宣泄人生感慨的写法，在中小学生作文中很多见。我把这种文风叫作"文艺腔"。

某语文刊物组编了2010年高考作文的专刊，收录有各省市高考

---

① 见本书第五章第七部分。

高分和满分的考场作文四十多篇，每篇都有讲评。我粗略看过，发现其中大多数都有"文艺腔"。所谓"文艺腔"有这么几个共同点：多用排比、比喻；喜欢洋洋洒洒列数古今人物典故名言，显示有"文化底蕴"；堆砌辞藻，走华丽的路子，大话空话多，炫耀文笔，很少是朴实、清晰、亲切的一路；预设开头结尾，彼此雷同。我试图说服自己：这毕竟是青春文章，难免华丽、幼稚。问题是这些都是高分作文，而且是阅卷教师也都比较赞赏的。可见前面说的作文教学太过注重"文笔"，以至于"文笔"成了作文教学的"第一要义"这一判断，大致是符合当下语文教学的实际的。

为什么会太过注重"文笔"？首先是传统的延续与影响。从历史上看，偏重"文笔"是语文教学的一个传统。虽有其理由，可是这种传统培养出来的学生很在意"文笔"，思考力、分析力与创新能力却不见得好。我曾经写过一篇文章，讲"中学语文是人文教育而非文人教育"①。传统的语文教学基本上是"文人教育"，其得失是可以专门去研究的，但影响不能否认。现在的基础教育应当是公民的普通教育，而不是"文人教育"。即使语文课要有文学审美的教育，也只是培养"全人"的需要，而并非要培养文人。

过分重视"文笔"，还和中考与高考的负面影响有关，这是更主要的原因。中考和高考作文命题大都偏于文学的感性的路子，而且重视"文笔"的考查，这就影响和制约着语文教学。拿高考作文评级来说，有意无意在鼓励偏重"文笔"，这是个问题。现有的高考作文判定分数设定了基础等级与发展等级，前者是较差和一般的，而发展等级则含有四个要素的评判，即深刻（其实对中学生来说比较难，还不如立论有新意）、丰富（材料，形象，意境）、文采（也就是文笔，词语生动，句式灵活，文句有意蕴）、创见（独到见解，这也很

---

① 温儒敏、孙志军：《中学语文是人文教育而非文人教育——温儒敏教授访谈录》，载《语文教学与研究》2003年第8期。

难）。其实，"深刻""丰富"和"创见"都较难，也不太容易评判，唯独"文采"比起其他三点容易达到，也较好把握，改卷"操作性"较强。这就让人感到"文采"或者"文笔"是比较看得见，也是容易"拿分"的，大家都乐意在这方面投入。许多教师训练学生，就把"文笔"作为最重要的应试手段，甚至等而下之，当作一种"眼球"战术。"文艺腔"成为风气，跟这种考试的指向有关。看来高考评分等级还是要改一改，适当淡化"文采"或"文笔"要求，强调文从字顺以及分析、概括、表达能力。语文教学包括作文教学主要培养表达能力，特别是书面表达能力，能写通顺、清晰的文字，这是最基本和主要的，其次才是文采、抒情、审美等。中考和高考作文主要考什么？主要还是考文字表达能力，当然，其中也就包括思维能力。至于文笔、文采，虽然也应纳入评分，但不应是主要的，考试也不应当侧重考这些。

我很欣赏2010年有些地区语文高考的两个变化。一是除了专门的作文题，还把某些"作文因素"分散到其他试题中，让其他试题也担负一部分作文水平测试的功能。比如，增加了"语言文字运用"的题型。这类题需要有一定的抽象概括能力，偏于理性表达，一味追求"文笔"是不管用的。这体现高考作文改革的一个方向。第二个变化，是作文命题由感性抒情转向理性分析。材料作文或"截搭式"作文的题目多了，共同点是开放，又有一点限定，可以抒情、想象，但更需要理性思维。这种变化符合课改的意图，是可喜的，也是可行的。

（五）"宿构作文"成风

现在很多中学的作文教学都是瞄准中考高考，主要是以范文分析为核心的文体"套路"的练习，"套路"容易沦为"宿构"，结果"宿构作文"成风。前面讲的过分追求"文笔"，往往也和"套路"连成一气，结果带有"文艺腔"的"宿构作文"就遍地都是了。

现在市面上常见很多作文选析、作文辞典之类的书，对考试不能说完全没有用，但如果满足于读这样一些书，停留在作文技法的模仿阶段，水平终究是很难上去的。况且这类应付考试的书读多了，匠气就来了，最严重的后果是语文学习的"胃口"给败坏了，兴趣没了。对学生的成长来说，这可是伤筋动骨的残害。2009年我在北大本科生中的调查也表明，学生最反感的是传授这种"敲门砖"式的"宿构作文"，认为这无形中鼓吹了虚假浮泛的学风，对他们的人生观都有恶劣的影响。[①]

写作教学的问题很大，要改革很难，我看可以从这里入手，就是要摆脱那种"宿构作文"的教学思路。也要改改"急躁症"，不能太功利，不能只面对考试，还是要着眼长远，着眼整体语文素养的提升。作文教学很难"教"，好像投入和产出往往不成比例。的确，作文教学不好把握，没有适合所有学校与学生的万全之策。写作能力的提升归根到底要靠语文综合素养，靠积累；而语文素养，包括才情、个性、潜能，不全是"教"出来的，有很多东西"教"不出来，能"教"的只是一部分。比如写作的技能、知识、套路，也就是一些"规矩"，是可以"教"的，但写作水平的整体提升又不能只靠这些。我们可以教学生如何"做文章"，教一般的路数和技巧，但很难教"做好文章"。不可教不是不要教，不是放弃，而是需要整个语文教学来配合，需要比较长时间的训练和积累，不能急功近利。

作文课和阅读课一样，需要气氛，需要熏陶，需要不断激发学生表达言说的欲望。无论什么教学法，重要的是让学生对写作有兴趣，应当想办法营造一种氛围，引起学生动笔的兴趣，有了兴趣就好办。如果把作文课上成应试技巧课，完全纳入高考或中考准备范畴，那是很难引起学生兴趣的。如果教师自己都很功利，对写作没兴趣也没感觉，那也不能指望学生对作文有兴趣。

---

① 温儒敏：《北大学生眼中的中学语文》，载《语文学习》2008年第1期。

我们应当让学生感到学习写作既是升学的需要，更是终生需要的一种能力和修养，是有趣的、值得投入的事情。

有些太功利的事情是不能去做的，比如押题。即使教师心里有猜想考试题目的愿望，也不能让学生往这方面准备。何况现在高考和中考作文命题的类型在改变，押题越来越难，即使押对了（这种几率太小），也无济于事。

如果说有作文教学的正路，那就是三句话：读写结合，广泛阅读，适当练写。写作水平的提升不能完全依赖写作课，平时的阅读课和选修课等也应适当安排写作练习。写作可以呈现阅读状态，还可以促进、深化阅读效果，提升阅读能力。阅读课上可以让学生及时把阅读的印象、体验与感悟写下来。一边读，一边写，其中有思路的整理，有分析概括，是思维训练和文字训练的好办法。这样还可以把写作训练分散到阅读课中，真正做到读写结合。除了阅读课上练笔，平时也应当鼓励学生把阅读与写作结合起来。

提升写作能力，最重要是扩大阅读面，加上适当的思维训练和文字训练。多读比多写能更有效地提高写作能力。写作主要属于信息输出行为。在一次次的写作过程中，学生对于已有的素材进行筛选、剪裁、组合等，写作技巧和语言运用的熟练程度会有所提高，但是对于信息量、信息结构和精神能量影响不大。而多读就不同了，多读能不断增加信息量，改变知识结构，拓展视野，丰富想象力，提高分析概括能力，下笔时思维就更加活跃，而且阅读可以获取大量写作素材，词汇量大增，语感形成，这些都是写好文章的基础。总之，阅读量增加与写作水平提高是成正比的。所以还是要特别重视阅读，鼓励阅读，尽量扩大阅读面、知识面。无论用什么教学方法，都应当读写结合，广泛阅读，适当练写。这是写作教学的基础。

老师们常常抱怨没有一种可行的作文教学系统，难以安排教学计划。现在的语文教材都设计有作文教学的板块，各个版本不太一样，有的以若干话题带出种种写法，有的则按照文体和技法安排，各有各的特色，也可能有短处。教学中不一定照搬教材的作文教学体系，最好能依托自己的经验，并面对自己的学生，从实际出发，选择某一种体系作为基本框架，加以调整，形成自己的写作教学计划。作文教学实践性很强，不必讲许多理论，主要靠大量阅读、适当模仿和不断的练习。基本的写作技能训练还是要讲的，要有层级递进，每个层级或环节突出某一重点，但不必分得太细、太琐碎，也不要太技巧化。教师一定要给学生改作文，及时提出有针对性和指导性的意见。写作教学的确有很多困难，但这毕竟是语文教学的重要方面，不能无所作为。我们只要加大投入，细水长流，就一定会有成效。

二　语文课要"聚焦语用"[①]

　　很高兴来济南明湖中学听课。教育部主持编的新的语文教材正在一些学校试教，希望能在教学中得到检验，吸取好的建议，改善不足。新教材的编写有得天独厚的条件：一是课程标准颁布了，编写指导思想更明确；二是可以吸收十多年来沉淀下来的课改的经验；三是坊间有多个版本教材可以参照；四是有广大一线老师的支持。我们一起努力，有信心编好新教材，争取2014年出版并逐步推广。

　　刚才听了两节课。一节是明湖中学L老师讲的《动物笑谈》，一节是29中H老师讲的《小松鼠》，都属于有关动物的单元。两位老师都抓住了默读这个要点，同时注重关于生态意识、环境意识的教育，符合这个单元设计的要求。新教材仍然采取以人文主题（也有文体等方面）来结构单元，但在单元导语、课文提示和思考题中，格外注意凸显语文素养的某些"因素"。这是为了教学内容的重点更突出。两位老师备课时都在这方面用心了，重点的把握是好的。而且她们都注重在课堂中调动学生学习的主动性，整个课基本上都是在与学生对话中完成的。L老师的课讲得很细腻、扎实，看得出是有经验的老师。H老师则是另一种风格，比较活泼，放得开，与学生沟通很好。我对她们的课都满意，也受到一些启发。我想就两位老师的课说开去，谈谈对中小学语文教学的看法，也会结合教材编写的心得，供大家参考。

---

　　① 本文系笔者2013年12月19日在济南明湖中学的讲话整理稿，发表于《语文教学通讯》2014年第3期。收入《温儒敏论语文教育　三集》，北京大学出版社2016年版。

（一）是语文课要"聚焦语用"

"语用"就是语言文字运用，这是义务教育语文课程的基本目标。语文课的目标可以罗列很多，包括人文教育，传统文化熏陶，有利于学生整体素质的发展，等等。核心是什么？基本目标是什么？就是语言文字运用。大家可以看看《义务教育语文课程标准（2011年版）》，其中关于语文课程性质的定位是这样的："语文课程是一门学习语言文字运用的综合性、实践性课程。义务教育阶段的语文课程，应使学生初步学会运用祖国语言文字进行交流沟通，吸收古今中外优秀文化，提高思想文化修养，促进自身精神成长。工具性与人文性的统一，是语文课程的基本特点。"这里第一句就是学习语言文字运用，然后是在学习"语用"的同时得到思想文化的修养。所谓工具性与人文性的统一，也就体现于此。可以比较一下，原来课标实验稿关于课程性质的表述是比较简单的，就两句话："语文是最重要的交际工具，是人类文化的重要组成部分。工具性与人文性的统一，是语文课程的基本特点。"当时提出工具性与人文性结合，想突出人文性，是有针对性的，希望改变教学中过分注重应试式操练的倾向。但是十多年课改下来，发现这样来定位语文课程性质，比较空泛，容易只是往人文性倾斜，掏空语文课程的核心，把语文课上成一般的思想修养课。所以，课标修订时，就在工具性与人文性前面，加上了两句话，给语文更明确的定位：语文课，就是学习语言文字运用的课，同时把文化修养、精神熏陶，很自然地带进来。"语用"和其他几个方面是自然融合的，不是一加一或一加几的关系。有些老师备课，要罗列哪些属于工具性、哪些属于人文性，割裂了，没有这个必要。

老师们已经多次学习过课标，有没有注意实验稿到修订稿的这个变化？有没有注意到关于语文课程定位为何要这样表述？我在这里强调课标的定位，是因为听完两堂课之后有些感触。你们的课是认真的，有特色的，但好像程序有点多，对课文主题包括科学精神、环境保护意识等属于文化修养（人文性）的讲授与讨论，不是从语言文字运用这里很自然引出的，或者两者结合不够，所占的时间也就多了。像《动物笑谈》这一课，主要内容是写科学家进行科学考察时那种忘我的专注，文中写了动物行为学家劳伦兹的许多"怪诞不经"情节。怎么安排教学？一种办法是先疏通课文，做字词句及段落大意分析，然后围绕某些"怪诞"行为开展讨论（有时则是老师不断提问，与学生互动），领会科学研究的精神。另外一种办法是让学生自己去读，接着老师带着大家边读边把生词和某些难点解决了，并在阅读中很自然地讲解或穿插着讨论劳伦兹的那些行为。这样，对科学精神的阐说主要是随文引发的，很自然，而且整个课始终围绕解决如何掌握默读快读方法的问题，以及让学生津津有味地体味这篇课文语言的风趣与幽默。我觉得第二种办法可能比较好，好就好在"聚焦语用"，其他都是很自然带出来的，不给人教化的感觉。而且一堂课下来，有把握得住的"干货"。这一课的"干货"是什么？就是默读方法，以及语言表达的幽默。当然，教无定法，除了这两种，还可以有其他多种多样的教法，总之能聚焦语言文字运用，让学生有兴趣学，又能把握方法，学会学习，就都是可以的。我听过很多中学老师的课，老是设想自己就是中学生，哪些会感到腻烦？又有哪些会有兴趣并留下较深印象？现下许多学生不太喜欢语文课，可能跟有些老师的课所设置的程序太多，老是重复，又嚼得太细，是有关系的。我们讲课不能只考虑设计得如何周全漂亮，一定要让学生有兴趣，能投入，有获益。

（二）语文课要教给学生具体方法

L老师和H老师的课都注意引导学生阅读，有的可能在课前预习就安排了读课文。在讲《动物笑谈》时，L老师特别设计了一个程序，让学生扮演文中的角色，分头朗读课文，充分调动了学生兴趣，有助于其进入阅读状态。这都是值得肯定的。但是这一课的语文"要素"——也可以说"干货"，是让学生学会默读，体现得不够。听说读写，哪样最重要？阅读最重要。日后学生成为公民，要谋生，阅读能力是最用得着的。写作、听讲和说话交流能力也重要，但比不过阅读能力。语文课最要下功夫的就是阅读，是书面语言的学习。现在的语文课虽然也注重阅读教学，但对于阅读方法技能的传授和训练做得不够。比如默读、浏览、快读、跳读、猜读等，都有技巧方法，需要一一学习。但是我们对这些方法技能的传授仍然很粗，这些方面的基础研究也很不够。你教学生默读，总要给点具体的方法，让学生如何做到不动唇、不出声，又读得快。不会默读就读不快。到一些大学的图书馆看看，不少学生都在那里念念有词，他们可能就是在中小学没有学会默读。浏览和快读，一定要教给学生一些方法，不能大而化之。

我读博士生时上英语课，教我们的是美国老师，他每次课发一摞材料，要求15分钟看完。我们很紧张，但不断练习，水平就上去了。这位老师注重教办法：不让一个词一个词从左到右往下读，而要求视线跳跃，尽量扩大扫视范围，捕捉重点字词；尽量快地往下看，能大致懂得意思就不停下来，碰到生词可以猜，不马上查字典；文章开头以及每一段的开头特别注意弄清楚基本意思，读的是语义单元；等等。我们就这样掌握了默读、浏览的方法。相比之下，我们的语文课对方法交代是不够的，或者说，是缺少这方面自觉的。几乎每一课都是精读，"精"在哪里？在字词句、段落大意、主题思想等。当然也有必要，可是偏偏没有教给方法，没有能把精读的内容和方法结合起来。像这两堂课都是要求教默读的，那么最好就有默读方法的提示，要具体，有练习，不能只是笼统的要求。你让学生"抓住关键词"，很多教材的练习题也有类似的要求。可是怎么去抓关键词？有什么可以操作的方法？如果你说"抓"，学生就马上会"抓"，那就不用学了。所以，我们的语文课一定要有方法教学，能做到"一课一得"最好。

（三）略读课放手让学生自己读

其实以"精读"和"略读"来区分课型，不够贴切，因为"精读""略读"都是阅读方法，在精读课中也会学到略读，比如浏览、快读等。同样，略读课中有时也需要来一点精读。所以，我们编制新教材时注意到这个问题，也吸收了杨茂枝等一些专家的意见，有意加大精读与略读的区分度，让两种课型发挥各自不同的功能。略读课就放手让学生自己读。在新的教材中，我们已经把"精读"改成"教读"，把"略读"改成"自读"。"教读"课安排有预习，思考题也比较多，照顾到方法的提示与练习。"自读"课有导读，还有旁批提示，引导学生顺利阅读，理解课文，激发思考。

新教材还有一个比较大的突破，就是格外注重往课外阅读延伸，有的在课文后面提出课外阅读的书目，有的在"名著导读"中建议课外读些什么书、怎么去读等。这样，新的语文教材就建构了由"教读""自读""课外阅读"组成的"三位一体"的教学结构。这可能是一个突破，让我们的语文课更重视学生自主的阅读实践，包括课外阅读，努力做到课标所要求的"多读书，读好书，好读书，读整本的书"。语文课怎样才算成功？一定要延伸到课外阅读，让学生养成读书的生活方式。如果只是精读精讲，反复操练，没有激发阅读兴趣，也没有较多的阅读量和阅读面，学生的语文素养包括写作能力是不可能提升的。扩大阅读量，这是改革的方向。

（四）不要滥用多媒体

两位老师在课上都使用了多媒体，看得出在这方面花费不少精力。H老师讲《小松鼠》一课，从网上找来一些松鼠的照片，学生是蛮有兴趣的。但总的看，两位老师用的多媒体都未能给她们的课增分。我并不看好语文课上使用多媒体，甚至认为现在滥用多媒体已经成为语文教学的"毒药"。

最近我到河南一所中学听课，是农村中学，可是很"现代"，黑板没有了，告别板书了，就用固定的多媒体屏幕，需要什么照片或材料，只需在上面点一下就都出来了。他们在上初一的"古诗三首"

这一课，讲到曹操的《观沧海》，什么作者介绍、作品背景、字词注释、思想意义、艺术手法等，全都是从网上下载拼凑的，老师讲到哪里，在屏幕上点一下，就都出来了。比如课文中有"水何澹澹"一句，老师就点到"澹澹"的注释，让学生齐声朗读："澹澹，水波荡漾的样子。"老师就省事了，毋庸多说了。其实类似的诗词课，还不如让学生自己去反复诵读，提示一下边读边想象自己登山望海时那种苍茫浩瀚的时空感，还有，就是让学生体味四言古诗那种简洁铿锵的韵味。这才是本课的教学要点。

现在的语文课不断穿插使用多媒体，虽然很直观，可是把课文讲解与阅读切割得零碎了。多媒体给学生提供了各种画面、音响与文字，目迷五色，课堂好像活跃了，可是学生的阅读被挤压了，文字的感受与想象给干扰了，语文课非常看重的语感也被放逐了。这样的多媒体对语文学习并没有好处。

现在备课也变得很容易，从网上轻而易举就可以得到教案和课件。所谓集体备课，也就是凑一些教案，时间很多花在调整设计课件上面。这样备课讲课，老师的个性容易被淹没，讲出来的课可能是大同小异、彼此克隆的，更麻烦的是背离了语文课必须靠学生反复大量阅读以提高语感的本意。特别是某些领导检查教学，也就是看多媒体是否做得漂亮热闹，更给这种偏向推波助澜。多媒体本来是好事，可是用得太滥，让我们的老师变懒了，个性消失了，学生的学习也受到很大影响。

过多依赖多媒体，还会制约老师专业能力的提升。很多老师得了"百度依赖症"，什么都依赖网上给结论，有结论没过程，思想容易碎片化、拼贴化。现在的老师很多不会板书了，甚至常常提笔忘字。不是要开设写字书法课吗？找个会写字能书法的老师变得如此之难。记笔记的能力也普遍下降了。我给一些老师做讲座，因为考虑到人们的习惯，有时也做点简单的PPT。但我发现很多老师都懒得记笔记，课后拷贝一下就成了，拷贝回去后呢，也许永远不会再看了。我说多媒体的滥用已经给语文教学带来"灾难",恐怕不是危言耸听,而是一种必须面对的事实。我建议老师们的语文课不用或少用多媒体,让语文课重新回到朴素本真的状态中来。

三　忽视课外阅读，语文课就只是半截子的[①]

通常讲阅读教学，往往偏重课堂上围绕课文的教学，这当然是题中应有之义，但不能忘了，还有同样重要的，就是课外阅读的教学。现在普遍的情况是，对课外阅读并不重视，甚至放弃了，那么这样的阅读教学只能是半截子的、不完整的。

我们来看看课标对这一问题是如何论述的。从课程理念到阶段教学目标，课标有多处涉及课外阅读问题，凡是论及阅读教学，几乎都包括了课外阅读。在"前言"部分，就已经提出　"语文课程是一门学习语言文字运用的综合性、实践性课程"。在"课程基本理念"部分，又提出"应着重培养学生的语文实践能力，而培养这种能力的主要途径也应是语文实践"。这里所说的"综合性""实践性"和"语文实践"，自然都不限于课内教学，也包括课外阅读，课标是从语文生活的角度来讲课程性质的。这让我想起美国教育家华特·B.科勒涅斯一句流传甚广的话："语文学习的外延与生活的外延相等。"其实我们国内的语文学界也有类似的表述，例如"大语文""语文生活化"等。课标指导下的语文课程是开放的、面向生活实践的，这种语文教学不能局限于课堂，应当伸展到课外，伸展到整个生活。以课标精神理解阅读教学，应当有新的思路，那就是：让语文教学贴近学生的生活实际，让课堂阅读教学往课外阅读伸展，让课堂内外的阅读教学相互交

---

① 本文载《课程·教材·教法》2012年第1期。收入《温儒敏论语文教育　二集》，北京大学出版社2012年版。收入本书时有改动。

叉、渗透和整合，联成一体。课标在 "课程设计思路"一节专门说到语文学习的"资源和实践机会无处不在，无时不有。因而，应该让学生多读多写，日积月累，在大量的语文实践中体会、把握运用语文的规律"。这里所说的"大量"，主要就是课外阅读，而不是现在常见的反复做题，也不限于课堂教学。要注意，课标在课程设计上列举了九条原则，第一条就是强调"注重引导学生多读书、多积累，重视语言文字运用的实践，在实践中领悟文化内涵和语文应用规律"。课标还强调在阅读问题上尊重天性，培养兴趣，提高能力。说到底，兴趣是前提，是最重要的，有了兴趣就好办。在课内要注意引起学生阅读的兴趣，课外他们就会主动找书来看，慢慢形成读书的习惯。语文课程改革，的确应当给课外阅读更多的空间，在这方面采取一些更切实的措施。

这几年也见到不少学校都在朝这一方向努力，比如选修课的设置，以及综合性学习，都力图拓展课外阅读的空间。虽然效果不见得都很好，但这一观念逐步深入人心。课标的"实施建议"中关于阅读教学一节，有一句话流传甚广，大家要格外重视，就是："要重视培养学生广泛的阅读兴趣，扩大阅读面，增加阅读量，提高阅读品位。提倡少做题，多读书，好读书，读好书，读整本的书。鼓励学生自主选择优秀的阅读材料。"这里说的主要也是课外阅读，特别是"少做题，多读书，好读书，读好书，读整本的书"，很有现实针对性。"少做题"是针对应试教育的，题海战术不可能培养有创造性的人才，反而会扼杀学习兴趣。要唤起学生学习语文的兴趣，在阅读上就要给他们一些自由选择的空间，好的办法是把课内的阅读教学与课外阅读结合起来，让学生自己找书来读，这就会"多读书，好读书"，培养起阅读的习惯。现在是网络时代，学生大量接触网络，当然也是一种阅读，但容易浮光掠影，思维碎片化、浅化；所以提倡多读书，还要加上"读整本的书"，这还可以磨磨性子，养成好的习惯与学风。

现在中小学生课外阅读状况不容乐观。最近有关调查表明，小学阶段的课外阅读情况尚好，初一初二是课外阅读的"峰值"阶段。不过，小学与初中的阅读大都是老师要求和指定的，学生并没有多少自己的选择。到了初三，特别是高中，就每况愈下。因为要应对中考与高考，课外阅读会受到限制，学生终日面对应考，读书全都是功利性的，兴趣就大幅衰减，除了教材与教辅，很少学生完整地读过几本课外书。无可否认，现今中小学生的阅读兴趣培养仍然面临很大困扰，在这种大环境中，老师们有时也很无奈。但大家不能忘了，语文教学完全指向中考与高考，是很枯燥、很累人、很摧残人的。很多学生中学毕业了，却没有形成阅读的爱好与习惯，没有读过几本书，阅读对他们来说不是一件优雅有趣的事情。我们尽管花了大量心血，但这样的语文课是失败的。即使从功利角度考虑，让我们的语文课有些活力，学生考得好，又不至于失去学习兴趣，那我们也必须想办法"平衡"一下，让学生多一点自主选择读书的机会。

课外阅读都说重要，但在教学中难以落实，因此，必须有一些措施，关键是教学评价方面要有体现。课标就在教学评价上提出这样一种思路：语文教学的效果好不好，不只是看课内或考试，很大程度上还要看课外，看是否培养了阅读的兴趣与习惯。如认可这一思路，各个学校就都可以根据各自情况，在教学评价上设计一些具体的可操作的细则。值得注意的是，现今有些地区中考或者高考也越来越重视考查学生的阅读面与知识面，有些题出得较活，光是读教材教辅是难以完成的。这对课外阅读教学的推动就会起到积极的作用。

为了落实课外阅读的要求，课标对九年的课外阅读量专门做了规定：背诵优秀诗文240篇（段），课外阅读总量应在400万字以上。背诵的优秀诗文以古代的为主。240篇（段）不算多，九年平均每学期也就十多篇（段）。400万字阅读量也不算多，一本《安徒生童话》就10多万字，一本《红岩》就40多万字。课标是在充分调查研究的基础上提出这样一个阅读量的，这是一个基本的阅读量，所有学校只能在这个基础上增加，不应当减少。

课外阅读要给学生自主选择，但不是放任自流，必须有所指导。这就需要有相应的教学计划，根据各个学段的教学目标安排适当的课外阅读，注意循序渐进，逐级增加阅读量与阅读难度，体现教学的梯度。当然，课外阅读很难像课堂教学那样有非常明确的要求，但又必须有一个大致的要求。总之，要不断激发学生阅读的积极性，把读书习惯作为很基本的素养来培育。课标对不同学段的课外阅读是有具体指导意见的，这里择其要点，分开来学习领会一下。

第一学段，小学低年段，课标要求"阅读浅近的童话、寓言、故事"，"诵读儿歌、儿童诗和浅近的古诗"。这不只是课堂教学的要求，也是课外阅读的指导性建议。教师可以结合课内的学习，并参照教材的内容，安排学生在课外多读一些童话、寓言、故事等。不要把课外阅读当作家庭作业来布置，那样负担就重了；但可以给家长一些建议，提供大致适合低年段学生心理特点及认知水平的书目，提倡亲子阅读。现在有些学校和家长一味搞"提前量"，在小学低年段甚至学前班就要孩子们"读经"，是不合适的。在需要童话、寓言的阶段，还是要多读童话、寓言、故事，不能拔苗助长。低年级的学生多读童话、寓言、故事等想象性的作品，有助于形象思维的发展。在学生喜欢"做梦"的时候，就应该为他们提供这样的机会和条件，允许学生"做梦"。如果在适合"做梦"的年龄没有去做，甚至被剥夺了"做梦"的权利，这就违背了孩子的天性。

到第二学段，小学三、四年级，课标开始重视叙事性作品的阅读。根据这个学段学生的阅读心理特点，学生喜欢生动形象、故事性较强的作品。因此，叙事性的作品应该成为这个学段课外阅读的主要部分。还要看到，课标对这一学段开始要求"初步学会默读，做到不出声，不指读。学习略读，粗知文章大意"。这要求对课外阅读也是适当的。此外，课标要求积累课文中的优美词语、精彩句段，以及在课外阅读和生活中获得的语言材料。这也是读书习惯的培养，把课内外打通。课标又提出"养成读书看报的习惯，收藏图书资料，乐于与同学交流"。这就把阅读习惯的养成当作一个目标了。当前不少孩子玩网络游戏成瘾，并不利于身心健康，应当把他们往读书方面引导。这学段课外阅读总量不少于40万字。

第三学段，小学五、六年级，要求更高了，提到"扩展阅读面"，课外阅读总量不少于100万字。对阅读的水平提升也提出具体的要求：阅读叙事性作品，了解事件梗概，能简单描述自己印象最深的场景、人物、细节；阅读诗歌，大体把握诗意，想象诗歌描述的情境，体会作品的情感；阅读说明性文章，能抓住要点；诵读优秀诗文，注意通过诗文的语调、韵律、节奏等体味作品的内容和情感。这些既是课堂阅读教学的要求，也是课外阅读的引导性意见。

到了初中，也就是第四学段，除了要求阅读文学作品，还特别要求阅读简单的议论文、新闻和说明性文章，以及浅易的文言文。这一学段课外阅读的种类更多样，因为这时学生阅读的自主性、选择性都加强了。教师一方面要"放手"，另一方面要适当指导。课标特别提到阅读品位问题，要求"注重积累、感悟和运用，提高自己的欣赏品位"，也是有针对性的。在网络化时代，在影视传媒商品化的时代，经典的优雅的文化受到冲击，学生们容易迷恋上各种流行文化，他们周围又往往充斥着粗鄙的读物，让他们尽早养成选择品位的眼光，是非常必要的。课标还要求学生"能利用图书馆、网络搜集自己需要的信息和资料，帮助阅读"，"学会制订自己的阅读计划，广泛阅读各种类型的读物，课外阅读总量不少于260万字，每学年阅读两三部名著。背诵优秀诗文80篇（段）"。

这里特别要说说阅读方法与习惯问题。课外阅读一般都是学生自主性更强的阅读，方法的引导很重要。课标提到从小学高年段开始，要让学生"养成默读习惯，有一定的速度，阅读一般的现代文每分钟不少于500字。能较熟练地运用略读和浏览的方法，扩大阅读范围"。现在课堂教学普遍比较注重朗读，特别是集体朗读，而不太有机会让学生默读，也不很重视浏览的训练。其实默读与浏览都是常见而又实用的阅读方法，是基本的阅读能力，应当想办法教学生学会默读与浏览。只有具备默读特别是浏览的能力，才有阅读的速度，也才能扩大阅读面，增加阅读量。

课外阅读要得到重视，不能停留于一般提倡，光有阅读量的要求也不行，关键还要有相应的评价。课标中提出的阅读教学评价的建议，不只是课堂教学的，也适合课外阅读。如"应加强形成性评价，注意收集、积累能够反映学生语文学习发展的资料，可采用成长记录袋等各种方式，记录学生的成长过程。对学生语文学习的日常表现，应以表扬、鼓励等积极的评价为主，采用激励性的评语，从正面加以引导"。这里所说的"学生语文学习的日常表现"，就包括课外阅读。课标还特别提到"要关注其阅读兴趣与价值取向、阅读方法与习惯，也要关注其阅读面和阅读量，以及选择阅读材料的能力"。这几点，涉及课外阅读的几个基本方面，是教学中应当关注，同时也可以再细化为阅读评价的几个维度。那么，到底应当如何来落实这些评价？课标建议"应根据课程标准各学段的要求，通过小组和班级交流、学习成果展示等活动，考察其阅读量、阅读面以及阅读的兴趣和习惯"。这只是一般的建议，具体到教学中，还需根据各自情况制定更具体可行的办法。

课标在阅读教学上提出了新的理念，其中很重要一点，就是让学生有选择，有自由度，不断拓展阅读空间。对语文教学来说，阅读量至关重要，甚至可以说，阅读量的大小在相当程度上会决定语文素养的高低。光靠做题是不可能提升语文素养的，"题海战术"只会败坏学生学习语文的胃口，让他们失去对语文的兴趣，甚至讨厌语文，不喜欢阅读。因受中考与高考制约，许多家长与老师都不太愿意甚至限制学生课外阅读，他们常常把课外阅读看作是可有可无的"读闲书"。这种偏向是不对的。其实，读"闲书"也是一种阅读，可以引发阅读兴趣，扩大阅读面，提高阅读能力。更重要的，这是学生语文生活的重要部分。如果老师对学生的语文生活有所了解，能借此与学生对话，那么语文阅读教学便可能别开生面。

现在还不可能取消中考和高考，有些制约也难免。不过，即使从中考或者高考的情况来看，凡是形成了阅读习惯的学生，都是课外阅读量大、知识面广、读过很多"闲书"的，这一部分学生思想一般比较活跃，整体素质也高，他们往往也能在考试中名列前茅；而那些只熟习教材和教辅、课外阅读"闲书"少、没有阅读习惯的学生，即使考试成绩不错，视野都比较窄，思路也不太开拓，往往是高分低能。所以，在应试教育还不可能完全取消的情况下，最好还是要兼顾一些，让学生适当保留一点自由阅读的空间，使他们的爱好与潜力能在相对宽松的个性化阅读中发展。阅读面宽了，思维开阔了，素养高了，反过来也是有利于考试拿到好成绩的。

四　培养读书兴趣是语文教学的"牛鼻子"

——从"吕叔湘之问"说起①

1978年，著名语言学家吕叔湘在一次会议上批评语文教学的"少慢差费"、效果不佳。他说："十年时间，2700多课时，用来学本国语文，却是大多数不过关，岂非咄咄怪事！中小学语文教学少慢差费的严重程度，我们恐怕还认识不足。"②从"吕叔湘之问"提出至今30多年过去，尽管有过一轮又一轮的改革，也提出很多新的教学理念，推广过这样那样的教学法，活动多了，课堂热闹了，多媒体也普及了，可是整体上看，学生的阅读、写作能力未见有多大的提高。在许多地方和学校，"吕叔湘之问"仍然悬挂在头上，并没有答案。③

在小学低、中学段，大多数孩子还是喜欢读书的，到了小学高年级和初中，也还会接触较多的图书。可是从初三开始，读书的兴致和数量就一路下滑。到高中，读书变得尤其功利，一些家长和老师甚至不让学生读那些和考试无关的书。整体而言，中小学生的读书状况

---

① 本文系笔者2015年在北京大学"国培"计划小学语文教师班的讲课记录稿，发表于《课程·教材·教法》2016年第6期。收入《温儒敏论语文教育　三集》，北京大学出版社2016年版。收入本书时有改动。

② 吕叔湘：《当前语文教学中两个迫切问题》，载《人民日报》1978年3月16日。

③ 这里只是集中讨论语文教学中普遍存在的问题，并不意味着能由此推论30多年来的语文教育进展甚微，更不能由此抹杀语文课程改革的成绩。可参见《中华读书报》对笔者的专访《理性务实地推进语文课程改革》，载该报2010年5月12日，又收入《温儒敏论语文教育　二集》，北京大学出版社2012年版。

是不好的，年级越高，情况越糟。很多学生除了教科书和教辅，几乎不怎么读书，不喜欢也不会读书，更不会读完整的书。就如同"吕叔湘之问"所说，我们教了多年的语文，学生也花费大量心血在这门课上，可是到头来只会做题考试，对读书不感兴趣，也不会读书，即使考上了大学，许多学生还是不会也不喜欢读书。这是基本事实。

试想：不读书，或者读书少，怎么可能学好语文？怎么可以又要马儿跑，又要马儿不吃草？但事情往往就是如此悖谬。

"吕叔湘之问"其实并不难回答。少读书、不读书就是当下"语文病"的主要病象，同时又是语文教学效果始终低下的病根。

老师们对少读书、不读书的"语文病"是不满的，往往就抱怨应试教育，认为这一切都是现在教育体制的不完善以及功利化的社会大环境所造成的，因此很无奈。这些当然是重要的原因。在高考和中考这个巨大的现实面前，无论学生还是家长和老师，都会有非常实际的考虑，就是如何更有效地应对考试，在激烈的竞争中取得尽可能好的成绩，这就难免有应试教育，有急功近利的题海战术。这种背景与氛围，显然是不利于读书、不利于提升语文教学效果的。

我们必须承认考试和竞争这种巨大的现实。高考和中考无论怎么改，也是考试。既然是考试，就必然有竞争，也就难免会有应试教育。为国情所决定，在相当长时间内，我们必须与应试教育的大环境"共存"，不可能独善其身。但"共存"不等于完全被裹挟，不等于随波逐流，关键要有清醒的平衡意识。既要让学生考得好，同时又尽可能不要伤害他们的学习兴趣，不把脑子弄得死板，这就需要在应试和素质教育之间取得一些平衡，而不是非此即彼。有水平的老师就懂得适当的平衡，和应试教育严峻的大环境共存，又始终在谋求自己的空间，尽可能改进语文教学，能改一点，就是一点。

怎么去平衡？怎么去改进？提高语文教学效果可能有各种各样的办法，但最管用最有效的，还是读书，是培养读书兴趣，这就是关键，是"牛鼻子"。抓住了这个"牛鼻子"，就可能一举两得，既能让学生考得好，又能真正提高学生的语文素养。

这种平衡的前提是不把考试和读书对立起来。即使为了考试，也要注重培养读书的兴趣，少做题，多读书。事实上，对读书有兴趣、喜欢读书、有比较宽的阅读面的学生，他们的思维比较活跃，语文素养比较高，考试的成绩也不会差。再说，读书不仅是一种能力，也是一种良性的生活方式。在中小学阶段培养读书的兴趣与习惯，是为学生的一生打底子。讲平衡，既照顾考试升学等现实的利益，更要从长计议，着眼于给学生的终身学习做准备，为他们走向社会之后的发展以及生活质量的提升打底子。今天重新提出"培养读书兴趣"，是把近期目标（考试）和长远目标（学生的发展）结合起来，兼顾目前和长远的需要。

语文课最基本的内容目标，是培养读书的兴趣和习惯。有了读书的兴趣和习惯，才能把语言文字运用的学习带起来，把素质教育、人文教育带起来。现在重新提出要抓住培养读书兴趣这个"牛鼻子"，去改进语文教学。这不是什么新观点，但在语文的概念被弄得很混乱的当今，重新回到朴素的立场来考虑问题，从多读书的角度去理解语文的本质，是有现实意义的。

下面就围绕读书的问题，探讨一下如何改进当下的语文教学。有七个问题。

（一）反思语文教学的普遍模式，树立"读书为要"的自觉

义务教育语文课程标准有一句话很精辟，应当特别记取："要重视培养学生广泛的阅读兴趣，扩大阅读面，增加阅读量，提高阅读品位。提倡少做题，多读书，好读书，读好书，读整本的书。"[1]

课标这样提要求，对于目前的语文教学是有强烈的针砭意义的。

很多中小学语文老师不否认读书的重要，但一到教学的层面，就

---

[1] 中华人民共和国教育部制定：《义务教育语文课程标准（2011年版）》，北京师范大学出版社2012年版，第23页。

有意无意把促进读书兴趣这一点忘记或者放弃了。备课的时候写下多条教学目标，唯独不考虑如何去引发读书兴趣。可能因为急功近利，总是考虑如何应对考试，提高成绩，结果舍本逐末，未能把读书摆到语文学习的高位。

为何要高度重视语文课中的读书问题？怎么抑制语文教学中的急功近利的偏误？首先要加强对语文学科特点的认识。现在语文教学普遍都是课堂教学和课文讲解带动整个教学，依赖教材，依赖课文精讲，依赖课后作业操练。这种普遍的做法，大家很习惯了，所谓改革，也就增加一点学生的活动。有时我们也对此不满意，但已经轻车熟路，习以为常。

看来得跳出来，"分身"想一想：现有的语文教学模式是怎么形成的？是天然合理的吗？为何如"吕叔湘之问"所说会"少慢差费"？是否应当有所调整改进？

其实，传统的语文教育不是像现在这样的。古人学语文从蒙学开始，就是以读书为主，先生是很少讲的。从《千字文》到《增广贤文》《大学》《中庸》《左传》等，一路读下来，似懂不懂读下来，慢慢就读得熟了，由不懂到懂，文字过关了，写作也过关了。这是浸润式的学习，整个身心沉浸在阅读之中，文化的感觉有了，语言的感觉也有了。传统语文教学和现代语文教学最主要的区别在哪里？在读书。传统的语文教育并没有明确的教学体系，也没有教材、课堂精讲和作业操练，只是要大量反复地读书，整本整本地读书；而现在的语文教学主要是一篇一篇地讲，一次一次地组织活动，唯独很少读书，特别是整本的书。

什么时候我们告别了传统的语文教育方式？从晚清兴办新式学堂开始，就实施现在我们天天在做的这套语文教学模式。

当然，以现代的眼光来看，传统的以读书为主的方法太过奢侈。现代人要学的东西比古代多，除了语文，还有外语、数理化等，靠古代那种大量读书、浸润式的方法显然不适应了。所以从新式学堂开始至今这100多年来，就改为"概论式"的学习，即以课堂的讲习为主，以课文的分析为重点，把各方面的知识加以体系化，以概论的方式传输给学生。在20世纪二三十年代的中学国文，古典诗文还是占很大比重，不过不同于传统语文课习的办法，也是采取文选的体例，不再是一本一本地读，而是一篇一篇地读。这时期的国文学习虽然和传统不一样了，但还是注重读的。五六十年代以后，学习苏联的教学模式，中小学语文也开始突出知识性传授，学习语法修辞和文学常识，加上文选的精读精讲，就成为现在普遍流行的语文教学基本模式。

当初设计这种语文教学模式，也是为了适应时代变化，力求在有限时间内达到一定的教学效果，让学生具备读写能力。可是采取这种方式，读书就少了。记得我上小学时，语文老师还经常给我们读小说读诗歌，激发读书的兴趣。大概当时老师也是意识到光是讲课加练习，难以提升语文水平，所以还补充一点读书。可是现在呢，本来比较怠慢读书的教学，又加上应试教育，就越加紧缩，动弹不得，学生越来越不习惯也不喜欢读书。语文课就在应试教育的约束之下，像吕叔湘说的，越加"少慢差费"了。

回顾语文教学的历史变化是为了说明，现有的普遍的语文教学模式也并非只是这些年应试教育的产物，它是有历史来路的，它存在不合理的方面，需要反思，有些调整。怎么调整？适当吸收传统语文教学的好的经验，增加读书量，扭转近百年来语文教学存在的偏至，让语文教学更加符合规律。

现在完全回到传统的语文教学，是不现实，也不可能的，但我们应当了解这一百多年来语文教育的得失利弊，在基本上还是实施现代语文教育方式的同时，了解其缺失和弱项，适当补充传统的经验，多少加点慢功夫，培养读书的兴趣与习惯。

语文学科和其他学科不同，实践性很强，你很难指出一条速效的办法去提高语文素养，它需要长期的熏染、积累、习得。这就必须大量读书，没有别的办法。语言的习得需要语感的积累，光是精读精讲加练习，或者概论式的知识获取，是难以实现语言习得乃至语文学习的效果的。所以读书非常重要，读书的过程，读书的积累，读书兴趣和习惯的养成，本身就是语文。如果说语文教育要遵循规律，其规律之一就是激发读书兴趣，养成读书习惯。读书兴趣和习惯的培养，以及读书方法的掌握，远比现在这种面向考试、精读精讲、反复操练的做法要高明，也更加重要。

语文课改有太多的经验、太多的流派、太多的措施，但最重要的是要先想办法改变不读书、少读书的病况。"读书为要"，千方百计把读书兴趣的培养放到头等位置，有这方面的自觉，语文教学才能祛病健体，提高效能；进而回答"吕叔湘之问"，也就自然而然了。

（二）区分不同的课型，采用"1加X"方法

为什么阅读教学效果不佳？为什么学生不喜欢语文课？有多方面原因，但其中的重要的原因，是课型混淆，模式僵化，扼杀读书的兴趣。

现在语文教材很多都分为精读和略读两类课。有的教材小学二年级开始分为精读、略读或者选读。为什么这样分？只是因为课文多，不可能全都精讲，所以安排部分略读吗？有没有考虑过不同课型有不同的功能？

教材分精读和略读，是有讲究的。精读课主要老师教，一般要求讲得比较细，比较精，功能是给例子，给方法，举一反三，激发读书的兴味；而略读课是让学生自己读，把精读课学到的方法运用到阅读实践中，主要是泛读，自主性阅读。两种课型不同，功能也有不同，配合进行才能更好地完成阅读教学。

但是如今的阅读课往往混淆了精读与略读，几乎全都设计成精读精讲。而且程式相对固定，不管什么课，都要讲写作背景、段落大意、主题思想、艺术手法等，抠得很细，就如同手术解剖。课型几乎没有变化，没有节奏，全都处理成精读精讲。老是那一套，学生能不

腻味？怎么能激发读书的兴趣？课改这些年增加了许多课堂讨论，很热闹，课型还是混淆，读书兴趣也还是起不来。

现在这种精读课独揽全盘的做法有很大的弊病，加上几乎全都是以分析性的精讲记忆为主的教学方式，的确太死板，压抑了学生的自主性学习和读书的兴趣，应当改一改。

怎么改？分清精读课和略读课两种课型，精读课老师讲为主，略读课就让学生自主阅读。讲课也不要老是那一套程式，应当根据课文内容、文体以及单元要求的教学目标等来设计不同的教案程序，突出每一课的特点和重点。这样，除了区分精读与略读，还要更加细致地区分与不同文体、内容相适应的课型。比如，散文、小说、诗歌与童话的课型也应当各自有所不同，古代诗歌和现代诗歌的课型也有差别。有的老师讲童话《皇帝的新装》，和分析小说一样，还是人物形象、叙事结构、主题思想的分析等，唯独没有激发学生去想象。把童话教成小说，这也是课型混淆，"拧"了。

略读课的教学目标就是要鼓励学生自主阅读，实践和体验读书的方法，激发读书的兴趣。如果处理成精读课那样，就等于消除了略读课的功能，阅读教学就不完整了。为什么老师会普遍地不分课型，几乎全都讲成精读课呢？是因为担心考试，生怕有遗漏。所有课全都精读精讲，细嚼慢咽，学生自己阅读延伸的空间就被挤压了，读书的兴趣也被扼杀了。这叫适得其反。

现在各种版本的语文教材，安排学生的自主阅读、自由阅读还是太少，只靠教材是远远不能满足阅读教学需要的。为了弥补这一缺陷，除了区分课型，把略读课归还给学生，我还有一个建议，就是实施"1加X"的办法，即每讲一课（主要是精读课），就附加若干篇同类或者相关的作品，让学生自己去读。可以在课内安排读那些附加的作品，也可以安排在课后。不只是读散篇的作品，也要有整本的书。老师可以稍加点拨，但千万不要用精读课那老一套要求去限制学生，只要求学生能读就好。

目前教育部组织编写的新的小学初中语文教材，就加大了精读和略读两种课型的区分度，干脆改"精读"为"教读"，改"略读"为"自读"。新教材格外注重往课外阅读延伸，这就建构了"教读"—"自读"—"课外阅读"组成的"三位一体"的教学结构。在新教材尚未全面铺开之时，老师们不必等待，自己可以朝课型区分这方面做些改进。

（三）授之以渔，要教读书方法

"吕叔湘之问"所指出的语文教学的费时而低效，牵涉到教什么的问题。教了很多内容，唯独不教或者少教读书的方法，结果学生读书的兴趣和习惯也培养不起来。

现在的语文课也不是完全不教读书方法，只是单打一，光教精读，轻慢其他。比如默读、浏览、快读、跳读、猜读、互文阅读、整本书阅读以及检索阅读等，各有各的技巧方法，可是并没有教给学生，甚至没有这方面的教学意识。结果学生就只会精读，无论碰到什么文章，全都用主题思想、段落大意加艺术手法等一套分析办法去套。一些学生上了大学还不会默读和浏览，碰到文章就只会用精读法，读得很慢，还不得要领。其实生活中用得最多的是默读和浏览，是检索式阅读，是互文阅读，包括非连续文本阅读，可是我们的语文课偏偏就很少教这些。这是语文课致命的缺失。

课标对于阅读教学是有方法上的要求的。课标提到从小学高年段开始，要让学生"养成默读习惯，有一定的速度，阅读一般的现代文每分钟不少于500字。能较熟练地运用略读和浏览的方法，扩大阅读范围"。默读与浏览都是常见而又实用的读书方法，是基本的阅读能力。只有具备这些能力，才有阅读的速度，才可扩大阅读面，增加阅读量，也才谈得上读书的习惯与兴趣。

比如"跳读"，是浏览、快读时必须要有的方法之一，可以跳过与阅读目的无关或者自己不感兴趣的内容，也可以跳过某些不那么精彩的章节。这样，读起来就会很快，也很有兴趣。又比如"猜读"，也是很常用的方法。小学生认字还不多时，要读一篇文章或者一本书，不能碰到生字生词就查字典，可以根据前后文意思猜着那些生字生词读下去，只要大致能读，就不要中断，最好一鼓作气读下去。这样才有读书的兴趣，也才读得快，读得多。

教给默读、跳读、浏览等方法，要有窍门，有可操作性。如何阅读一本书？也有方法，可以训练。还可以教给学生如何把精读与略读结合起来。前已谈及，此不详述。

现在的语文课对于阅读方法的传授太过单一，几乎都是分析性阅读，非常注重作者意图、背景、主题、段落大意，以及思想意义、教育价值等，顶多加上修辞和艺术手法。这就有点文体混淆、一锅熟了。其实不同的文体、不同的课文，阅读方法应当有所区别。老师要教给学生面对不同的书采用不同的阅读方法，而不是全都分析性地提炼主题思想之类。比如，小说、诗歌、散文，就不宜采用议论文的读法，不能以分析性理解为主，而应当着重鼓励想象与体验，要设身处地，要非常重视第一印象。有些方法是很具体的。比如读一首诗，头一遍很重要，要重视直观感受，最好快读，朗读，一口气读完，获取带有鲜活的个人感觉的第一印象。[1]但现在许多老师教诗歌，一上来就要求理解、分析，在主题、作者感情、意象和语言等方面做很细的解读，偏偏放弃了读者的经验与感受的引导，那是违反诗歌阅读要义的。

还有，各种文体的阅读方法也是有区别的。读小说和读诗歌不一样，读文学性的散文和读论述性、说明性的论文有区别，读历史、哲学和科学又各有门径，都要教给方法。我发现有的老师设计童话的教案，就还是用小说解读的办法讨论主题思想和艺术手法，偏偏未能讲

---

① 参见温儒敏主编：《中国现当代文学专题研究》（第二版），北京大学出版社2013年版，第22页。

一讲童话的特点，未能把教学重点放到激发阅读的想象力这一点上。这就偏离了，学生学完这一篇，还是不会读童话，或者本来是天然的会读童话的学生，上了语文课反而不会读了。

要强调读书方法的传授。一堂课下来，有把握得住的"干货"。读书方法就是"干货"。当然，教无定法，根据不同的学情，可以有多种多样的教法；但无论哪种教法，都要让学生有兴趣学，又能把握方法，学会学习，学会读书。

但是现在的语文课对读书方法还是关注比较少，专家也很少研究。基础研究滞后，制约了教学，这是个问题。

就小学语文特别是低年级的教学而言，虽然以识字写字为主，还谈不上读书方法，但也要开始重视阅读习惯及兴趣的培养。一切教学行为，都要聚焦在激发孩子学习包括阅读的兴趣上。新编的语文教材一年级一开头就有专栏"快乐读书吧"，还有"和大人一起读"，都是引导培养读书兴趣的。从中年级到高年级，每一学期都有名著选读和课外阅读指导。在新教材使用之前，老师们可以根据教学需要，适当加强关于读书兴趣培养方面的内容。

（四）提倡"海量阅读"，鼓励"连滚带爬"地读

为何我们的阅读教学效果不理想？还得检讨一下某些关于读书的观念。有些观念长期笼罩着我们的头脑，好像是天经地义的，一代一代老师从来不会去怀疑，就那样去认同和要求学生。其实应跳出来反思，有所甄别，有所扬弃。标准就看是否利于激发读书兴趣，方法上是否可行。

最常见的一个观念，就是"不动笔墨不看书"。在一定情况下，是可以也应当这样去要求的，比如精读某一篇课文，或者为了积累去读书。但很多情况下，又不能这样要求，事实上也很难做到。规定学生凡是读书都必须做笔记，凡是阅读都得考虑如何提高写作能力，这就会变成束缚，扼杀兴趣。我们当老师当家长的要设身处地，如果自己

也老是带着任务去读书，负担就很重，甚至会大煞风景，趣味索然。不能凡是读书就要求孩子做到"不动笔墨不看书"。在一定的条件下，可以这样去要求，读写结合自然会有好处，但不能时时处处都要求学生这样做。特别是当学生自主选择阅读或者自由阅读时，不一定要求做到"不动笔墨不看书"。

还有，就是批评"好读书不求甚解"。其本义是要求学习要认真、精细、踏实，不要似懂非懂、马马虎虎。如果我们是在认真阅读分析一篇精读课文，或者做研究性阅读，这样要求是完全应当的。但对于一般的读书，特别是课外阅读，就不宜强求了。在很多时候，读书了解一个大概即可，不一定本本书都要精读，都要像精读课那样"求甚解"。有的时候，"不求甚解"恰好是可以拓展阅读面、培养读书兴味的。我们当老师或家长的读书是否全都做到"求甚解"？这是难事，也没有必要，因此也不能要求孩子做到。总之，有些传统的读书观念要适时而用，不宜一概要求，更要防止成为桎梏。我们的目的还是要激发读书兴趣。

我现在特别赞成让中小学生"海量阅读"。这是山东潍坊小学老师韩兴娥的办法。韩老师认为语文教学最大的弊端是一本教材一统课堂，老师讲得可能很有激情，学生当堂互动也表现很好，但并没有真正提升语文素养。为什么？没有落实到读书上面。韩兴娥老师认为语言学习应以积累为本，以读书为本，以数量为先。她有一句话说得好："读一本书（教材）和读很多书是不一样的。"对低年级学生而言，课本就是识字教材，文章的"深度理解"要等学生在大量阅读中慢慢反刍，不必一步到位。低年级大量朗读儿歌、小故事，中年级海量诵读美文和诗词，高年级大量诵读经典和白话文。在大量阅读的过程中，学生的阅读、写作、口语表达能力也会明显提升。[①]大道至简，韩兴娥的办法就是带领学生在课内课外都多读书，真正做到了"读书为要"、

---

① 参见《以海量阅读超越一本教科书》（载《中国教育报》2013年5月8日）以及《阅读深处，必有重逢》（载《基础教育课程》2015年第8期）等文。

"读"占"鳌头"。我看这是培养读书兴趣的好办法，也是提升语文能力的好办法。当然，语文课是否采用和如何采用这些好的经验，还要结合各自的学情。

我还在不同场合提出过要鼓励"连滚带爬"地读。不要每一本书都那么抠字眼，不一定全都要精读，要容许有相当部分的书是"连滚带爬"地读的，否则就很难有阅读面，也很难培养起阅读兴趣来。我说的"连滚带爬"地读，包括浏览、快读、猜读、跳读，学生可以无师自通，但如有老师略加指导，甚至纳入教学，就事半功倍了。这也是激发阅读兴趣的好办法。其实，我们小时候读书，很多情况下都是"连滚带爬"地读的，老师不怎么管，我们自己也读得不错。

（五）把课外阅读纳入教学计划

课标提出 "语文课程是一门学习语言文字运用的综合性、实践性课程"，"应着重培养学生的语文实践能力，而培养这种能力的主要途径也应是语文实践"。这里所说"综合性""实践性"和 "语文实践"，并不限于课内教学，也包括课外阅读。

以课标精神理解阅读教学，应当有新的思路，那就是：让语文教学贴近学生的生活实际，让课堂阅读教学往课外阅读伸展，让课堂内外的阅读教学相互交叉、渗透和整合，联成一体。课标在 "课程设计思路"一节专门说到语文学习的"资源和实践机会无处不在，无时不有。因而，应该让学生多读多写，日积月累，在大量的语文实践中体会、把握运用语文的规律"。这里所说的 "大量"，主要就是课外阅读，而不是现在常见的反复做题，也不限于课堂教学。

要唤起学生学习语文的兴趣，在阅读上就要给他们一些自由选择的空间，好的办法是把课内的阅读教学与课外阅读结合起来，让学生自己找书来读。

（六）容许学生读"闲书"，尊重他们的语文生活

所谓 "闲书"，是和考试好像关系不大的书，也是学生按照自己

兴趣选择的课外书。读"闲书"也是一种阅读，可以引发阅读兴趣，扩大阅读面，提高阅读能力，更重要的，这是学生语文生活的重要部分。我们要容许学生读"闲书"，尊重他们的语文生活。

有一种普遍的现象，就是老师和家长推荐给学生的书学生往往不喜欢读，而学生圈子里互相推荐介绍的书他们读起来津津有味。对此也不必大惊小怪。我们当老师的也可以读一读学生中流行的读物，多少知道孩子们喜欢哪些书，他们为什么不喜欢读推荐的经典，而偏偏喜欢这样一些"闲书"。

读书其实是个人化的事情，不同的年龄段、不同的性情，甚至男生和女生，各自的读书兴趣可能都会有所不同。男孩的空间感一般比女孩强，可能更喜欢探险、破案、推理的书；女孩一般比较喜欢故事性强、情感优美的读物。老师应当了解不同年龄段孩子们喜欢读些什么，他们正在彼此交换阅读些什么，不应当很简单地推荐和布置学生去读经典作品，更不能简单地制止孩子们读那些他们喜欢的"闲书"。当然，我们应当主动提倡并引导学生去读经典。但要想到，"闲书"读得多了，对阅读能力肯定也有很大帮助，他们读书的习惯养成了，阅读和欣赏水平也会提高。

也有些老师会问，学生不喜欢读经典，怎么办？经典和青少年之间是会有些隔膜的，而且他们不一定喜欢。甚至可以说，学生不喜欢经典，是天然的。只能慢慢引导，不能强制。要用孩子们能够接受的方式去接近经典。其实孩子们在成长过程中，不同年龄段会有不同的兴趣，他们也会自我调整，自我塑造。我们老师的责任就是引导，而不是强制。

要尊重学生的语文生活。我这里特别提出"语文生活"这个概念，希望能拓展眼界。现在的学生从小学中高年级开始，就逐渐形成了他们的语文"圈子"与表达形式，包括他们的课外"闲书"的阅读交流、上网、博客、QQ等。其实这些都是他们语文能力成长的重要方面，又关系到语文兴趣的培养和阅读习惯的形成。我们也许不能完全进入学生的语文生活，但应当给予尊重和必要的关照。我们这次讲课说的是培养读书兴趣，怎么培养？办法之一就是多少进入学生的语文生活。

为什么老师进入不了孩子们的语文生活，不知道学生的阅读兴趣呢？这跟老师不读或者很少读儿童作品有关。老师要读书，包括读儿童的书，才能和学生一起讨论，有共同的话题，也才有可能更好地引导学生读书。

（七）读书状况要纳入评价

"读书为要"，提倡多读书，不能停留于一般提倡，光有阅读量的要求也不行，还要有相应的评价。课标中提出的阅读教学评价的建议，不只是课堂教学的，也适合课外阅读。当然，课标所提只是一般的建议，具体到教学中，还需根据各自情况，制定更具体可行的办法。

高考命题这几年有很大变化，这会波及中考命题，最后必然会影响到一线的语文教学。有几个变化是有利于鼓励多读书，特别是读课外书的。第一，高考命题所依赖的材料范围已经大大拓展。除了文学，还有哲学、历史、科技、社会、经济、时政等。如果考生平时读书少，知识面窄，是很难考出好成绩的。第二，是更加注重逻辑思辨能力的考查。比如，去年全国卷的阅读题就采用了"非连续文本"，给一组材料，观点并不连贯，甚至彼此相左，让考生去辨识、归纳和发挥。这有点类似于考公务员的"申论"，看重的是思辨能力。如果读书少，缺乏逻辑思维训练，缺少理性分析能力，就很难应对这种命题的变化。第三，是有意识考查读书的情况，包括课外阅读、经典阅读、阅读面与阅读品味。高考命题在改革，这将辐射到教学，语文教学如果原地踏步，不重视读书，显然就赶不上趟了。

当然，语文教学要抓住培养读书兴趣这个"牛鼻子"，真正实现"读书为要"，还得有条件，那就是——语文教师要以身作则。

很多老师也读书，但读的主要是与职业需要相关的实用的书，可称之为"职业性阅读"。明后天要上课了，今天赶紧找有关材料来读。或者要评职称了，立竿见影读一些"救急"的书。此外，就很少自由地读书、个性化地读书了。很多老师一年到头除了读几本备课用的书，其他很少读，顶多读一些畅销杂志，大部分时间都是网上的"碎片化阅读"。这怎能提高教学水平？又如何能面对"吕叔湘之问"？语文老师自己先要养成读书的良性生活方式，成为"读书种子"。这样，你的学生自然也会喜欢读书。

五　语文课重点教的是书面语^①

　　语文课重点教的是书面语，这好像是无须论证的，但事实上，在一线教学中可能在不同程度上又被忽略，所以需要再辨明一下。

　　这些年来课程改革，增加了大量口语练习，这当然有必要，但是口语练习和书面语练习有什么关系，恐怕需要好好探讨。

　　人们容易产生一种误解，就是如同胡适五四时期所说的，话怎么说，就怎么写。事实上，这又是不可行的。社会语言交流，总有不同层次的区分。所谓庄重的书面语、比较灵活随意的口语，还有俗话、俚语、隐语，现在还有网络用语等，都是现代汉语；但又各有所不同，功能不同，适合使用的场合也不同。民国时期语文曾经叫过"国语"，后来又叫"国文"。为何改叫"国文"？就是强调学书面语。这是对路的。书面语应当是现代汉语各个层级语言中最高端的、公认度也最高的语言，自然有它的特别的功能，是其他层级语言所不能取代的。比如公文、学术论文、正式的合同条文等，都要使用书面语。

　　语文教学主要学书面语，这是书面语的功能和社会需求所决定的，应当没有争议。只是我们当老师的，要有这方面的自觉。

　　课改以来，把口语学习带入语文课程，有其必要。尤其是小学低年级阶段，口语和书面语的学习应当结合得更加紧密。但到了初中、高中，口语学习的分量就要有量的控制，不宜过多。其实，口语学习的机会还是很多的，比如课堂讨论、演讲，有一部分就属于口语学习。

---

　　① 本文系2018年4月20日笔者在北京市语文教学大会上的讲话稿节录。

对于书面语学习和口语学习的不同方式，我们还缺乏研究，在教学中容易混淆，甚至让口语教学过多地冲击（而不是结合和辅佐）书面语教学。课改之后课上安排很多项目活动，绝大部分都是以口语学习为主的。书面语教学的意识越来越薄弱，导致写作以及语文教学其他方面要求也日趋薄弱。新教材也没有很好地解决这个问题，希望老师们使用新教材，能关注这个问题。

六　语文课要"消肿""减肥"①

　　我和梁增红老师未曾谋面，他寄来书稿，邀我作序，一时未敢承命。但看到《简洁语文教学的守望与探索》这个书名，阅读兴趣就来了。细加拜读，激发许多思绪。

　　该书开宗明义指出，现在有些语文课"迷失了方向"。他批评说，有些老师"把注意力放在了语文课以外的各种活动上，语文课逐渐式微，买椟还珠，语文课堂教学是伴娘拐着新郎跑。繁花似锦的形式如雨后春笋，什么课前三分钟演讲，什么拓展延伸，什么课本剧表演，什么语文综合活动，吹拉弹唱进课堂，声光电齐上武装到牙齿，一时满目生机盎然，一派欣欣向荣。可是，妖艳无比的打扮，却没有改变语文教学令人尴尬的处境"。梁老师把这些现象归纳为"外延无限延伸，内涵不断虚脱"。批评很尖锐，但恐怕不无现实所指。不久前，我在河南、山东和北京先后听了几堂课，包括有些公开课，均不同程度上存在着梁老师批评的这些"烦琐病"。所以梁老师主张要回到语文本身，让语文课简洁，我很赞成。

　　其实，除了梁老师指出的这种"形式大于内容"的"烦琐"，还有另一种"烦琐"，大家也是见得多的，那就是：无论精读、略读，也不管文体、内容，全都有一套几乎固定的程式去套解，诸如背景介绍、字词解释、段落大意、中心思想、表现手法等，通常都是把课文

　　① 本文系笔者为梁增红《简洁语文教学的守望与探索》一书所写序言，曾发表于《基础教育课程》2015年第1期。

"大卸八块",进行僵化的"满堂灌",然后就是题海战术,反复操练,应对考试。这种陈陈相因、繁复琐碎的语文课实在是折磨人,把鲜活的语文弄得面目可憎,学生也就被败坏了胃口,毫无兴趣。所以修订后的语文课程标准才提出要建设"开放而富有创新活力的"课程,强调"学生是学习的主体","鼓励自主阅读、自由表达,充分激发他们的问题意识和进取精神,关注个体差异和不同的学习需求,积极倡导自主、合作、探究的学习方式"。可是这种应试式的教学,在新课程实施之前很普遍,之后呢,也还是司空见惯。改革不容易呀!无论是由来已久的"程式僵化",还是近年来新出现的那种"内涵虚脱",共同的病症都是"烦琐"。梁老师提出的"简洁语文",对两种"烦琐"都有针砭意义。

不过,对现有的语文教学的"烦琐病",也还是要有"了解之同情"。其病因主要在社会,是伴随社会转型而来的激烈的竞争,特别是对优势教育资源几乎"惨烈"的争夺,造成普遍的焦虑与浮躁。语文教学上的那种应试式的烦琐,归根结底也是源于实用主义的"时代病"。当高考和中考的分数排名事实上仍然作为教学业绩硬指标的时候,"应试式的烦琐"就难于祛除。因此,"烦琐病"的存在不能全怪老师。现在社会上有太多对语文教学的抱怨,这并不公平。人人抱怨,又人人参与,能不焦虑烦琐?

当然,作为老师,我们又不妨换个角度来想想:如果应试教育大环境未能根本改变,难道就坐以待毙?就放任语文课被"烦琐病"所缠绕?我们还能做些什么?其实外界压力再大,总还有自己的空间,我们不指望能改"一丈",那就实实在在去改"一寸"好了。我曾主张课改和高考"相生相克",老师要懂得一些"平衡",努力做到既让学生考得好,又不把他们的脑子搞死,兴趣搞没。看来,对那种僵化而烦琐的应试式教学,是应当也能够做出一些改变的,关键是"有心",有责任感。

至于那种追求形式主义的"烦琐病",同样也是心态浮躁的表现：未能正确理解和运用新课程的要求，在显示课改，却走了歪路；或者因为环境所迫，比如受制于某些检查评比，要追求课改的气氛，却卷入形式主义泥淖。梁老师书中对此多有批评。他尤其反感那种空洞的"大语文"，认为"大语文"错就错在漫无边际，天马行空。有时我们出发得太远，而忘记了当初为什么出发，忘记了语文课的初衷。所以他提出要为语文课"消肿""减肥""瘦身"，要上干净洗练的语文课，着眼语文，着力语文，直奔语文教学的核心。少一些浪费时间的插科打诨，少一些非语文的左顾右盼，少一些无聊肤浅的机械重复，要努力做到教学目标明确、方法有效、形式活泼、学生参与度高、练习精致扎实。

我理解，一些专家和老师提倡"大语文"，也是为了改变语文教学被应试教育捆绑而过于僵化的状况，希望语文课更贴近生活，更生动活泼，并能往课外延伸，激发阅读兴趣。"大语文"的初衷没有错，只是如果被形式主义牵引过了头，就会出现空洞化的问题。"大语文"如果空洞化了，当然要警惕，也应当批评，但不要全盘否定。把"大语文"的贴近生活、激发学生学习主动性，以及拓展阅读等合理的科学的因素保留吸收，又坚持语文课的简洁扎实，两相结合，岂不更好？我们总不能抛弃了"大语文"的"空"，绕个圈，又回到原先僵化狭窄的境地。

"简洁语文"并非新主张，但梁老师在当前提出，有特别的意义。梁老师是一线的语文老师，他用自己的实践去证明"简洁语文"的好处和魅力。这本书中除了问题的讨论，还有许多教学的案例分析，也都是值得参考的。

"简洁"是一种品格，也是一种艺术。语文课如何做到简洁？梁老师有他的坚持，书中也有多种方法的展示。我为他"点赞"。读梁老师的书我心有戚戚焉，不禁想起自己最近在一次评课时说过的两段话。这里引用一下，作为对梁老师"简洁语文"的支持，同时也向读者诸君求教，看如何让语文课变得"简洁"。

一段话是主张语文课要聚焦"语用"。

"语用"就是语言文字运用，这是义务教育语文课程的基本目标。语文课的目标可以罗列很多，包括人文教育、传统文化熏陶、有利于学生整体素质的发展等，但核心是什么？基本目标是什么？就是语言文字运用。语文课，就是学习语言文字运用的课，同时把文化修养、精神熏陶很自然地带进来。"语用"和其他几个方面是自然融合的，不是一加一或一加几的关系。有些老师备课，要罗列哪些属于工具性、哪些属于人文性，割裂了，没有这个必要。

有"聚焦"，语文课才有主心骨，也才能克服焦虑和烦琐。

第二段话，是建议语文课少用或者不用多媒体，其意图也在于驱除虚浮的形式主义。

现在的语文课不断穿插使用多媒体，虽然很直观，可是把课文讲解与阅读切割得零碎了。多媒体给学生提供了各种画面、音响与文字，目迷五色，课堂好像活跃了，可是学生的阅读被挤压了，文字的感受与想象给干扰了，语文课非常看重的语感也被放逐了。这样的多媒体对语文学习并没有好处。

要让语文课"简洁"而且"高效"，老师们肯定还有很多办法。我贡献给大家这两个建议，不知是否管用？

七　让学生"连滚带爬"地读书^①

　　读书其实是一件个人的私密的事，照理说不应该有什么统一的书目。记得好像是周作人说过，最不应该给别人看的就是自己的书房，因为一看书房就大抵知道这个人是什么品性爱好了。周作人主要是对文人来说的。而一般学生，特别是还没有喜欢上读书的人，给他开个书目还是必要。有这么一个书目，起码给学生阅读提供一个范围，学生们可以从中选择，很方便，有建设性的积极的导向，这是值得肯定的。

　　语文教学可以利用书目来做好两件事。一是焕发读书兴趣。你光有书目，学生们没有阅读兴趣，他还是不读。你推荐了30本，他能够读3本就不错了，读10本就可能很有些兴趣了。怎么引起读书兴趣？还得想想办法。第二，就是提示读书方法。阅读方法很重要，是基本的语文素养。有了书目供挑选，又有阅读的兴趣，再给些读的方法，那就比较实用了。

　　从书目看，现在的学生可能相当多都是没有读过的，阅读量太少，课外阅读基本上未能列入语文教学范围，语文教学整体状况是低效的、贫血的。很多人可能把原因全归咎于考试，认为是中考、高考和各种考试制约了语文教学，所以学生不读书或者很少读书。大家都

---

　　① 本文系笔者2014年11月在北京十一学校"中国中学生基础阅读书目"发布会上的演讲稿。收入《温儒敏语文讲习录》，浙江人民出版社2019年版。又收入《温儒敏谈读书》，商务印书馆2019年版。

在责怪应试教育，其实这可能是有些盲目的。

在应试教育的大环境中，我们肯定受到制约，但还会有些空间，我们可以让学生考得好，但又学得不那么死板，可以让他们多读书，对读书有兴趣。不要把一切都推给应试教育，要有些必要的平衡。要考虑，应试教育在很长时期内是改变不了的，只能面对，然后寻找自己改进的空间。让学生多读书，同时又考得好，这两者可以结合。除了做书目，倡导读书风气，还应当研究一下如何帮助一线教师改善他们的教学，在语文课中多激发读书的兴趣，学会读书的方法。

现在中小学的语文教学在读书兴趣与方法上恐怕还是注意不够的。很多语文课全都是精读，什么写作背景、段落大意、主题思想、生词修辞等，都抠得很细，如同解剖手术。课改之后又喜欢组织课堂讨论，很多是没有必要的讨论，很热闹，但读书兴趣不一定焕发，阅读能力和口味也不见得提高。现在的语文课是分精讲与略读两类课的。精读就是给例子，给方法，举一反三，唤起兴味，然后让学生用这些方法去略读，可以是自主性的泛读。但是老师担心考试，把所有课全都讲成精读，学生就没有自己阅读延伸的空间了。而且精读课全都是差不多的面孔，都是为了应试，学生怎么还会有读书的兴趣？学生们本来喜欢读书的兴趣，也可能被扼杀了。

还有，就是现在的语文课很多不给读书的方法。上了那么多课，做了那么多题，考了那么多试，还是不会读书。最近我在海淀区给高三的老师上课，我说，泛读很重要，要教给学生泛读浏览，这是他们日后生活中最有用的。我举例说，要求高中生在两个小时之内读完一本15万字的小说，行不行？在场的老师几乎都轰动起来了，他们认为这怎么可能！我说应当有这种泛读的能力，这也是读书的方法之一呀，生活中精读毕竟少，泛读反而是常用的。你们的学生不会，只会精读，日后他们就缺少这种能力。你们为什么不教这个？这是缺陷。所以我主张语文教学改革要重视精读与泛读（略读）结合，并且要指向课外阅读。

一定要把语文的课堂教学引申到课外，和学生们的语文生活联系起来。现在有些语文老师不一定了解学生们的语文生活，你讲你的，下课后学生开个玩笑就给你颠覆了。不能培养读书的兴趣和习惯，或者有兴趣，但阅读的口味很差，很低级，那我们的语文课就是失败的。

要教给学生读书的方法。比如浏览、猜读、跳读、群读等，都是有用的，也都需要给方法。但是现在的语文课很少关注，也很少研究。这是个大问题。我现在提倡小学生、中学生要学会"连滚带爬"地读。不要每一本书都那么抠字眼，不一定全都要精读。如果没有"连滚带爬"地读，就很难有阅读面，也很难培养阅读兴趣。刚才周国平先生讲到阅读就是最初的恋爱，你恋爱搞得那么严肃，甚至面目可憎，那怎么可以？

我说的"连滚带爬"地读，包括浏览、快读、猜读、跳读。回忆一下，小时候我们读书，很多情况下都是"连滚带爬"，老师不怎么管，但我们自己也读得不错。记得我小学四五年级读《西游记》，很多字都不认识，按照现在的语文教学的要求，不认识的字就要查字典，如果每隔几分钟就要查字典几次，大概也就读不下去，趣味索然了。所以我那时的读法就是跳着读、猜着读，大致上能懂就一气呵成读下去。看到写风景的跳过去，看到诗词也不去管，看到写妖怪的就多看两下，很快读完一本，就有信心了，越读就越有兴趣，什么《三侠五义》《七侠五义》《包龙图》都看了。这就是我的阅读史，里边有没有一些激发读书兴趣的规律呢？现在提倡多读书，首先考虑的就是激发兴趣。

前几天有一个家长送他的孩子到国外留学，去之前到我家里玩。我问那个同学平时读些什么书，他有点不好意思地说全是上网阅读，最喜欢网络小说。他可能连一本正经的书都没有完整读过。我有点为他感到可惜。跟他说，网上阅读也是阅读，也能提升阅读能力，但网上的确有太多的垃圾，要注意选择分辨，老是读那些消遣的刺激的其至低级的东西，上瘾了，口味败坏了，很难办。年轻人还是要读一些经典性的基本的书，一些比较"深"而跳一跳就够得着的书，而不能一味是流行通俗娱乐刺激的书。

不过，除了读经典，我还主张读点"闲书"。"闲书"是指那些学校规定读的书之外的课外书，是学生自己选择读的书。现在很多学校不要求学生读"闲书"的，有些还要经过老师批准读什么书，学生怎么可能还有兴趣？家长、老师越是不让学生读"闲书"，就越是打压学生的阅读兴趣，结果学生的语文素养就难以提高。

再检讨一下，我们有些关于读书的观点也不见得是对的。比如"不动笔墨不看书"，在一定的情况下应当这样要求，但不可当作戒律，无论读什么书全都要"动笔墨"。那样就太累人了，不切实际。还有，如果我们的阅读教学大部分都指向写作，好像读书就是为了学写文章，那也是很累的。我们当家长当老师的都做不到，怎么要求孩子们去做呢？所以对于大家都似乎"公认"的读书观念与做法，也要想一想是否符合实际，读书教学也要讲人情事理。

如今读书的风气不盛，甚至低迷。北大语文所有过调查，发现国民读书读得较多的还是小学生，到了初二是个转折，之后便一路下滑。高中生几乎都在应考，除了教材教辅，很少读课外书。大学生读书状况也不乐观，很多大学生没有读书的习惯，整天玩手机，即使读点书，也是为了考试或者求职，读的是很实用的书。

最近我回广东老家，看到50多年前我上高中时常去的新华书店还在，但全变样了。20世纪五六十年代（"文革"除外），虽然很政治化，也很艰苦，但这个新华书店还是有些书香的，还有许多中外文化经典的书。可是现在你想找一本陀斯妥耶夫斯基的作品或者《世说新语》，几乎不可能，摆满全店的是各种教辅，还有就是风水、算命、股票、理财、养生，还有什么读心术、人脉设计、怎么在40岁当一个成功的男人、怎样利用他人的盲点赚钱、小女人情怀、大女人智慧等。这些书也有存在的基础，总有人要读，但书店全都是这些书，也可见到社会风尚的一面。特别是随着新媒体兴起，人们阅读的比以前多了，但也滥了、俗了，阅读品质下降了。人人都说很忙，时间去哪儿了呢？为何总说没有时间读书呢？每个人自己心里不是不知道。

我们的学生读书情况不够好，国民阅读状况很差，那么语文教师如何？据调查，也是很差的。教师阅读甚至比学生更糟糕。我们的老师很忙，读书也就是为了备课或者升职考试，我称之为"职业性阅读"。真正涵养心性的自由阅读是极少的。很多老师一年到头除了读几本备课用的书，其他很少读，倒是喜欢读流行杂志，有点时间就看微信。其实微信、杂志也是不能取代读书的。

语文老师如果不是"读书种子"，怎么指望学生能好好读书呢？

八 "整本书阅读"功夫在课外

——给上海"整本书阅读"研讨会提交的书面发言①

老师们好!

我认为提倡"整本书阅读",是因为现在的学生读书少,特别是很少读完整的书,而网上阅读也多是碎片化的,微信等自媒体阅读更是火上添油,弄得大家焦躁得很,学生静不下心来读书。要求"整本书阅读",我看首先就是"养性",涵养性情,让学生静下心来读书,感受读书之美,养成好读书的习惯。这可能是最重要的。

初中语文统编教材中安排有"名著导读",其实就是"整本书阅读"。高中语文也会有安排,高一两个学期,每学期读两本,高二选修还会有这方面考虑。"整本书阅读"要列入教学计划,但这是很特别的课型,特别在于课内讲得少,主要是课外阅读,是学生自主性阅读。

我不太主张名著阅读(整本书阅读)课程化。当然课内可以安排一些内容,比如初中的做法就是简要介绍某一种书的基本情况,激发读的兴趣,重点放在提示读这一类书的基本方法。比如介绍《西游记》,除了讲一点关于《西游记》的基本情况,以及有趣在哪里等,主要是提示如何用跳读、猜读的办法去读小说。这就等于"一书一

---

① 2017年12月,上海召开"整本书阅读"的研讨会。本文系笔者给研讨会提交的书面发言,曾在会上宣读。发表于《语文学习》2018年第1期。收入《温儒敏语文讲习录》,浙江人民出版社2019年版。收入本书时有改动。

法"。本来读书方法很多，但围绕一本书的阅读重点学习某一种适合的方法，以后学生碰到同一类书，也就会读了。这些都是提示性的，可以用很少的课内时间去实施，但"整本书阅读"主要是课外阅读。

高中将更明确安排"整本书阅读"，也是名著阅读，有可能还用专门的单元去落实这个任务群。但我认为基本要求和初中的名著导读是一样的，即以课外阅读为主，课内有些讲授，也主要是关于名著的基本情况，焕发阅读兴味，并提示"读这一类书的方法"。当然，前提还是完整地读书，主要的功夫是在课外。

有一点我觉得要注意：若要学生喜欢上"整本书阅读"，就不能太多干预，应当导向自由阅读、个性化阅读。如果"课程化"太明显，要求太多，学生可能还没有读就兴趣减半了。如果搞得很功利，处处指向写作，甚至和考试挂钩，那就更是煞风景，败坏阅读兴味。我看社会上有些跟进新教材的名著导读类读物，安排了很多阅读计划和规定动作，比如如何写笔记，如何做旁批，如何写读书心得之类，甚至时间都规定好了，那就会限制了读书的自由，减损了读书的乐趣。

整本书的阅读教学效果好不好，就看学生是否爱上读书，自己能否找更多的整本书来读。所以，不要管得太死，宁可实行目标管理，开头有个提示和引导，结尾布置一点小结之类，那就很好了。

中高考语文命题都在考虑如何检测"整本书阅读"，比如加强阅读面与阅读速度的考查，这可能"撬动"整本书阅读的教学。但那种指定读若干种书，考试就考有无读过，其效果就值得怀疑。因为有些应试的办法就是对着这种考试的，结果很多学生未见得读过这些整本的书，只是读些提要之类，也能对付考试，结果还是不会读整本书，也没有读书的兴趣和习惯。

我这些意见不一定对，大概也只是一些皮毛的心得，还得听老师们的实践经验。

九　小学语文中的"诗教"[①]

所谓"诗教"，或者诗歌教育，扩大一点，则是文学教育，现在都是比较重视的。对于语文课为何要有诗歌、有文学，道理大家也都明白。但落实到教学中，可能就不那么清楚，还可能有些困扰。

我曾经到一所中学听课，课后和老师们座谈。我问："你们的学生以后成人了，到社会上了，绝大多数都不会要求他写作，比如写一棵树，写一个人什么的，他们一辈子也无须这样做。可是如今却要花那么多时间去练习写一棵树，写一个人。这是为什么？"这好像是一个根本不需要思考的问题！有的老师说，有这一类文学性的阅读写作要求，是为了学习语言文字运用。也有的说，写一写，有些文学修养，文笔会好一点，考试也需要。当然，大家都没有忘记，都认为这是审美能力的培养。老师说的这几方面"理由"都是成立的，但他们都把一个更加重要的"理由"遗漏了，那就是，语文课的文学阅读与写作还担负着"思维训练"的重任。

语文课的文学类阅读写作的目标是"审美与鉴赏"，为啥又"扯上"思维训练呢？因为从广义的视角来理解，"审美与鉴赏"的能力也是一种思维能力。大家只要看看2017年颁布的新的高中语文

---

① 本文根据笔者2019年3月21日在昆明"儿童文学与小学语文教学"研讨会上的讲话整理而成，发表于《课程·教材·教法》2019年第6期。收入《温儒敏语文讲习录》，浙江人民出版社2019年版。收入本书时有改动。

课程标准，就会对语文课中的文学教育为何还担负着"思维训练"的任务产生比较清楚的认识。

高中语文新课标富于理想主义，有些规定的可行性不够，但我还是要充分肯定新课标对于"语文核心素养"的定位。其中提出"语文核心素养"有四个维度，其中之一是"审美鉴赏与创造"，这正是和文学教育密切相关的。课标这样阐说："审美鉴赏与创造是指学生在语文学习中，通过审美体验、评价等活动形成正确的审美意识、健康向上的审美情趣与鉴赏品味，并在此过程中逐步掌握表现美、创造美的方法。""审美情趣与鉴赏品味"是个新提法，过去我们的语文课很少会照顾到学生个体的审美"情趣"与"品味"。在论及"语文核心素养"组成的另一维度"思维发展与提升"时，课标又说道：要让学生"通过语言运用，获得直觉思维、形象思维、逻辑思维、辩证思维与创造思维的发展"。其中"直觉思维、形象思维"又是新的提法，是以前我们教学中很少关注的。

"天街小雨润如酥，草色遥看近却无"，类似这样的诗句，光靠查字典或者老师的索解，恐怕是很难"感觉到位"的，这就要调动直觉与想象，要启动"直觉思维"和"形象思维"。具体来说，要调动想象力。"诗教"的重要目标也指向这里。据有关研究，想象力其实是智力的重要的高级的部分。想象力是感性和知性之间的一种中介性先天能力，在人的判断认识方面起着不容忽视的重要作用。想象力活动主要靠右脑，属于大脑最外层的高级思维。一提到想象力，就认为它是孩子的比较幼稚的思维活动，认为直觉思维和形象思维比逻辑抽象能力要"低级"，这种认识是片面的。想象力有先天的因素，也可以靠后天的激发培养。童年时期，就是激发和培养想象力、培养直觉思维和形象思维的黄金时期。小学和中学的文学教育，特别是"诗教"，将在这方面起到不可替代的作用。

所以，现在我们应当将"审美能力"和"思维发展"，特别是"直觉思维"和"形象思维"这两点联系起来。语文课的文学教育，特别是"诗教"，不能不关注思维训练问题。

高中新课标提出的"审美情趣与鉴赏品味"，以前教学中注意不够，或者说这方面缺少自觉，如今是应当加强的。为什么？这也是素质教育重要的部分，是为了学生将来的发展。学生长大后走出校门，成了现代公民，他们的生活会包含有"文学生活"，这是普通生活的一部分。人的生活需求是多方面的，不只是物质需求，还要有很多精神需求。读书看电影等，等于是"精神体操"，能给机械枯燥的生活添加情趣味道。文学阅读与写作指向审美教育，就有精神需求和情趣品味这个长远的目标。

不过还要补充一点，文学教育和审美能力培养、思维训练，是长远的需要，也应当是当下的需要，是孩子们童年和少年的这个"当下"，是为了满足孩子们童年和少年生活的精神需求。人总需要做点"白日梦"，特别是年轻时候。文学就充当"白日梦"，有时候还有游戏的功能，可以调节生活，宣泄、寄托或者转移情绪。满足孩子们成长阶段做梦的需要，是我们语文课考虑不多的。所以，讲文学教育、审美教育，就是要补足这个方面的要求。

语文课中的文学教育是审美教育，同时也是思维训练，是通过文学教育获得直觉思维、形象思维的训练，是通过文学教育获得正确的审美意识、健康向上的审美情趣与鉴赏品味。这是很高的要求。诗歌艺术表达以及诗歌的欣赏，很多情况下都是依靠直觉思维、形象思维的。所以"诗教"毫无疑问就是培养直觉思维、形象思维，以及完成审美教育的最好方式之一。

下面，说说古诗词教学，也就是小学语文课中的"诗教"问题。

（一）"诗教"的起源、发展、功能和作用

"诗教"是古代的说法，意思是通过学诗、写诗来进行启蒙教育，通过诗歌来教化民众。"诗教"这个词最早出现在《礼记》中。

"温柔敦厚，诗教也"①，意思是要用诗歌，主要是《诗经》来化育民性，使之性情和善，有教养。后来，孔子更是把"诗教"纳入他的教育体制。到汉代，《诗经》成为儒家经典"六经"的一种，和《书》《礼》《易》《乐》《春秋》"五经"并列②，是古代社会所有官员和准官员的"必读书"。

孔子对于诗歌功能有一个很特别的解释，他认为诗歌能够"兴、观、群、怨"③。所谓"兴"是抒发情志，"观"是观察了解社会风俗，"群"是结交朋友，"怨"是讽谏批评不良的现象。可以说，对于诗歌的反映和认识社会、审美愉悦，以及促进伦理等几个方面的功能，都兼顾到了。不过，儒家为主导的古代文化，最看重的仍然是诗歌的伦理教化功能，所谓"迩之事父，远之事君"也就是这个意思。

到了宋代，以朱熹为代表的理学家，进一步强调"诗教"的核心是发挥吟咏性情、导化人心的作用，即所谓"化以成德""得其性情之正"④。

古代中国历来都很重视"诗教"，希望发挥诗歌化育人心的功能。当然，其教育完全服务于当时的时代需要，主要还是孝、悌、忠、信那一套，对于现代人来说，这不再适宜。在古代，"诗教"的伦理教化的功利性很强，特别是在推行科举制度之后，诗赋是证明一个人能力水平的标志之一，作诗是读书人的必备功课，不能诗词唱和就很难进入社会主流。

当然，古代的"诗教"其实也很多样。主流的就是用《诗经》作

---

① ［西汉］戴圣：《礼记·经解》。原文为："入其国，其教可知也。其为人也，温柔敦厚，诗教也。"又说："温柔敦厚而不愚，则深于诗者也。"

② 战国时《诗》已经称"经"。据《庄子·天运》："孔子谓老聃曰：丘治诗、书、礼、乐、易、春秋六经，自以为久矣。"

③《论语·阳货》："子曰：小子何莫学夫诗？诗可以兴，可以观，可以群，可以怨。迩之事父，远之事君，多识于鸟兽草木之名。"

④ ［南宋］朱熹：《诗集传·序》。

为范本进行伦理教化的熏陶。对于其他诗歌，有很多道学夫子始终是比较警惕，也不太放手的。尽管这样，上千年来，民间的教育，像私塾、学馆等，对于儿童学习诗词还是比较开放，甚至鼓励的。于是，历史上就有了很多专门为儿童编的诗词读本，重视适应儿童认知特点，倾向语文能力训练。比如，宋人编的《千家诗》就是好的选本。《千家诗》版本很多，流行的本子分上下卷，收唐宋诗123首，主要是一些比较浅易好读的七言绝句和律诗。此外，还有其他一些儿童诗歌读物的选本，影响都很大。古人主要考虑儿童识字之后，要读一些散文、故事，也要读一些浅近的诗歌，这几乎就是蒙学比较固定的内容。这个传统也可以说是一种"诗教"，实际上已经被现代语文教育传承下来。现在的语文教科书从小学开始选收一些诗歌，包括古代诗词，也包括儿童诗、童谣、外国诗歌等。

在这里，我要顺便说说现在流行的所谓儿童"读经"的现象。这和诗歌教学似乎也有些关系。现在一些地方兴办儿童"国学班""读经班"，读的材料主要就是"三百千"，还有《弟子规》《增广贤文》，或者加上《论语》《孟子》等。现在社会上和一些学校，都在极力提倡学习。"三百千"用的都是整齐的韵语，力求押韵，读起来朗朗上口，也容易背诵，多少采取了诗歌的形式，有的就是一种浅白的诗。

但"三百千"不是"经"，是蒙学识字教材。在古代是很好的识字教材，但放到今天就不一定适合。一是不太符合儿童的认知水平，有些内容儿童是不懂，也很难让他懂的。《三字经》开头"人之初，性本善。性相近，习相远"，其实就是很深的哲学问题。《千字文》开头"天地玄黄，宇宙洪荒"，也很难懂。小孩子只能死记硬背。第二，"三百千"的内容是适应古代社会的，比如忠孝节义，有些东西现在看来不利于人格健全发展。第三，"三百千"是识字教材，却很少考虑到汉字结构和学习的规律。

所以，我不排斥现在的儿童教育适当使用"三百千"，让孩子读一读也是好的，但不赞成当作教材，也不能以为学了"三百千"就能进入传统文化的殿堂。这是不切实际的。还有，社会上有所谓"读经"热，以为读"三百千"就是读"经"，也是误解。

今天小学语文中的诗歌教学，和古代的"诗教"是一脉相承的，都在提倡儿童多学一点诗。古代的"诗教"是"化以成德""得其性情之正"，是以古代的伦理道德化育人。而今天提倡儿童读古诗词，也是希望通过诗歌诵读使他们接续优秀的传统文化，落实立德树人的任务。古典诗词中沉淀着中华民族思想情感的"基因"，作为中国人，就必然也必须接受和激活这些传统文化的"基因"，这就是所谓文化素质的重要成分。"诗教"实际上是传统文化中很重要的一部分。如今强调传承古代优秀文化，因此，把"诗教"这一传统和现在的语文教育打通，是顺理成章的。

提倡现代意味的"诗教"，就是提倡让学生在小学阶段多读一些古诗词，让他们多感受汉语的语言之美，培养精练多义的语言感觉，同时加强他们对于祖国传统文化的感性了解，开拓想象力。这对于激发学生对语文学习的兴趣，打好汉语学习的基础，是非常有帮助的。另外，学生在小学阶段记忆力最好，即使不懂一些诗词的含义，但多读多背诵，也能记得牢，能为其一生的语文素养打好底子。这也是统编小学语文教材特别重视古诗词的原因。

（二）开展"诗教"的方法

先结合统编教材中古代诗歌的一些教学设计，来看看用怎样的方法备课教学，才能更加切合"诗教"的要求。

笔者举一个例子，是一年级下册李白的《静夜思》的教学。怎么给一年级学生讲古诗？老师们想了很多办法。

第一步，兴趣导入。有的老师在教学时用了多媒体，展示月亮、夜空，然后转到课文。有的甚至让学生听马思聪的《思乡曲》，然后引入课文。还有的是讲故事，引出"思念"这个词，然后转到课文。

兴趣导入，或者情境设定，是值得肯定的。但前面两种有点"绕"。

第二步，初读课文，包括讲解生字、解题、介绍作者、串词意等。有的老师引导学生用"思"来扩词，让学生勾勒出不懂的词。

第三步，一行一行讲解诗意，伴随多媒体，还有的做各种动作，比如"举头""低头"等。

这些安排有值得肯定的地方，把认字、词义理解和作品的解读结合起来了。先认字，后解读全诗，也是可以的。但是这些设计都存在一个毛病，就是把作品割裂了，各种教学安排很琐碎，破坏了对诗歌的整体感悟，没有真正引导学生发挥读诗的感悟和想象。也就是说，审美的完整性被破坏了。尽管有多媒体制造氛围，有逐字逐句的讲解往"美"的方面引导（其实只是字词的美，或者片段的美），却始终缺少整体感悟，缺少完整的审美。

有一些老师教《静夜思》，教案设计的程序就很烦琐——首先放一个视频，视频中有月亮，老师问学生：你想到了什么呀？有的还发表一些感慨："月儿圆啦，人团聚了，多美好啊！可是伟大的诗人李白却无法回家。他只身离家在外，看到圆圆的月亮，想起他的故乡，想起他的亲人。在深深的思念中，他通过写诗排遣心中的寂寞。"这就有点"绕"，还有点"酸"，小学生怎么会有兴趣？有的老师还逐字逐句地讲解，安排各种活动，什么李白的诗中有几个动作呀，甚至让孩子们演示一下"举头"和"低头"的样子。多累赘呀，把《静夜思》中的"静"都赶跑了。

语文课讲解如此僵硬和琐碎，原因可能很多，其中一个原因是老师自己的功课做得不够。文学作品特别是古诗词的教学，首先要做的功夫是教师自己认真阅读，对诗歌的氛围或者意境，有整体感悟，心领神会。教师自己被诗歌感动了，才能在教学中让学生也感动。《静夜思》谁都会背诵，这样熟悉的诗，我们备课时是否认为不值得去细读，用不着再领受其艺术的"冲击"了？有些老师可能因为对作品太熟悉了，不再和这首诗有情感的"交流"，就"轻车熟路"、非常理性地进入备课。他们所做的工作就是找相关的备课资料，特别是各种教案和课件，想着怎么把找来的材料拼贴起来，设计成自己的教案。这种脱离了审美感悟的备课，必然是僵硬和琐碎的，当然也就难以引导学生去感悟与审美。

我主张语文课讲授文学性课文，特别是诗歌作品，要准备的第一件事就是做"浸沉式"阅读，即使熟悉的作品也要再次"赤手空拳"进入其氛围境界，带着感觉读几遍，获取鲜活的感觉。很多老师备课也力图让学生去想象作品中的画面，但也就仅此而已，实际上还是"站在"作品之外去观察作品，分析探究作家诗人描写了什么画面，抒发了什么感情。我们备课做的最多的一个"惯性动作"，就是追寻作者的"原意"和作品的"意义"。前面提到的教学《静夜思》的教案，就是这样的。虽然有时候也需要弄清楚"原意"和"意义"，但把功夫几乎全都放到这里就很不够了。通常我们说"审美"，应当包括两部分：一部分是通过分析、归纳去寻求作者的"原意"，提炼作品的意义，欣赏作品的艺术，这属于"溯源性审美"；另一部分是沉浸到作品之中，通过精神的"游历"与"探险"，形成独特的"理解"与"感受"，这属于"创造性审美"。这样来读《静夜思》，教《静夜思》，就不能满足于理解李白在诗中表达的感情，还应当让自己进入"游子"的角色，在诗作的引导下去想象与领受特别的情思，类似"心灵的探险"，这样自然可以获得审美的愉悦。如果我们能把上面说的两个方面都兼顾到，我们的语文教学就可以避免那种僵化与琐碎。

老师备课要先"赤手空拳"读作品，获取自己鲜活的感悟，这是教学的底子。虽然老师在课堂上不一定要把自己的体验说出来，但有自己的鲜活的感受做底子，教学效果肯定就不一样，就不会把主要功夫放在拼凑各种教案和课件上，而会格外关注如何引发学生进入作品的世界，去获取他们自己的体验和感受。

这几年语文教学界流行"整体感受"这个词，其实这也是一种教学的理念。我们努力兼顾审美的两个方面，才是货真价实的"整体感受"。当然，也可能有老师认为，语文课的僵化与琐碎跟考试"指挥棒"有关。一线老师肯定会受到考试等外部要求的束缚。我们也许很难改变应试教育的大环境，但总可以在自己有限的空间里，尽可能把课讲得活一点、美一点，尽可能重视审美和思维能力的提升。老师只要有这份心，就会有办法，教学就会得到改善。

（三）在实施"诗教"过程中需要注意的问题

1. 以诵读为主

学习古诗词最好的办法就是反复诵读，读得滚瓜烂熟。当堂成诵是个好办法。其实这也是古人学诗的办法。古代诗词充分发挥了汉语的特点，带有很强的音乐性，音调和谐押韵，读来朗朗上口，孩子们喜欢。朱熹就认为："读诗全在讽咏得熟。"这里的"讽"就是读。他还说："涵咏读取百来遍，方见得那好处。""沉潜讽咏，玩味义理，咀嚼滋味，方有所益。""读诗之法，只有熟读涵味，自然和气从胸中流出，其妙处不可得而言。"

古诗词教学要注重让学生感受诗词音韵之美、汉语之美。学生也许一时说不清美在哪里，总之是积淀下来，有所感觉了，就起到熏陶的作用了。

诵读可以采取各种不同的方式，但不要全都安排做朗诵，还需要有自由的吟诵。这是两种不同的诵读方式：前者往往带有表演性，是读给人听的，容易沦为固定的"腔调"，那是所谓的"语文腔"；后者是自我陶醉式的诵读、独处式的诵读，可能更有助于沉浸到作品中去。现在社会上有专门的"复古"吟诵，我们不一定学这个。其实古代的吟诵并无固定的规范，我们完全可以按照自我发挥的方式去读，只要能读出自己的感觉与体验就好。

2. 注意引发兴趣

小学生学古诗文，在语言和内容上会有理解的困难，要求别过高。不必在所谓主题思想、意义价值、艺术手法等方面讲太多，但可以结合诗词的内容给孩子们介绍一些有趣的背景材料，比如诗人写这首诗的故事。不是照搬文学史的内容，而是结合孩子认知的特点来讲。比如，孟郊写"慈母手中线，游子身上衣"，是他年过半百考上进士之后，多年的艰难漂泊的感受，加上对母亲的感恩，都汇聚到这首淳朴感人的诗篇中了。如果把这个故事讲给孩子们听，他们对这首诗就会格外有兴趣，也格外能引发各自的想象。适当地介绍诗词的背景和相关的故事，是为了引发读诗的兴趣。不要把"导入"全都做成多媒体。

3. 重视会意与感悟

古代诗论有一个很著名的说法："诗无达诂。"就是说，诗歌的词句内容很难做出也不宜做出明确的解释。诗词的文学表达是含蓄的，可能"兴发于此，而义归于彼"，加上鉴赏者的心理、情感状态的不同，对同一首诗常常会有不同的解释。"诗无达诂"就是承认诗歌审美鉴赏的主体性和多样性。这道理应当贯彻到我们的诗歌教学中。特别是小学生理解能力相对较低，但想象力可能比大人丰富，对于诗词内容与审美的理解体会可能多种多样；因此，教师更加要注意不要做生硬的标准化的限定。这里值得重温一下课程标准中的那句话：

> 阅读是学生的个性化行为……要珍视学生独特的感受、体验和理解。教师应加强对学生阅读的指导、引领和点拨，但不应以教师的分析来代替学生的阅读实践，不应以模式化的解读来代替学生的体验和思考；要善于通过合作学习解决阅读中的问题，但也要防止用集体讨论来代替个人阅读。

这段要求，对于文学类阅读，特别是诗词的阅读，尤其是有指导意义的。

当然，在小学低年级的古诗词教学中，教师还是要让学生大致明白诗中所写的内容。"大致"即可，不要字斟句酌、逐字逐句地分开解释。老师适当引导，让学生自己去读，反复诵读，能理解多少是多少。中年级和高年级要逐步引导读诗时的"会意",多少有些领悟,虽然也不一定非常清楚。要求学生把诗意说得"很明白",是不合适的。陶潜《五柳先生传》所说的"好读书,不求甚解。每有会意,便欣然忘食",我看在"诗教"中用得上。即使因为考试,需要掌握所谓"标准答案",教师也要给学生说明这只是一种"说法",考试时不妨采用此"说法",但每个学生还可以根据自己的理解去做其他解释。

总之,作为教师,我们只要有这份心,给"诗教"留出比较灵活的空间,不被应试教育全给挤满了,我看也就不错了。

4. 不要过多使用多媒体

诗歌是语言的艺术,诗歌的语言除了精练、形象,还可能有变异、陌生化或超越平常的语言。比如,我们读"白日依山尽,黄河入海流。欲穷千里目,更上一层楼",会想象自己一个人登临层楼时看到的那种苍茫雄浑的景象,而且可能是带有某些哀伤的景象。这是要靠个人的经验和悟性去体味和想象的,每个人的画面感可能都不太一样。"天街小雨润如酥,草色遥看近却无",类似的诗句,光靠查字典、老师的索解,或者多媒体的表现,恐怕都很难"感觉到位",这就要调动直觉与想象。"飞流直下三千尺,疑是银河落九天",你无论怎样用画或者视频来表现,都可能"限制"阅读的想象力,因为诗歌中有些感觉和气氛是很难形之于画面的。语言学有所谓"能指""所指"的说法,诗歌的语言更是如此。那种"能指"是非常丰富的。可是如果采用多媒体,把这首诗转化为几个画面,虽然形象,可是容易"定格",把诗歌丰富的多义的"能指"统统定格为"所指"。这就破坏了诗歌的欣赏。所以,我不主张在诗词学习中过多使用多媒体。诗歌是语言的艺术,就把主要的功夫交给语言的感觉好了。对于语文课来说,多媒体的过度使用简直就是灾难,对于阅读能力的培养是不利的。

5. 不要布置太多的"任务"和"讨论"

这些年有些学校在实验以任务驱动或项目活动来取代过去的教学

模式，甚至提出所谓的"翻转课堂"。好处是学生学习更加主动，参与性强。但是把任务驱动或项目活动作为语文教学的唯一方式，一边倒，可能出现新的偏误。如果所有的阅读教学都预先布置任务，让学生在任务的指使下去阅读，可能会让学生被动，降低他们阅读和学习的兴趣，适得其反。学生在阅读学习过程中，会时常想到预设的那个"任务"，所关心的是如何完成"任务"，思考的问题就会限定在预设的"任务"范围，而不是在阅读中自然形成的，所谓个性化阅读、探究性阅读很可能就会受到预设任务的限制或者牵引。这很可能还会导致为完成"任务"而阅读的实用主义，自由的、开放的、创造性的阅读也就沦为功利性的阅读。对于诗歌教学来说，"翻转课堂"等形式大于内容的做法恐怕不宜滥用。如果我们教某一首诗，一定要先布置任务，那个"任务"也不能预设太细，要考虑留给学生想象的空间。

诗词教学中组织的活动，包括讨论，小学低年级活动可以多一点，中高年级要越来越少。就整个中小学语文教学来说，文学类阅读教学，特别是诗词的教学，活动要少，还是让学生静下心来读，这是自主性的阅读，而不是动不动就讨论，就没完没了做各种活动。我们的语文课很热闹，很浮躁，缺少沉浸式的阅读，缺少真正个性化的自由的阅读。如果老是"任务驱动"，老是组织各种"活动"，那肯定不利于学生语文素养的提升。

以上拉拉杂杂说了几点意见，主要是关于"诗教"，关于古诗词怎么教。其实教无定法，我只是从古代"诗教"传统联想到现在的语文教学，说了几点意见，不一定对，供大家参考。

第四章
信息时代的读书生活

一　和中学生谈读书[①]

今天和同学们谈谈读书问题。在学校上课，或者课后，很多时间都在读书。可是你们有没有静下心来想一想，读书到底是为了什么？为何总是说读书重要？请大家问问自己，看怎么回答这些问题。我这里说说自己的看法，一起来讨论。

（一）读书为了什么

常见的回答可能有两种。一是为了考试。中考、高考都要考语文，考阅读，分值很高，读书是为了提高考分，好考上重点中学或重点大学。很多同学就是冲着这个目标来读书的。这很实际，很直白，我看也没有错。但这只能说是读书的"近期目标"。还有第二种回答，读书是为了具

---

① 本文系笔者2014年11月在北京研修网的授课讲稿的节录。收入《温儒敏谈读书》，商务印书馆2019年版。

备阅读的能力，是为了谋生。日后进入社会，谋求职业，阅读和写作的能力都很重要，招聘也会看这方面的能力。这个回答也很实际，并没有错。

以上两个回答，两个读书的"目的"，一是为考试，二是为谋生，都可以成立，无可非议，不用多说了。

读书还可能有第三个"目的"，或者叫"作用"吧，那就是"养性"，练脑，磨性子，涵养性情。古人说"修身，齐家，治国，平天下"，"修身"是前提，放在最前边，而"修身"的方式之一就是读书。"读书养性"，这个"性"可以理解为性情、兴趣、习惯和素质。"养性"不是为了显示个人的修养，而是充实自己。读书是一种良性的生活方式，也是精神可以得到不断充实的方式。很难设想，如果一个人不读书，没有这个习惯，他可以实现自己的终身教育。我们读完中学，一部分人还要读大学，也有一部分人就工作了，无论上学还是工作，都要继续不断地通过读书去涵养自己，尽可能让自己具有博雅的气质，享受充实的精神生活。在当今趋向物质化、功利化、粗鄙化的氛围中，提倡"读书养性"是有现实意义的。

"读书养性"，这是第三种回答。我们还可以有第四种回答，那就是更高远的目标，是为中华崛起而读书，为中国人民的富强幸福而读书。这好像是口号，有点理想化，但你们的父辈、祖父辈和更远的那几代中国人，其中一部分先驱者曾经提出过"为中华崛起而读书"，对他们来说，这不只是口号，而是行动。只不过今天的世界变得很实际，这个为国为民饱含理想的目标听起来就似乎有点高远了。

以上说了读书的四个目标，可能还有其他目标。同学们，你们哪些目标可能考虑得多一点呢？可能是第一、二两个目标，也就是考试或者谋生考虑多一些吧，都是很实际的打算，无可非议。特别是接近中考或者高考，大家更多的都会围绕考试来读书，这是必须的。但我主张要同时兼顾，除了为考试为谋职而读书，应适当考虑"读书养性"，甚至是为了中华崛起而读书。其实，四个目标彼此不矛盾，不是非此即彼，完全可以结合起来。家长一般都考虑得很实际，希望一切围绕考试，围绕找到"好工作"。读书就是瞄准这些目标的。这没有什么不对。但如果是有志向的青年，看得远些，有自己的理想，那就可以把人生的标准定得高一些，让后两个目标把前两个目标带起来。小说《平凡的世界》大家看过吧？主人公孙少平家里穷，上学时受过很多委屈，他渴望过上另外一种体面的生活，说"人总不能一辈子受穷"。这是他的理想和生活目标，既是物质性的，也是精神性的。如果说读书的目标，他是把几方面的目标融合在一起了。

我这里着重说说"读书养性"，读书可以提升素质和养成健全的人格。

现在讲"读书养性"，对中学生来说，这是非常有必要的。因为同学们正处在身心成长的阶段，除了学习知识，还要发展整体素质，养成良好的心性和习惯，为整个人生打好底子。如果不想让自己一生碌碌无为，那么在年轻的时候就要"养性"，在涵养自己方面有些自觉。怎么自觉？就是要有理想，有目标。这个理想和目标不能停留于满足个人物质生活的欲望，不能停留于现在几乎人人都在追求的房子、车子、票子等物质条件，而要有更高的追求，尽可能让自己超越平庸。

这是有些难的。现在是市场经济，校园也往往被卷进市场经济的大潮之中，风气都变得很势利。现在的学生大多数是为了将来就业而学习，追求的目标就是舒适的工作和优厚的待遇，他们对未来感到迷惘、紧张，压力很大。越到高中、大学，这种情况可能越严重。那种有理想志向、多考虑为国家民族做贡献，或者愿意以后在科学等事业上默默耕耘的年轻人，不能说没有，起码可以说是太少了。和20世纪五六十年代比，甚至和改革开放之初的大学生比，现在的中学生、大学生都显得过于世故、精明。从某种程度上讲，"四大主义"——个人主义、拜金主义、享乐主义和庸俗的现实主义，充斥着现在的校园。同学之中谁要是讲讲为国为民的理想，可能会被看作"很二"、不"入时"。

现在平庸、低俗、粗鄙的思潮是多么汹涌，我们的中学生是多么迷惘！尽管有思想品德课，但内容陈旧，方法生硬，难以解决学生的现实思想，更难以帮助学生抵制低俗粗鄙的风气、树立远大的志向。往往课上学的那一套理论，课下就给低俗的空气所解构和颠覆了。有的学校可能风气好点，但不少学校差不多是这种情况。

人生观、世界观非常重要，决定人对整个人生意义和世界价值的基本看法，包括人生的意义、真善美、生与死的本质、人与自然、人性与社会性、社会公平的准则、伦理道德的底线等。这些问题都是本源性的，有的还富于哲学含义，属于终极关怀。对这些本源性的探讨与摸索，也就导向人生观、世界观的确立，可能从根本上决定人一生的追求及其思想行为模式。这种人生观、世界观的培养，是中学教育的题中应有之义，甚至比知识获取更加重要。同学们环顾四周，也问问自己，我们在人生观、世界观方面到底有没有一份自觉？建树怎么样？

现在社会以实用技能为标准收罗人才，舆论更被市场的泡沫所左右。人们为谋生而学习，没有内在的事业冲动，上学无非是毕业后好在人才市场上找到买主，卖个好价钱。这种短视的观念严重挖空教育的基石，腐蚀现代人格品质。为人师者应当好好反省在思想教育方面的失误，想办法加强学生人生观、世界观的教育。

身为中学生，我们也许不能改变整个学校的风尚，但起码应当对现在这种"四大主义"弥漫校园的现状有所认识，有些清醒，有些超越，尽量不卷入其中。办法是什么？是敢当前面说的"很二"、不"入时"的人，其实是保持一些理想，有些追求。读书就能给我们精神力量，在抵御低俗时给我们支撑，在人生观、世界观的建树方面涵养我们。我说的"读书养性"就包含有这层意思。"养性"是指超越庸常，磨性子，增涵养，养成良好的心性、健全的人格和聪慧的大脑。读书自然是最好的途径。

（二）现在读书的环境不是很好

现在的社会浮躁，读书的风气似乎越来越淡薄。我主持工作的北京大学语文教育研究所做过调查，发现现在国人阅读状况是很差的。先看看学生，小学阶段的阅读状况较好，到初二就一路下滑。对北京市数十个中学2000多位中学生的调查表明，小学生和初中生完整阅读过1—5本（含5本）课外书（不含杂志）的占18.7%，读书不到10本的有42.9%，有1.5%的学生连1本书也没完整读过。而高中生呢，"完整阅读过古今中外名著"一项，选择20本以上的学生比例仅为15.2%，选择10—20本的为19.1%，而选择"1—5本"和"没有"的竟然为32.5%和7.3%。就是说，现在中学生阅读情况是很糟糕的，一是读得少，二是即使读一些，也大都不是完整阅读。

再看阅读的品味。先看阅读兴趣与范围。初中的阅读兴趣依次排列是：言情小说、网络文学、卡通漫画、鬼故事、武侠小说。高中的阅读兴趣依次排列是：卡通漫画、言情小说、人物传记、网络文学、科幻作品。从阅读素质看，偏重流行时尚。整个阅读状况是量少、质低，很不乐观。所以，课程标准提出要"多读书，读好书，好读书，读完整的书"，我认为是很有针对性的，不只是中小学生，大学生也一样。

我们应当跳出来看看我们的社会，大家都有很多抱怨，其中比较共同的一点，是认为国民素质低。问题出在哪里？在社会矛盾，在社会心理，可以找到很多原因。但有一条原因很明显，就是国人不爱读书和少读书。前面提到学生不读书，那也是因为社会都没有读书的氛围，学生怎么会喜欢阅读？

国人即使读书，也往往抱着非常实际的目的，很多就是为了考试，为了发财或健康，或为了人际及职业的需要。《中国青年报》的调查表明，除有五分之一的公众表明自己读书的目的是修身养性外，其余读者的读书需求都非常现实。一大部分实际上是课本和教辅之类，还有养生、股票、厚黑学之类。

一个国家的实力不只是看经济，同样要看文化。如果中国人不读书，整体文化素质不可能提高，中国的科技创新、软实力等都是空话，即使中国GDP很高，仍然会远远落在发达国家的后边。

日本学者大前研一在其著作《低智商社会》中说："在中国旅行时发现，城市遍街都是按摩店，而书店却寥寥无几，中国人均每天读书不足15分钟，人均阅读量只有日本的几十分之一，中国是典型的'低智商社会'，未来毫无希望成为发达国家。"但愿日本人的预言不会成为现实，但不能不承认，中国之落后很直观又很本质的表现，就是烦躁浮躁，不爱读书。

如何提高国民素质？提倡多读书，读好书，这是一种好的举措。从小学开始，就要培养读书种子，引领读书风气。这很难，但必须做。大家从自己做起，一起努力。

（三）高考是绕不过去的现实，读书应当怎样去面对高考

高考改革在进行，2017年实施新的办法，考三门，不分文理。语文高考命题将有变化，现在就在悄悄变。

以后高考语文命题的材料覆盖面要比以往宽得多，除了文学，还有哲学、历史、科技、社会、经济、时政等。以后的高考语文命题会更加注重逻辑思辨能力的考查，也会有意识考查读书的情况，包括课外阅读、经典阅读、阅读面与阅读品味。这些改革的趋势，也决定了我们必须重视读书。只有多读书，拓宽知识面，增强思想力，才能应对高考，考得高分。

即使为准备高考而阅读，我建议也不要陷进应试的泥淖。

现在有一种应试的阅读，是处处围绕作文准备素材。这很不好。要知道，高考语文阅卷评分也在改革，越来越注意围剿"套式作文"和"文艺腔"。

我不主张把所有的阅读都和作文考试挂钩，那很"煞风景"。市面

上常见很多作文选析之类的书，对考试不能说完全没有用，但如果满足于读这样一些书，停留在作文技法的模仿阶段，水平终究是很难上去的。况且这类为应付考试的带"匠气"的书读多了，还可能会坏了口味。所以还是要多读名篇，使自己的眼界和起点高一些；也可以依语文课上提示到的作家作品为线索，顺藤摸瓜，找相关的书来看。如课上讲到《诗经》，篇幅是有限的，我们可以再多找一些《诗经》的作品以及评论研究《诗经》的代表性著述来读。这样，既可以加深对语文课中规定内容的理解，又会扩大知识面，更重要的是可能引起思考和探究问题的兴趣。久而久之，良好的阅读兴趣也就培养起来了。

（四）除了"为高考而读书"，适当保留一点自由阅读的空间

高考对学生来说非常重要，所以家长也都希望孩子能把时间尽量放在复习功课应对考试上，特别是到了初三、高中，许多学生几乎不再读课外书。这是现实问题。但也请家长和同学们注意到另外一种现象。我在大学教书，发现许多学生虽然都是高分考上大学的，却不一定有喜欢读书的习惯。除了自己专业的书之外，他们再也没有读其他书的兴趣和计划，顶多随兴所至读一些诸如武侠言情之类的流行通俗作品，或一有时间就上网看电视。这样的文化情致倒是流行与时髦，但也可能浮浅，缺乏个性，文字阅读和写作的能力也都比较差，甚至影响到专业和综合能力的提高。为了帮助这些同学提高阅读写作水平，许多大学不得不又花时间为他们补语文课，上所谓"高四语文"。看来，在中学阶段尽量养成阅读的习惯，对人的一生都是非常重要的。

每年高考作文成绩拔尖的同学，很少是靠押题或者按照既定套式取得成功的，他们一般都是平时阅读面比较宽，思想比较活跃，底子打得厚实。所以还是不能只为考试而读书，暑假阅读应当自由一些，为自己松松绑。

（五）怎样才能耐得住性子读完一本好书

很多学生可能会问：也想读书，选择了经典的书来读，可是往往都半途而废，甚至刚一开头就读不下去，怎么办？

要求每一本书都从头看到尾，是做不到，也没有必要的。"读不下去"这本身可能就是一种选择，也许这本书本来就没有意思，也许太深，不适合。读书很自然会有挑选。确定适合自己阅读的书目是非常重要的第一步工作，这可以找老师来指导。经典因为有时代的隔离，年轻人阅读起来比较困难，要不断克服某些阅读障碍，其丰富的内涵也需要认真反复的发掘体味，这都不会像阅读流行小说那样痛快。必须先要有"啃书"的思想准备，克服那种浅尝辄止的毛病，才能真正进入良好的阅读状态。这也是一种学习习惯和毅力的培养。

我上中学时很喜欢读《三侠五义》《隋唐演义》之类的通俗小说，可是《红楼梦》有三四次都是只看了开头几页就放下，始终没有兴趣读下去。后来我给自己做了个读书计划，当然不能尽是挑自己感兴趣的书，主要还是老师介绍的经典，包括《红楼梦》。我就"说服"自己：既然公认《红楼梦》是经典，为什么读不下去？可能自己的阅读口味有问题。无论如何总得读完一遍再说。我就坚持完整地读完一遍《红楼梦》。一开始也是"硬着头皮"读，读着读着，就磨出了性子，逐步体会到以前从未接触过的那种细腻真实的风格，感受到其独特的艺术韵味，并试图思索那远高出于一般武侠言情作品的境界，这样，也就拓展了自己另一种艺术鉴赏领域。

记得高中阶段，我已经完整读过许多中外文化经典。虽然有些读完了也不是太懂，但总有一种属于自己的阅读感觉和印象存留下来，以后的人生中还会慢慢去理解。比如，《古文观止》里边许多文章我都读过，有的还能背诵，当时也不见得有多深的理解，但那种对于古代文化的印象以及对于古文的语感也就积淀下来了，好的阅读习惯也逐步形成了。从高中阶段开始，我读书的方式就分为两种：一种是浏览略读，主要是由兴趣引导，快速获取信息，有时一本书就是看看前言后记，或者开头结尾部分，阅读面是很广的；另一种是精读细读，主要读经典作品和一些与专业相关的比较重要的书，尽量要完整地读完。这种习惯我已经保持了几十年。

（六）如果对电视动画片、漫画书、上网等有兴趣，而对于读书无兴趣，该怎么办

现在是所谓影视时代、网络时代、图像时代，人们读书的时间相对少了，看电视上网读图多了。这是时代的变化，很难简单下结论说是好是坏。但有一点是肯定的，影视、网络和图像尽管扩大了人们接受各种信息的渠道，却不可能取代文字书的阅读，尤其是文学的阅读。比起其他接受方式，读书可能更有选择性，也更个人化，更需要主动性和创造性思维的介入。就拿电视来说，虽然可以选择频道和节目，但欣赏过程一般都是比较被动的，你不可能像阅读一本书那样或慢或快，甚至可以停下来或翻回去边读边做思考。读书所能获得的文字的感觉，也是一般影视所没有的。同样，上网和读图也较难获得书本阅读的那种独有的效果。（网上读书也是一种文字阅读，另当别论）所以影视及网络再发达，也仍然需要阅读。就学生而言，养成阅读的兴趣与习惯，是发掘学习主动性与创造性的最重要的途径，这可能就是其终身受益的好的品味，一种可以不断完善自我人格的生活方式。应当让学生明白这些道理，多一些时间用在读书上，尤其要读一些经典作品，而不能沉迷于上网、读图或者看电视。

小学生语文学习从图像开始。近些年一些出版社出了许多绘本童话、故事之类，还有分年级介绍阅读的，主要适合小学与学前儿童，我觉得都很好。有些学校还把绘本讲述引入小学阅读教学，这也许是激发低年级阅读兴趣的好办法，也可以实验。但到中学特别是高中，读图应当相对减少，文字阅读应当是主要的、基本的。现在很多大学生读书没有耐性，可是拿起漫画来就手不释卷，这也许是所谓"新人

类"的特点吧。不管怎样，读图毕竟不能取代读文字的书。图像与文字表征不同，图像长于实而短于虚，短于非物质性实体，复杂的情感与抽象思维就很难靠图像表达。图像表征的对话深度显然比不上文字，甚至还可能深度流失。

从审美上看，文字表述的想象空间可能更大。图像虽然有长处，但容易坐实，影响到符号的开放性、启导性，自然也影响想象力的展开。图像出版物以及影视中形象的丰富性容易被定格，不利于个性化阅读。试想：把《醉翁亭记》拍成DV效果会如何？现在中小学语文教学普遍使用多媒体，教学检查就重视这个，这不是好现象。多媒体使用的好处是明了，但不宜过分依赖，要有限度，否则会影响语文教学的效果，影响孩子们阅读能力的提高。

还有一个问题是休闲文化，包括影视和网络文化，以及各种流行读物，往往比较能吸引人，给人娱乐和刺激。禁止青少年接触流行文化不现实，也不必要。流行文化的适当消费，有利于青年人了解社会，融入社会。但这应当是适度的"消费"。要让中小学生学会尽量把持自己，不是被动地卷进流行文化，尽可能培养比较纯正的阅读口味和习惯，使自己保持一种真正有高尚的精神追求的良好的生活方式。

二　经典是主食，流行读物只是冰淇淋①

　　中学语文课本来应该是能养成阅读兴趣的，人文的、感性的、审美的内容，都会在个性化的阅读中唤起灵性和兴味；但如果只是瞄准高考，纯粹是应试的技能性的培训，甚至连课外阅读也全都纳入考试的目标，那就容易扼杀了兴趣。

　　要养成阅读兴趣与阅读习惯并不是容易做到的。那么对学生的自由阅读有什么建议？

　　所谓自由阅读也并非漫无目的、随心所欲，最好还是有大致的计划，而且是取法乎上，以经典的阅读为主。经典毕竟和我们有些历史的距离，青少年可能不太习惯阅读。但真正体现人类智慧、能够长远地涵养我们性情和心智的，还是那些经典，而不是那些读来轻松的吸引人的流行读物。打个比方，经典是我们的主食，流行读物只是冰淇淋。我们总不能不吃饭只吃冰淇淋。

　　现在有些同学几乎把所有的阅读都和作文考试挂钩，那也"煞风景"。市面上常见很多作文选析之类的书，对考试不能说完全没有用，但如果满足于读这样一些书，停留在作文技法的模仿阶段，写作水平终究是很难上去的。况且这类带"匠气"的书读多了，还可能会坏了口味。所以还是要多读名篇，使自己的眼界和起点高一些。也可以以语文课上提示到的作家作品为线索，顺藤摸瓜，找相关的书来看。这

---

　　① 本文为笔者2010年接受《中华读书报》记者采访的报道。收入《温儒敏论语文教育》，北京大学出版社2010年版。收入本书时有改动。

样，既可以加深对语文课中规定内容的理解，又扩大了知识面，更重要的是能够引起思考和探究问题的兴趣。这两年因为强调素质教育，各种名作赏析类的课外读物很多，方便了我们选择阅读。这就要注意浏览和精读相结合。浏览好比跑马观花，也是培养兴趣、拓展视野的一种读法。但更重要的是精读与通读，量不一定要多，扎扎实实读完几本，真正有了一些自己的体验和思考，水平自然就逐渐上去了，而且也能养成扎实的学风。

三　信息时代的读书生活①

　　每年到"读书日"，相关部门都在大张旗鼓提倡读书。人们读书的实际状况如何？不能盲目乐观。随着数字化阅读时代的到来，公民的阅读量的确在大幅度提升，但阅读的"量大而质低"。所谓增加的阅读量，主要是一些流行的、通俗的、娱乐的、碎片化的东西，纸质阅读在逐年减少，真正意义上的读书在减少。

　　这是有数据证明的。最近一份有关国民社交应用用户行为研究的报告表明，有近四成的用户平均每天上网时间达六小时。他们上网主要是使用微信，和熟人圈子联络，通过微信、微博获取信息。国民通过网络进行交流，比以前方便多了，但占用的时间也多了，读书和思考少了。有的朋友可能会说，网络阅读也是读书呀，方式不同罢了。但真正在网上读书是少的，即使读，也大都是消遣娱乐之类。我们应看到信息时代的到来，对读书提出了一些新的要求，也造成某些困扰。这里我们就来讨论一下"信息时代的读书生活"。

（一）如何看待网络阅读

　　互联网和数字化技术给阅读带来极大的便利，也带来前所未有的阅读体验：读者可以很方便很廉价地（甚至免费）获得阅读的材料，可以海量获取和储存阅读信息；可以随时随地利用各种空隙做短暂阅读，甚至还可以互动式阅读；等等。这的确是全新的阅读方式，是人

---

　　① 本文系2017年4月笔者在山东大学和北京大学所做讲演的实录，发表于《光明日报》2017年4月23日。收入《温儒敏语文讲习录》，浙江人民出版社2019年版。

们至今尚未完全熟悉的新形态的阅读模式。另外，随着微信、微博等自媒体的普及，阅读的范围大大拓展，也更加日常化、平民化，极大地增加了信息量，加紧了社会人群特别是熟人圈之间的联通和交流。

年轻人青睐新媒体阅读，充分利用网络阅读方式，是完全应当理解和支持的。但是在肯定网络阅读的同时，我们也必然要面对一些新问题。现在人们不像过去缺少或没有书看，而是面对太多的信息、太多的读物不知如何选择。

互联网出现是人类历史上的大事。互联网给人类太多便利，使得文化交流如此迅捷，但也带来许多意想不到的新问题，现在仍未尘埃落定。

很多人现在都迷恋于网络，我们已经不太可能较长时间集中精力去看一本书，写一篇文章，通常都是每隔一段时间就要打开计算机或者手机，看看有没有新的信息。大家很容易变得心不在焉，注意力不集中。如果记忆完全依赖互联网，记忆就可能沦为技术化，生物记忆就会变成物理记忆。这对人类的感情、性格、思维的形成会有什么影响？现在大学生、研究生写论文大都依靠网络获取资讯，确实方便，不用像过去那样辛苦地收集数据等资料了。很多人因此形成习惯，要找什么问题、线索、资料，不假思索就去打开搜索引擎。

这的确方便，可是网上的信息往往真假参半，不一定可靠的，怎么能不加考辨就当作研究的依据呢？再说，这种只有结果、没有过程的行为，并不助于思考力的提升，反而可能形成"偷懒"的惯性。人们理解某种事物，往往需要接触这些事物，逐步去了解和熟悉事物，这个过程可能有许多感性的认知，是重要的积累。如果没有这个过程，过多依赖网上的结论，容易形成碎片式、拼贴式思维，一步到位，没有感觉。

互联网的利用对大脑是否会产生影响？答案是肯定的。人们如果被手机、邮件、微信、微博所捆绑，会造成时间的过多间隔和扰乱，注意力不断被转移，很难有完整的时间思考问题，这就会形成思维的碎片化。在上班路上，在会议间隙，在候车时，甚至在和朋友亲人聚会时，很多"手机控"都在一切可能利用的碎片空间里，寻求一个"合适"的位置，将自身"寄存"于手机，任由各种信息摆弄，在虚拟世界里激活并积累自己的社交关系和社会资本。消费主义入侵阅读市场的趋势日趋明显，城市人由于巨大的生活和工作的压力，更希望从阅读中得到娱乐放松而非知识的增长。但应当警惕的是，"低头族"在享受移动设备带来的阅读快感的同时，不知不觉就会被抛弃到所谓资本与"注意力经济"的生产线上。

通过移动设备进行阅读已经成为一种生活方式，但这很难说是一种良性的生活方式。国外有些高端的私立学校，是不让孩子们带手机进学校的。

现在的网络媒体传播是基本上没有把关的，而且多是匿名发表，难免有许多文化垃圾甚至人性阴暗的东西泛滥。这些无聊的信息时常冲刷着人们，会对人生观、心态和智商产生负面影响。

顺便说说数字化教学的利弊。现在从中小学到大学，上课都要求做课件，放PPT。这固然一目了然，比较清晰好记，但学生都不会记笔记了，把PPT下载就是。上课用课件太多，学生目迷五色，反而可能妨碍阅读与思考。特别是文学课、语文课，主要是语言的艺术，要让学生读作品，体味文字魅力，用课件过多是会有干扰的。

还要说说网络文学的阅读。这种阅读也是前所未有的，它突破了精英文化圈的局限，让大众都有机会参与。主要以故事性、娱乐性取胜的网络小说，是更适合快餐时代的跳跃式浏览的，而"狗血故事"和雷同情节也更多是为了吸引眼球、捆绑消费。网络文学的读者群主要是高中生、大学生和毕业不久的"上班族"。这一类阅读虽然也满足了某种文化消费，但基本上属于"浅阅读"。

读者未必了解，网络小说写手第一看重的往往就是作品的商品属性，写作的目的主要就是吸引眼球、刺激消费、赚钱。对读者而言，阅读网上的作品也已从传统的阅读者转变成粉丝或消费者，这种新的阅读方式自然会影响其社交方式、审美方式以及想象的方式。对于习惯网络阅读的人来说，拿出大段的空闲坐在书桌前读一本纸书，已经是很奢侈也不习惯的事情，碎片化阅读已经占用了他们大部分闲暇时间。

信息时代的阅读量的确大大增加了，但阅读的质量却未见得提升。阅读有三种：以娱乐为主的阅读，以获取信息为主的阅读，以理解思考为主的阅读。当然三者也可能互相重叠，这里说的是主要的阅读功能。现在的问题是，以娱乐及获取信息为主的阅读占据了我们阅读量的绝大部分，思考性的深度阅读越来越受到挤压。

阅读方式在相当程度上能影响思维方式。互联网和手机等新媒体主导的阅读方式，有可能趋向思维的碎片化、平面化、同质化，而印刷时代形成的那种比较个性化的感知能力可能在降低。

信息时代的阅读很方便，有以往阅读方式所不具备的巨大的潜能，当然要充分利用。特别是进行科学研究，现在已经离不开网络资源。对于数字化的新的阅读形态，我们只能主动跟进，而不是消极抵制。但要注意，新的阅读形态可能有利有弊，不能完全取代传统的阅读方式。纸质阅读和数字化的阅读可以并存，既读书也读网。不同的人，甚至中老年与青少年，对读书还是读网可能爱好与侧重都不同。但无论如何，如果读网全部取代读书，那就可能失去很多读书的乐趣。一般而言，读网比较适合"浅阅读"，了解新闻、信息。但读纸质书更适合"深阅读"。要想读经典，最好还是读纸质书。因为上网阅读往往会受到其他推送信息的干扰，使这种本该"深阅读"的思维与感受变"浅"。

传统的纸质书阅读本身就是一个审美过程，装帧、开本、版式、纸张都可能含有独特的美学意蕴，令人玩味不尽。每本书的流传过程，它的来路，都可能带有文化记忆。我们常说的"坐拥书城""有书卷气"，是说一种令人羡慕的气质，这些恐怕在网络和电子设备上得不到。读书终究是一种生命体验，更是一种生活方式。所以无论现代信息科技如何发达，网络阅读不能也不应当完全取代传统的阅读。信息时代既要适应和利用网络阅读，又要警惕和尽可能防止网络阅读带来的弊害。

（二）抵御信息过量造成的焦虑

现在的社会心理比较浮躁焦虑，而焦虑似乎是莫名的，缺少稳定感和安全感。为何会普遍焦虑？可以有多种不同的解释，比如解释为"文化冲突""社会转型""市场化""两极分化"等，还有就是我们大学生中表现突出的就业的焦虑等。但不应当忽略，还有某些更深层的引起普遍焦虑的原因，那就是信息过量。

面对信息过量现象，我们要有自觉，那就是学习并让自己具备一点信息传媒素养，知道现代信息传播的规律。对信息时代带来的阅读方式的重大变化（比如传播渠道方式），既要接受它，又要"看穿"它，不是被动面对，不是被裹挟。对于网络信息，微博、微信等自媒体的传播特点，都要有一定了解；尽量选择相对良性的信息渠道，适当减少信息量；对于铺天盖地的信息，自己要有一些过滤分析。过去是一篇一篇的读，现在可能是一组一组的浏览，学会所谓"检索阅读"，学会处理"非连续文本"，也是必要的。

我为什么在这个讲读书的场合，讲信息过量以及焦虑感，因为这是信息时代带来的新的挑战。要培养自己有定力，这里说的"定力"，包括应对和过滤复杂过量信息的能力，实事求是的态度，尊重规律、以不变应万变的眼光，还有平常心。

在烦躁的"大气候"中，尽量让自己能心静，有什么办法？除了减少微信、微博的使用，减少对各种负面社会新闻的接受，还有一个好办法，就是用部分时间沉下心来用传统的方式读书，重新捡起纸质的书来读。反过来，读书可能是一种能让自己心静、有定力的办法。林语堂说："读书的意义是使人较虚心，较通达，不固陋，不偏执。"的确，读书可以让你适当超越过量的浮躁的杂乱的信息环境，有定力，有眼光。

无论是网络阅读还是纸质书阅读，都要营造一个"自己的园地"，养成读书和思考的习惯，把读书当作一种生活方式。

（三）养成读书的良性生活方式

最近我在一篇文章中特别提到"读书养性"。读书可以养性，可以练脑，这不仅是能力，也是涵养，是素质，是一种高雅的生活方式。阅读可以拓展视野，可以接触人类的智慧，可以不断提高自己的素质，可以让人在精神气质上超越庸常的环境。

读书和思考和表达是连在一起的，读书可以提升思维能力、创新能力。思维能力，包括发现问题能力、概括分析能力、审美能力和语言能力，都可以通过大量阅读得到锻炼与提升。这也是"养性"，通过"练脑"来"养性"。一个思维清晰、有创意的学生，往往读书比较多，底子比较厚。读书可以让我们的脑子更清晰，更有深度，更有创意。

"读书养性"和读书的实际目的不矛盾。读书为考试、为谋生谋职，都是必要的、合理的、实际的，但也要树立更高的"养性"的目标，让这个目标把考试、谋职等实际的目标带起来。现在这个社会比较势利和浮躁，家长也可能只是从很实际的目标去要求孩子。如果是有志向的青年，就会看得远些，会有自己的理想，做事也就会有高远的目标。"读书养性"这个目标定得高一些，是取法乎上。

"读书养性"其实是"大格局"，也可以从人生观、世界观培养的角度来看。人生观和世界观决定人对整个人生意义和世界价值的基本看法。人生观、世界观的培养，甚至比知识获取更加重要。而读书，特别是在浮躁的信息时代培养起良好的阅读品味和习惯，对于建构健全的人生观、世界观是至关重要的。

（四）读些基本的书，读经典

这里我顺便说说如今大学普遍实行的通识教育。所谓通识教育，应当包含这么几层含义：这是面对所有大学生的教育；相对专业教育而言，这属于非专业、非职业性的教育，可以与专业教育互相补充；这是全人教育或博雅教育，即通过接触人类文化的精粹，在人文、社会、自然科学等领域获取通识，培养有教养、有能力、有责任的公民，最好是那种有通融识见、博雅精神和优美情感的人。这样来定位的通识教育，就不只是课程的调整补充，更不是来些拼盘点缀，而是实行一种更利于培养健全人格和博雅精神的教育理念。

通识教育最重要的还是读书，是引导学生接触人类文化经典。不要搞知识"拼盘"，要读一些相对公认的基本的书，而且要通读。在短短三四年宝贵的大学时光，与其浮光掠影读许多"节选"或概论，东张西望上各种"好听"的讲座，还真不如通读一二十种经典。各种"概论"或者"文学史""哲学史""艺术史"也有用，就是提供基本的知识背景和书目，但它们不能取代原典的通读。想知道梨子的滋味，就要亲口尝一尝。阅读经典，要的就是那种了解、思考、涵养的过程，这是"养性"也就是精神成长的必要途径。

我主张各个大学减少一点"拼盘"的通识课，不能满足于开设那些有轰动效应的能吸引听众的讲座，而应当多开设中外经典通读课程。比如，一学期就让学生通读四五种经典。老师适当引导，不多讲，主要是学生自己读。每学期都安排一些，在一定范围内规定学生选修。这不难做到。如果学校没有安排这方面的课，同学们可以自己来安排，给自己设计一份书单。比如，三四年时间，通读二三十种基本的书，也就是古今中外的经典。首先考虑那些公认的经典，也适当考虑自己知识结构的需要，还应当读点伟人的传记和文学作品。在这种平面化、粗鄙化的空气中，这些传奇人物的事迹会让人感受到何谓英雄气概、何谓献身精神。二三十种书量不算大，大学几年能坚持读下来，就很不错了，一定大有获益。

无论是网络阅读还是纸质书阅读，首先都要重视安排读经典。经典是经过历史筛选沉淀下来的，是人类智慧的结晶。年轻时多读一些经典，可以为精神成长打底子。或许，现在的青年人接触经典会有隔膜，包括语言形式上的隔膜，这是很自然的。阅读经典需要沉得下心来，需要"磨性子"，这也是"养性"，是涵养过程。有一份超越，有一份尊崇，尽可能调动自己的感觉与灵性去接近，去理解，就能深入堂奥，高雅的兴趣就会慢慢培养出来。

现在那种颠覆经典的东西太多。网络阅读的弊害之一，就是"文化快餐"的东西太多。一些学生对经典作品接触相当有限，即使有所接触，也不见得是经典原作，可能就是上网读一些好玩的轻松的东西，包括"恶搞"的文字。这很容易受到价值消解、相对主义甚至游戏人生的思想影响，而且容易把阅读品位也败坏了，这真有"终生受损"的危险。

读书总不能抓到什么是什么，这一点特别要注意。网上阅读一般容易无计划，跟潮流。如果要"充电"，就必须有一定的计划性，还要注重经典性，多选适合"悦读"又启迪心智的作品，而不能采取网上阅读的那种姿态。

建议每人都有一份自己的书单，设定在几年内应当读哪些书。要有计划，有整体考虑，让读书有些系统。书单要考虑时间的安排，有可行性。一般来说，书单可以包括三部分，是可以套在一起彼此交错的三个圆圈。

最外围的是通识的部分。这些书应当是最基本的，凡是上过大学受过良好教育的人都应当读过的，主要是中外文化经典。阅读的目的是接触中外文化经典，感受人类智慧的结晶。这是最外围的一个大的阅读圈，量不一定很多，比如大学三四年能通读二三十种中外经典，就很不错了。

第二部分，是与自己从事专业或者职业相关的部分。比如，学物理的，可以给自己安排读点化学、数学、生物，以及信息科学等方面的书，还有就是与物理学有关的邻近学科领域的书，也可以读点类似科技史、科技哲学及教育等领域的书。学文科的，也要读点理科的书。这样做的目的是打基础，拓展专业视野，活跃思维。

第三部分，实际上就是核心部分。这一部分的书目主要围绕自己的专业，或者自己特别感兴趣的希望有所研究有所发展的那些专业，应当有比较明确的指向。倒过来看，最核心的那个部分是专业和职业需要，当然最好不完全就是现炒现卖的书，要有自己培养并保持兴趣的课题或者领域。

当然，在这三部分书目之外，还可以有一些消遣的、娱乐的书，但不应当是主体，也不必计划太强，随意读一点，调节一下就可以了。

阅读经典的获益当然有深有浅，但可能会有这么几个层面：

第一是知识了解的层面。比如在读柏拉图的《理想国》时，不好懂，可以先找相关的西方哲学史或有关希腊哲学的常识性的书来参考。读得粗一些不要紧，就知道大概吧。读完《理想国》，应当对西方文化某些本源性问题有个大致的了解。

第二是启蒙思索的层面。在阅读中最好多问一些"为什么"，大胆思索某些问题，也可以结合某些相关的研究论著进行初步的探究。比如读詹姆逊的《晚期资本主义的文化逻辑》，很自然会引起对当下互联网时代某些新的社会现象的批判性思考。

第三，也是最重要的，是感知层面。要在理性与感性交融的阅读中适当超越出来思考经典的智慧与意义，思考自身与这个世界的关系，思考如何承担自己对这个世界的责任，等等。这不是一般的知识掌握就能解决的，必须沉浸在经典营造的精神世界中，通过自身感受、体验去达到。这也就是人文教育的特点吧。

当然，以上三个层面可能互相叠合，不一定硬是分拆开来。

阅读方法也有多种。我比较主张读三遍：

第一遍，粗读。可以结合相关的"概要"读物，对经典文本有大致印象即可。这一遍读得要快，可以是浏览。

第二遍，比较细致地通读。基本掌握经典的精神脉络，能把一本厚书读成薄书，用自己的语言（其实是通过自己的思考）简要概说全书的精髓。

第三遍，带着问题读，有重点地读。如果是文学作品，更是要浸润式阅读。

当然，每个人读书习惯不同，完全可以各有各的读法。读完二三十本基本的书，还可以顺藤摸瓜，有兴趣选择某一方面做更深度的阅读。这样就有"点"有"面"，对中外文化和文明的了解与感悟就有些"底气"了。在瞬息万变且充满机会和诱惑的信息时代，读经典可以养成良好的阅读习惯与阅读口味，可以"养性"，也可以养成良性的生活方式，是为一生打底子的事情。

四 语文老师要做"读书种子"①

明天就是世界读书日。北师大举办这个以"教师阅读与基础教育"为话题的研讨会，非常切合时事。"教师阅读与基础教育"，这个"教师"是指所有中小学老师。推进全民阅读，语文老师是关键，他们应当做"读书种子"。

前不久我在《课程·教材·教法》杂志上发表了一篇文章，题为《培养读书兴趣是语文教学的"牛鼻子"》。其中谈到"吕叔湘之问"。30多年前吕叔湘批评语文教学"少慢差费"，这种状况至今未有根本的改变，我认为主要原因是未能抓住培养读书兴趣这个"牛鼻子"。语文课改来改去，还是未能改进读书少的病况，很多语文课仍然是老师讲得多，活动讨论多，作业操练多，唯独读书不多，孩子们读书的兴趣不多。语文教学要提升效果，必须回到语文的本质，就是"读书为要"。文章提出一些具体的建议，认为有必要加大教读课和自读课两种课型的区分，最好采用"1加X"方法，扩大阅读量。提出要授之以渔，教给学生多种有用的读书方法。要提倡"海量阅读"，鼓励"连滚带爬"地读，以培养读书兴趣和习惯。还要容许学生读"闲书"，尊重他们的语文生活；把课外阅读纳入教学计划，读书状况要纳入评价。但要真正实现"读书为要"并不容易，因为还得有个前提条件，那就是——语文教师自己先要喜欢读书，把读书当作良性生活

---

① 本文系笔者2017年4月24日在北京师范大学"教师阅读与基础教育"探讨会上的发言稿。收入《温儒敏语文讲习录》，浙江人民出版社2019年版。收入本书时有改动。

方式，成为"读书种子"。

很多语文老师也读书，但读的主要是与职业需要相关的实用的书，属于"职业性阅读"。明后天要上课了，今天赶紧找有关材料来读。或者要评职称了，立竿见影读一些"救急"的书。此外，就很少自由地读书、个性化地读书了。很多老师一年到头除了读几本备课用的书，其他很少读，大部分时间都在进行网上的"碎片化阅读"。微信等媒体有一种"魔力"，捆绑住很多老师。他们在繁忙的工作之余腾出来的那点时间，也被流行阅读占据了。古人云："腹有诗书气自华。"如果我们的语文老师不读书、少读书，"腹中"装的大都是所谓"戏说""文化快餐""二手货""鸡汤"，或者塞满许多"爆料""段子""揭秘"之类，那个"气"怎么可能"华"？又怎么可能提高教学水平？我们不能指望所有老师都成为"气自华"的"读书种子"，但起码如有相当部分的语文老师喜欢读书，并带动学生喜欢上读书，那我们的语文教学就有希望了。

现在社会心态浮躁，拜金主义流行，大家都没完没了地忙，难以沉下心来读书做事。但教语文是要有心境的，语文课人文性很强，教师的学养以及人格素养就格外重要。讲学养，既是教书的需要，也是教师自身精神成长的需要。因此，无论多么忙，最好有自己的精神家园，哪怕是一块不大的"自留地"。不要一窝蜂都在应对现实需求，评级呀、教学检查呀，还有没完没了的各种事情。当然这些都要应对，谁也不可能完全超越，但要保留一份清醒、一点距离，免得全部被动地卷进去。喜欢读书，有自己某一方面的专业爱好，能多少进入相关领域，有一定的研究，有些发言权，这太重要了。在这种状态中，会有成就感，同时也能让自己保持思想活力，还能帮助抵制职业性疲倦。

读书要有些系统，有些计划，要促使自己在一定的时段内读完一些基本的书。书目不要设定太多太满，主要是基本的书、经典的书。现在社会比较浮躁，大学生除了考研究生，很难安心读书。大学四年，真正完整阅读的书可能很少，大都是为了考试潦潦草草应对式的阅读。那么现在当老师了，应当把大学期间应当读而没有好好读的那些基本的书重新读一遍。我看这比很多培训管用。

鼓励和要求语文老师当"读书种子"，要有一些政策保障，要有具体可行的措施。我提几点建议：

一是教育主管部门以及学校的校长，必须重视这件事，要给学校、教研组和老师读书的空间。不要什么都管，不要太多干预，不要搞无休止的评比检查。可以给教师安排必要的读书时间，支持鼓励学校开展教师读书活动。

二是提倡语文教师特别是青年教师制订各自的读书进修计划，包括适合自己的书单，确保读书的自主性及读书计划的可行性。

三是更新教师培训的方式与内容。各种教师培训都应重视激发读书兴趣和指导读书思考，要有措施鼓励和支持建立读书研修小组，营造良好的读书氛围。

四是高等师范教育要调整完善课程体制，在读书特别是读基本的书方面有切实的要求，从源头上改变语文老师读书少、不读书、缺少"文气"的苍白的状况。

语文界有太多的流派、太多的经验、太多的改革，老师们很累，很焦虑，现在需要安静一点，能静下心来读书。这比什么改革模式都更实际，也更重要。不要再坐而论道了，不要再争论不休了，希望大家能把这次会议的一些好的想法转变为切实的措施，能改进一寸就是一寸，逐步让更多的语文老师成为"读书种子"。如此，则可从根本上提升语文教学的水准，也许还能多少带动改变国民不读书、少读书的糟糕的状况。

五 关于语文教师职业发展规划的思考①

举办这次"语文教师职业发展规划高端论坛"，就是帮助学员强化职业生涯的规划意识，寻找各自适合的发展方向。我们利用假期这短短三四天时间，让每一位参与论坛的老师都能停下忙碌的脚步，好好想想自己的职业生涯，想想今后三到五年自己在教学、研究等方面应当有哪些目标，能达到什么程度。这些问题我们平时也可能会想的，但不见得很明确，也不一定有规划。这次论坛希望能聚焦这个方面，给大家提供一个讨论的平台。

下面我围绕教师职业规划的重要性讲六点想法，也是给大家的建议：教师的"职业性倦怠"，懂得必要的平衡，互联网时代的普遍焦虑，要有"自己的园地"，把读书作为良性的生活方式，以及如何制定个人职业发展规划。

（一）教师的"职业性倦怠"

这个问题很现实，司空见惯。大家在一线工作，很辛苦，很忙乱，很疲倦。看看你们每天的生活工作流程，一大早起来到晚上睡觉，有多少事情要一件件去做。环顾左右，人人皆忙，很少有人说自己闲的。一天忙到晚，一年忙到头，说得好听是工作繁重，其实谁知道是怎么回事？在忙碌的日子里如果能够稍微停下脚步，关上手机，

---

① 2013年8月15日，北京大学语文教育研究所和北京一智教育科技公司联手举办"语文教师职业发展规划高端论坛"。本文系笔者在该论坛所做主旨讲演的实录。收入《温儒敏论语文教育 三集》，北京大学出版社2016年版。

一个人静下来细细思量，问问自己——到底都忙些什么？都收获了什么？所忙的都有价值吗？这样的生活充实吗？不见得都是满意的回答。

我们就像被抛到流水线上的物件，"忙"是不由自主的。我们的脚步已经很难停得下来，也极少能静下心来询问自己。我们忙碌的生活缺少节奏，更缺少一种精神的维生素——省思。我们已经失落了梦想，没有了诗意，甚至不会真正地休息了，一切都变得那样实际，全都可以拿金钱换算，却又活得那样被动，就像被一条狗追赶似的，能不累吗？我常到中小学听课，看到一线老师的确太累，有两种"累"：一是超负荷运转，体力上的累；二是精神上的虚脱，是"心累"。如果只是体力上的累，还比较好办，休息休息，就恢复过来了；但那种"心累"，精神上的疲惫，很可能就表现为对自己所做工作的麻木、厌倦，这就是"职业性倦怠"。

可以做个简单的测验，问问自己：对所从事的教师这份工作是很有兴趣的吗？当一名教师是感觉到很有意义的吗？做这份工作，除了养家糊口，或者让自己和家人的物质生活更加舒适体面，还有其他自己更看重的价值吗？对自己的工作有满足感或成就感吗？如果答案是yes，你可能没有或者很少有职业性倦怠；如果答案是no，就可能有职业性倦怠了。

教师的职业性倦怠常常有这些表现：失去职业发展的目标感，除实际利益，不太关心所从事工作的意义和价值，缺少变革创新的兴趣、动力和主动性，压力大，情绪低，多抱怨，还有些忧郁，得过且过，当一天和尚敲一天钟。具体到某一个人，这种倦怠可能突出表现为上述症状中的几项，但压力大和情绪低是最常见的。

如果对自己的职业不是"心累"，不是厌倦，那么工作再繁重，都还可以支持，有时还会觉得充实。如果对自己的职业感觉没有什么奔头，无非就是赚钱谋生，那就肯定会很累。即使工作本身不见得很重，也会厌烦或者拖拉，那不只是体力上的累，也是精神上的虚脱。

据一项关于中小学教师工作满意度的调查①，62%的教师考虑过离职，其中男教师有这种念头的比率更高，达到67%。这跟职业性倦怠有关。经济收入不高，社会地位偏低，工作环境不佳，教学负担过重，缺少成就感，等等，都有可能导致职业性倦怠，甚至产生离职的想法。

根据调查，一般而言，中小学老师35—45岁压力最大。这个年龄段正好是中年，虽然工作和物质生活比较稳定，但上有老下有小，负担最重，最累，压力最大。这个阶段，从事的教学工作有了经验，"定型"了，甚至有些停滞和退缩，职业生涯进入所谓"高原期"，也就是"职业性倦怠"易发期。还有些人可能怀才不遇，希望有更好的职业，无奈又很难跳槽，于是常常会感到不如意。他们不只是体力上的累，更是"心累"。如果对自己的职业厌倦和无奈，对工作的意义和价值怀疑和无视，这种"职业性倦怠"就会大大加重。我们的学生为什么对语文课缺乏兴趣？很可能老师本身就缺少兴趣，学生学起来很累，老师教起来也没有意思。这都是"职业性倦怠"。

倦怠的现象很普遍，但也不是人人皆有。我到过很多中小学听课，见过这样的老师，平时好像很累，蔫蔫的，但一站到讲台上，马上变了一个人，意气风发，精神抖擞。这样的老师是很热爱这份职业的，是很能体会和感受自己工作的意义和价值的。他们有追求，不只是物质上的追求，不那么心累，自然也较少职业性倦怠。

教师其实是比较稳定、有成长提升空间的职业，教学本来是主动性、创造性很强的事业，为什么会有普遍的职业性倦怠？现在的教育体制可能有问题。对老师管理太严太死，把教书育人当成机器生产那样，按部就班去实施任务，其中还有很多检查、鉴定、评比、竞争，老师被形式主义、事务主义裹挟，要做太多的无用功。各种体制的规

① 参见丁纲主编：《中国中小学教师专业发展状况调查分析报告》，华东师范大学出版社2010年版。

定要求追赶着所有老师拼命往前奔，天天如此，长期如此，谁不累？所谓职业性倦怠就这样发生了。

跳出来看看，职业性倦怠也并不限于教育界，几乎各行各业都差不多。你看北京中关村的那些白领，别看他们收入很高，但竞争激烈，职业也不稳定，几乎所有人压力都大。现在很多年轻人都羡慕当公务员，坐机关，似乎机关干部可以稳定一些，多一些福利，但他们其实也很累。在机关、官场，如果40岁还没有混上个处长，你就可以想到他那种心累了。

什么职称晋升呀，项目申请呀，评比检查呀，永远是没完没了的，谁都不可能停下脚来。照理说，大家的生活条件与水平比以往都好多了，可是紧张感也强化了，房子、车子、孩子、票子，哪一样都不省心，都要花费极大的精力和心力。就像希腊神话所说的那个倒霉蛋，要推着石头上山。静下心想想，哪个行业不累？哪个行业没有职业性倦怠？这就是所谓现代人的困惑呢。生活变化的旋涡把人们带进去了，身不由己了，借用马克思的说法，就是"异化"了。如果跳出来想一想，这多么可怕且可悲！我们当语文老师，是注重人文精神的。人文是什么？就是关注人的处境与命运。我们是否应当首先关注一下自己的处境与命运，关注一下自己的"职业性倦怠"？

要改变或减少职业性倦怠，最根本的，是外部环境必须要改善。具体来说，政府与教育主管部门要真心实意重视教育：一方面加大投入，另一方面给学校和一线老师松绑。不能让学校完全卷入市场经济大潮，不要让学校自己去"创收"去弄钱，不要再给老师们增加那么多压力，应当多为老师解决实际问题，要让学校有学校的样子，干净一些，自由宽松一些。当然，从根本上说，就是逐步从应试教育为主转向素质教育为主，就是落实课改中提出的那些好的理念。这主要是决策者的事情，一般教师很难去左右。但我想这也是大家的希望。我们相信以后可能会变得好一些，要有信心。

但讲实际一点，如果外部环境就是这样紧迫，如果课改大的目标在一段时间内仍然很难实施，如果我们所处的小环境就是那样紧张甚至有些恶劣，那作为一名普通教师，我们该怎么办？就是抱怨？就是把原因全部推给外部环境？就是继续职业性疲倦？就是甘愿"沉沦"于庸常的生活？我想绝大多数老师是不甘愿的。

那怎么办？最好的状态就是把教师这个"职业"当作"志业"，既是物质生活所需，又是志向理想所在，那就在一般从事谋生的"职业"之上增加了精神的要素，一举两得。这样就再累也心甘，即使环境不太如意，也能坚持，而且不会太过心累。如果是自己性格、兴趣、志向等决定了本来就对当老师不太喜欢，没有办法走到这个行当了，也就是谋生所需吧，得过且过，谈不上有什么追求了，老师对他也就是个谋生的"职业"，不是"志业"。这种倦怠的状态比较难改变。但最好做到一点，就是对教师这份职业起码要尊重，努力去经营，良心上过得去。人生在世，职业往往不见得都能符合自己的兴趣，多数情况下只是为了谋生。但有职业的道德和责任，努力做好，就能心安。这不妨碍你在职业之外还有自己的发展空间，有自己的精神追求。即使为了不那么心累，过得好一点，也不要得过且过。教师职业本来就是带有理想性质的，对待这个职业如果太过实际，就当作是个饭碗，这就会是个悖论，有点拧巴。也许这就是很多老师都有"职业性倦怠"的原因吧。

在我们这个关于语文教师职业规划的论坛上，我开门见山讲"职业性倦怠"，是直面现实。那么，我们有什么办法减少职业性倦怠？我根据自己的经验，试图给大家出出主意，看行不行。

（二）懂得必要的平衡

老师们的"职业性倦怠"，很大一部分原因还来自教学生活的失衡。过去当老师那种"自由职业"的状态已不复存在，我们所面对的教学中的很多问题都是两难的，不好解决。常听老师们抱怨说，课改理念是好的，但现在谁也摆脱不了应试教育，所以很无奈，只能是老一套。现在课改效果不那么明显，很多学校、很多老师的确还是搞死记硬背、题海战术那一套，还是一门心思在考试成绩和升学率（现在是名校升学率）上"拼搏"。

这个现象有可以理解的原因。这些年社会陷入前面说的"普遍的焦虑"，是有"病"了，这个"病"的痛苦传递和转移到教育领域，所以学校也很烦躁，很功利，教育的本义在相当程度上被异化了。所以一边搞课改，一边是应试教育不断加压，学生们几乎就把学习当作敲门砖，老师们也很无奈，甚至不敢细想，一想似乎都要有点人格分裂了。这也是造成焦虑的一方面原因。

我们大多数老师虽然很忙，很倦怠，但教书时间长了，形成了职业习惯，也会有责任心和使命感。比如，我们总希望自己的学生能考上好的大学，有出息，有贡献，等等。这是一种职业的良知，类似于教师的本能。但无可否认，很多时候我们也面临一种悖论，陷于职业良知与现实压力的矛盾，会感到无奈与荒诞。比如，这些年实施课程改革，提出很多先进的教学理念。如以人为本，学生为学习的主体，个性化学习，启发式教学，多读书少做题，等等，都是有利于学生全面发展、终身发展的。几乎没有老师会认为这些理念不好。但事实上呢，这么好的东西却可爱而不可行，许多老师不敢也不能去实施，只好把它晾到一边。现在很多学校实行的还是应试教育那一套，就是题海战术，就是考试技巧，一切面向高考，高中三年对学生来说（其实对老师也是同样）简直就是炼狱。这样的做法是非常不利于学生的心智健康的，即使把学生送上大学，也有可能已经挫伤了学习兴趣，败坏了学习的胃口，真是误人子弟。老师们对这些弊害是清楚的，但迫于现实压力，又不能不违心去做。如果静下心自省，是不是会觉得好没有意思？是不是会很分裂？

比如我们上作文课，教学生如何去套题，把一个屈原或苏东坡拆分成各种意义材料板块，然后教学生如何去组装，碰到什么情况就如何去应对，以及如何去吸引考官的眼球等。这些是写作的本义吗？这样真能提升写作能力吗？老师心里清楚，不可能的，只是对付高考的技巧而已，其实这样教学生，对他们的心智发展都是有障碍的。但为什么明知不好还要去做？就是为了高考。在高考这一巨大现实面前，老师们只能屈服，把这些不好的教学行为当作权宜之计，不得已而为之。老师会找出"理由"来为自己的行为辩解：考上了就好，考不上一切免谈；自己这也是为学生好。这样就有些道德自我完善。否则，很无奈，会心理分裂，往"不得已而为之"方面解释，就多少开脱一下，求得心安。即使这样，老师们也是会很累的。职业性倦怠不能说与此无关。

这我也是可以理解的，也是一种心理平衡嘛。但我并不看好这种挺无奈的消极的平衡，不看好这种辩解。平衡是需要的，但那应当是一种积极的向上的平衡。比如面对高考，让学生考得好，无可非议，非常正当，但不是就一边倒搞应试教育，就搞题海战术，就搞摧残学生的那一套。能不能平衡一点，既要让学生考得好，又不把他们的脑子搞死，兴趣搞没了？我接触过一些高中老师，他们也千方百计让学生有应对考试的能力，但又给学生交代：这不过是敲门砖，并非生活的全部。他们既能让学生考得好，又不至于也人格分裂。

有什么办法可以让大家减少一点无奈与焦虑，减少一点职业性倦怠呢？我提出三句话：承认现实，着眼未来，懂得平衡。

承认什么现实？高考、中考仍然存在，竞争必然激烈，那么人们极端重视考试的想法也就必然牵制教学，极大地影响教学。这种状况很难解决，不是我们当老师的可以左右的，我们必须正视承认这种现实。着眼未来呢？就是比较清醒地看到现实中存在的极大的不合理，现在这种应试教育是不可能真正培养出优秀人才的，甚至可能还有扼杀个性与创造性的极坏的后果，所以我们不能因为现实的巨大阻碍就完全放弃自己当老师的责任。特别是语文老师，从事的更是人文性、精神性很强的"化育"人的工作，所以理想的灯不能就此熄灭，不能让自己连同我们的学生完全卷进应试教育的泥淖之中。就是说，还得留下一份心，为孩子们的未来着想，培养他们成为既有知识与能力又有健全人格的人。

承认现实，又要着眼未来，两者有些矛盾，并不容易做到，所以我提出要懂得平衡。我曾经在不同场合提出过一个观点：课改和高考应当相生相克，共同改进。这就是平衡。现在有一种看法，好像课改就是要完全摒弃应试教育，就是要改变高考、中考带来的一切负面影响，就是和考试对着干。这种看法与态度是不符合实际，也无济于事的。我看课改应当和高考相生相克，一起改进。"相生"就是共存，"相克"就是互相有矛盾，又互相促进改革。为何要"相生"呢？说到底，课改目前还得在高考的框架下进行，不能过分理想化，以为可以和高考对立起来，独立推进。在高考框架下课改能走多远，就尽量走多远。完全不考虑高考，甚至忌讳谈高考，这样的课改是脱离国情，脱离实际，不会成功的。家长和老师也不会听你这一套。

所以课改怎么面对高考，和高考"共存""相生"，又不被高考拖着走，恐怕要调整思路，想想办法。高考不会取消，只能改革。事实上这几年已经做了一点改革，但它既然是考试，就有基本要求，要有一定的难度和区分度，那么具体到教学环节，就需要高度重视。高考对于教学肯定会有制约的，课改对于这种必然的制约必须面对，但又要保持一定距离。

这就是"平衡"。有平衡，就是进步，就是改革。这是个现实问题、核心问题，是课改的瓶颈。也不能简单认为面对高考，就是站在课改的对立面，这种思路是有问题的。我们要帮助学生学得好，学得活，考得好，无可非议。课改和高考必须也能够谋求共存，彼此"相生"又"相克"。

有水平的老师对此不那么焦虑，因为他们懂得平衡，懂得相生相克的道理。他们既能让学生考得好，又不让学生学得那么死板，不陷入题海战术。这就是水平。看来，如果我们想不被现实的洪流吞没，如果想让自己的教学实绩能对学生长期起作用，而不只是实现目前的应考目标，那我们还是在如何提升自己的平衡能力并让教学有适当的平衡上多下点功夫吧。

前面说了这么多，做起来并不容易，但只要有自觉，有这份心，就有解决问题的可能，就会多少缓解矛盾，而不是不断积累矛盾，不断焦虑、紧张，弦越绷越紧，生活越来越觉得没味道，甚至没出路。大家身陷应试教育，很无奈，很分裂，完全超越脱离应试教育那一套，对多数中学和多数老师来说不太现实，压力会很大，这也是现实。但在应试教育大环境中，我们也不是无可作为，可以来点调和、平衡，这样对学生有好处，老师自己也尽责，减少因此造成的精神困扰和职业倦怠。

（三）互联网时代的普遍焦虑

这跟职业性倦怠的关系甚大。现在的焦虑感是普遍的，用鲁迅评论《红楼梦》的一个词，就是这种焦虑"遍及华林"。焦虑并非老师才有，甚至也不是中国独有，全球都陷入了焦虑。焦虑似乎是莫名的，但主要还是对未来把握的渺茫或者不确定，缺少安全感。

从网上可以看到，现在年轻人的焦虑感尤其严重，其表现是屈辱感、自我贬低、不甘心，以及迷惘。在一些大学生当中流行这样一些词语，也可以从中看到某些精神状态：穷矮丑、loser、单身狗、学渣、给跪、膝盖碎了一地等。我们当老师的是否就好一些，焦虑感、疲惫感少一些？也未必。为什么焦虑会"遍及华林"？

对此我们看到许多不同的解释，比如解释为"文化冲突""社会转型""市场化""平面化""两极分化"等，都有道理，但又都不能完全说明问题。看来还可能有某些更深层的原因。比如信息过量、信息爆炸，是否也是引起普遍焦虑的一个原因？

最近一二十年来，世界最大的变化之一就是互联网等信息技术的迅猛发展，覆盖全球。七八年前手机还是稀罕物，现在谁还离得开手机？博客、微博的兴起也就几年的工夫。现在中国的网民据说就有三亿之多。过去很多人一年也收不到几封信，现在大家一打开电子信箱，密密麻麻的一大片来信，很多又都是不相干的信件。

有没有人算过，现在普通人接受的各种信息是过去的多少倍？又有多少是真正需要的有用的信息？互联网技术带来工作的便利、速度与效能，特别是青年人，很多已经开始过一种前所未有的网络生活。信息传播方式的改变，比如互联网海纳百川的信息存储功能、独特的链接方式，以及信息传播的即时性与便利化，极大地改变着人们的阅读、思考方式，也在改变千百年来形成的印刷文化的阅读思维方式。思维跳跃、碎片化，缺少深度，浅薄，专注力的丧失，都是新的现象。

起码可以断定，信息过量，总是来不及过滤、处理，信息流就如同大海波涛一样不断丛集、翻滚、冲击人们，这可能会产生很大问题，包括社会心理问题。特别是现在互联网的信息传播很随意，真真假假，鱼龙混杂，某些负面的东西可以无限放大。这些每天都在缠绕冲击着人们，极大地影响着社会心态。

你打开电视，或者上网，是过量的信息，而且大都是灰暗的负面的千奇百怪的消息，给人的印象是这个世界太混乱太荒诞太离奇。我准备这篇讲稿，是8月9日晚上，随手打开新浪新闻页面做个小的调查，负面的离奇的信息就占了60%还多。你们看看这些标题：出租司机奸杀女乘客、保姆虐童、便衣狂殴少年、小伙裸奔、官员逼女脱光、欠债被刀砍、医生贩婴、法官嫖娼……这个世界真是太疯狂了。其实世界这么大，中国这么大，什么事情都可能发生。自古以来各种犯罪、变态、灾害等等也都有发生，只不过没有传媒迅速广而告之。而现在只要哪里发生一件事情，媒体报道炒作就能传遍每个角落，产生社会性的影响，日积月累，就造成普遍的焦虑。如奶粉三聚氰胺、动车出轨、地沟油、贩卖婴儿、大学生投毒等，现在有媒体去揭露问题，非常必要，起到监督警醒作用。过去我们的媒体往往回避矛盾，报喜不报忧，得不到受众的信任。现在呢，过量的负面报道又可能造成消极的社会影响，对社会普遍心态产生冲击。

特别是互联网时代的到来，信息过量和负面信息冲击的问题随之产生了，人类还来不及准备，对此也缺少研究。现在人类很难像传统社会那样有自己的隐私了。斯诺登事件出来后，人们关注的主要是政治问题，是人权问题，其实，更重要的还是互联网世界面临的伦理问题。潘多拉盒子打开了，互联网这个魔鬼放出来了，很迷人，也给人方便，但人类很难控制住它了。这是人类诞生以来所没有过的，是全新的问题。

我为什么"扯"到互联网和信息过量问题？因为和职业性倦怠也有关系。大家想想，这些年我们中小学老师的生活条件普遍比以前好了，但焦虑也多了。这是为什么？除去前面提到的那些原因，恐怕还有信息过量的原因。"遍及华林"的焦虑感显然是和信息过量有关的。

面对信息过量现象要有自觉，那就是学习并让自己具备一点信息传媒素养，知道现代信息传播的规律。一些重大的变化（比如传播渠道方式），既要接受它，又要看穿它，不是被动面对，不是被裹挟。尽量选择相对良性的信息渠道，适当减少信息量；对铺天盖地的信息，自己要有一些过滤、分析。如此，才不至于杯弓蛇影，草木皆兵。要有平常心，有定力，日子才过得下去。

语文学科本是"化育"人的学科，"定力"就尤其重要。这里说的"定力"，包括应对和过滤复杂过量信息的能力，实事求是的态度，尊重规律、以不变应万变的眼光，还有平常心。自己有些"定力"，才不至于完全被信息爆炸的旋流所裹挟，才能在没完没了的各种"现实冲击"面前保持清醒，不"愤青"，不抱怨，也不"九斤老太"，不随波逐流，沉下心来，尽量挤出自己发展的空间，去做一些有意义的实在的事情。自己有"定力"，才能让你的学生处于相对不那么烦躁的"小气候"中，也才有比较好的学习环境。

我们的社会得病了，是"时代病"。完全不焦虑已经很难，但能较为清醒地意识到现代社会"普遍的焦虑病"问题，让自己尽量减少一些困扰与烦躁，减少职业性倦怠，这方面有些自觉，也许可以让自己的生活更有质量，幸福感有所提升。下面我要讲关于减少职业性倦怠的几点建议，也都与减少信息干扰、培养定力相关。

（四）要有"自己的园地"

"自己的园地"是80多年前周作人一篇文章的标题，大意说的是心灵自由和写作自由的空间，要有属于自己的空间。就像一块自留地，种些什么呢，是萝卜、白菜还是茄子、西红柿，或者是牡丹、芍药，完全可以根据自己的爱好，这是属于自己的空间，不用考虑他人的眼色。我这里转用这个说法，是提醒老师：在普遍焦虑的年代，我们也许不可能去改变大环境，但总可以尽量给自己营造好点的小环境，尽可能减少职业性倦怠。

现在社会心态浮躁，拜金主义流行，大家都没完没了地忙，难以沉下心来读书做事。但教语文是要有心境的，教师的学养以及人格素养就格外重要。讲学养，既是教书的需要，也是教师自身精神成长的需要。因此，无论多么忙，最好有自己的精神家园，哪怕是一块不大的"自留地"。

如果有一块自己的精神园地，哪怕是一块小小的"自留地"，那就可以缓冲一下外在的干扰，让自己有做做"精神体操"的地方。人生有很多意想不到的困难，物质的追求没完没了，焦虑难免，劳碌也是肯定的。房子、车子、职称、工资、级别、奖励、评比、检查……还有自己的家庭、孩子，没完没了，一关过了又一关。想一想也真累，但这就是人生。如果让自己不那么累，特别是不那么心累，那就要有自己，有自己精神歇脚的"自留地"，营造一个小小的"自己的园地"。

现实生活问题很实在，很具体，不能回避，只能尽力去解决。对一般人来说，多数时间都会用在应对和解决日常生活实际问题的方面，但不等于就一定要把全部人生都用在应对现实需求上。给自己留点空隙，寻找几个可以歇脚的地方，总还是必要的。什么是"自己的园地"，那是属于你自己的地方，可在那里伸展你的才情，舔自己的伤口，做精神体操，给自己漫长而辛劳的人生来点节奏。这个"园地"何在？只有你自己知道。

当然，"自己的园地"也可以是比较实在的。拿我们中学语文教师来说，除了日常教学，在某一方面有自己的专长与爱好，能在相关学科领域进入研究，甚至取得一些发言权，成为小小的专家。这专长与爱好就是你"自己的园地"。有了某种专长与爱好，又常常"在状态中"，始终保持某些兴趣和动力，也就保持了思想活力，会感到充实，有成就感，对于自己的教学也会更有底气。"在状态中"很重要，它可以让你从川流不息的烦琐的杂务中不时超越出来，你的生活便有了节奏感，你不再认为自己过得平庸。当然，这也可以帮助你减少"职业性倦怠"。

再忙，也能抽出一点属于自己的时间；再乱，也应当有一件事能让自己沉下心来。"自己的园地"总是可以发现和开辟的，只要你不甘平庸，不愿意被"职业性倦怠"所裹挟。一个中小学老师，有自己专门的学术研究，可以作为"自己的园地"，当然很好。但没有自己的学术研究也不要紧。有某一方面的爱好，而这种爱好又足以为自己提供自信和满足，就可以了。有些娱乐性的爱好，比如打球、打牌、摄影、旅游之类，也有必要；但我说的主要还是那些与自己教师职业有关联，甚至有助于把教师职业变成"志业"的精神性创造性活动，包括研究某个课题，围绕某些问题有计划地开展学习、探究等。如果结合教学，在某些方面的确有自己的研究，可以在相关的学科领域拥有一定的话语权，甚至有比较出色的成果，那么这一块就成为你"自己的园地"，你就会有满足感、成就感，就有自己的精神寄托，不再去当年年如此天天如此的教书匠，而是一个学者型的教师。你就会较多地超越平庸，减少职业性倦怠，让自己的工作和职业变得更有意思。

我们常常会为自己的倦怠找借口，这些借口只能让我们更加脱离现实、自恋、烦躁等。在生活中我们需要时时去克服这些借口，"自己的园地"可以帮你，让你偶尔可以停下脚步来思考，或者放空自己。要允许自己"浪费时间"——正如汽车用久了也需要保养一样，用"浪费"掉的时间来给自己充电，好的办法就是读书、静思，积极地躲避浮躁。

但大家会说，"自己的园地"当然好，但哪有那么多时间呀。人生就是这样，除非很特殊的，一般来讲，都会很忙，如前面说的，一关一关都要迈过去，很多人都在慨叹时间过得快，很少有自己支配的时间。中年教师上有老下有小，生活压力大，时间会比较紧张，但只要想有一个"自己的园地"，就总能安排出一些时间。年轻的老师拥有更多的时间和机会，就看你是否真的想营造一个"自己的园地"，前提是要有些毅力和上进心，要有合理的安排。

说要有"自己的园地"，是指做自己喜欢的工作或者研究，求得精神的寄托，也让自己的素养能力有不断提升的途径。这是一个方面。"自己的园地"还有另外的含义，那就是给自己营造良性的氛围。我们常常抱怨社会氛围不好，抱怨单位的空气不纯净。作为老师，我们个人也许对此无能为力；但可以努力去做到一点：不为污浊的空气推波助澜，从我做起，能对它改进一点就是一点，而且总能给自己营造一个相对良性的小的氛围。比如，可以和本校本地区一些志同道合的老师组成研修小组或读书会，也可以在网上组织博客群，总之要有"小圈子"，若干同好经常有交流学习的平台。这可以彼此"取暖"，不但让研修活动常态化，还可以在你们学校或地区营造浓厚宜人的学术空气，切实提升专业素质与教学水平，使大家感到生活更充实，不至于陷入那种无边无际的"职业性倦怠"。"北大研修"在这方面希望能给大家帮助，也就是前面说的，提供平台，建立"取暖团"。

这里特别对青年和中年教师提些建议：没有必要把社会看作是无可救药的大染缸，对社会问题要有分析，让自己心态正常一些，不是非此即彼，不当于事无补的"愤青"。越是泡在网上当愤青，心情越是糟糕，也越是觉得心累，"职业性倦怠"也就会愈加严重。

此外，就是我们这次论坛要解决的，要有职业发展规划，要有研究和读书计划，三年、五年或者十年，有个大致方向。最好能成为一个研究型的语文老师，甚至学者型的语文老师。这是值得鼓励的奋斗目标。有一句话"取法乎上"，给自己定位高一点，那么学习、教学、生活就有目标感，就更有意思。当然如果得过且过，自己先贬低了自己，那么你的职业就缺少乐趣，甚至成了痛苦的营生。那是很累很折磨人的。最好的语文老师都不是满足于当一个教书匠的。你不满足于当教书匠，就会减少职业性倦怠，不那么累。

这又涉及"教师专业发展"，我认为这种"发展"不要理解为就是适应课改或者单纯的职业训练，要有比较长远的目标，因此，可行的中短期学习计划非常必要。当然会考虑一些实际问题，比如考级、职称晋升等等，都必须认真对待，但不要都是"直奔主题"，免得老师自己先卷入"应试教育"。

培养专业兴趣与专业敏感很重要，是长期的事情。还有，就是拓宽视野，不断更新知识，不满足于现炒现卖、立竿见影，或者只关注可以与目前教学挂钩的，要在整体素质以及修养方面下功夫。所谓专业发展也是人生事业的发展，要有一点理想主义。

说到"自己的园地"，不只是减少倦怠，更是精神的寄托与更新。

中国现在发展了，物质条件好了，人们反而感觉很忙，很累，很迷惘，很多抱怨和无奈。好像幸福感没有增加，反而可能减少了。这是为什么？原因可能是多方面的，其中一点就是缺少终极关怀，对于人生意义价值好像很少关注，失去信仰。信仰是什么？是精神归宿。人活在世上，很要紧的是住房，是家，这是归属，但还需要精神的灵魂的归宿。自古以来，宗教就是人类的精神归宿之一。人类能力再大，也总有自身不能解决的问题，有人的智力和体力不可能达到的地方。人类对这些难于达到的地方，有敬畏感，这就是上帝、真主、神等等。有些教徒也不一定真的认定有上帝、神明，但他们相信肯定有人力所不能抵达的地方，所以保持对世界的畏惧感，有一种精神归宿。很多外国人都要过礼拜天，那就是一种生活方式，可以停下脚步来思索一下自身生活，去除一些焦虑和困惑，和家人团聚，让生活有些节奏。不至于像我们现在这样，一年到头都这样忙，忙，忙，真的停下脚步，可能感到无所依恃。忙一年，想调节一下，就去旅游，也是很着急到处转，结果比在家还累，旅游回来就觉得更加无聊。

我不是提倡宗教，是提出一种问题——如何减少焦虑，如何能让自己有时间静下心思考一下生活的意义等"本源性问题"。前面说的"自己的园地"也是为了缓解这种焦虑。我们中国没有纯粹的宗教，也就没有纯粹的信仰生活。孔子、孟子都不是信仰，那是道德伦理观念。在政治化年代，我们有革命的信仰，但是也很实际，时过境迁，很多人已经去革命化，原有的政治性信仰也就崩坍了。现在中国最缺少的就是信仰，缺少终极关怀，缺少对人生意义价值的省思，也就是通常说的人文精神坠落。这个问题很难解决，但是不解决就没有个人的精神空间。我们不一定去信教，但一定要有精神归宿，或者打个折扣，有点精神寄托。"自己的园地"就是起这个补充作用吧。

我用这么多时间讲"自己的园地"，为了什么？为了说明职业发展规划的重要和必要。职业发展规划中很重要的一部分，就是"自己的园地"。我们应当从人的精神需求角度来看待职业发展问题。

这次论坛也希望能为老师们建立一个平台，以"北大研修"为基础，打造多个"取暖团"，让大家有释放和减压的地方，以读书和研修带动职业发展，减少焦虑和职业性倦怠。

（五）把读书作为良性的生活方式

前面讲了，现在老师们压力很大，很焦虑，普遍有职业性倦怠。如何尽量摆脱这种焦虑和倦怠？大环境我们可能无力去改变，或者说，一时很难改变。我们又不甘愿陷于平庸，总还希望让工作更有成就也更有意思，让生活多一些亮色。怎么办？还得靠自己。对职业生涯有比较清醒的规划，有个目标，有个计划，就充实一点，不至于得过且过，也不是当一天和尚敲一天钟。前面讲给自己一块"自留地"，其实也是职业规划的一部分。这块"自留地"做什么？通过读书和研究来拯救自己，完善自己，提升自己。我这里专门讲讲读书问题。我们都是语文教师，读书是我们的生活方式，也是我们的工作方式，还是我们教学的主要目标，所以这里要多讲讲。

现在社会浮躁，拜金主义流行，读书的风气越来越淡薄。我主持工作的北京大学语文教育研究所做过调查，发现现在国人阅读状况是很差的。国人爱看电视，爱打麻将，但就是不怎么爱读书。即使读书，也抱着非常实际的目的，很多就是为了考试，为了发财或健康，或为了人际及职业的需要，读书需求都非常现实。

那么我们中小学老师读书的情况怎样？调查发现，也很不乐观。老师读书量也非常少，除去教材教辅，以及为了备课的"职业性阅读"，其他方面是很少过问的。刚毕业参加工作的年轻老师好一些，越是有资历的老师，轻车熟路了，可能读书就越少。很多教师自己不读书，不知道怎么读书、怎么指导孩子去阅读，导致他们的学生也觉得读书索然无味。

有些老师可能说，教学工作太繁重，没有时间读书。老师们压力大，时间紧，都是事实。但从长计议，为整个职业发展和人生发展考虑，还是要挤出一些时间"充电"，也完全能够挤出时间来读书的。很多人看电视、看手机、打游戏的时间每天可能几个小时，太浪费了。难道不能从中挤出一个小时来读书？如果一天挤出1个小时，一年就多争取到360个小时，等于45个工作日。细水长流，积少成多，这是相当可观的。最重要的是，每天挤时间读书，这就成为一种习惯，一种生活方式。前面讲了，外部压力越大，越要有"自己的园地"，那么读书就是建构"自己的园地"的办法之一，也是一种良性的生活方式。反过来讲，读书可以增添情趣，提升素质，让生活更充实，更有幸福感，也是对抗压力、减少职业倦怠感、提高工作效率的一个途径。

我们在教学中强调培养学生的情感、态度、价值观，对教师自己来说，这也是重要的。教师是化育人的职业，先要化育自己，让自己具备博雅的气质。这个"博"可以理解为眼光与气度的开通博大，"雅"就是品味的高雅。教师不一定要求知识非常广博高深，但气质风范必定是面向博雅的，这会让自己感到人生的充实，在孩子们眼中又是值得崇尚的人。在当今趋向物质化、功利化、粗鄙化的氛围中，提倡"博雅"是有现实意义的。

要有读书研究的习惯，把读书当作自己的生活方式。不只是为了备课或某些职业的功利的目的而读书，不是停留于"职业性阅读"，而是有比较自由超脱的阅读，在读书并接触人类精神智慧精华的过程中，去发现生活，体验世界，让自己眼界开阔，思维活跃，就能相对超越庸常的生活，并多少摆脱"职业性倦怠"。

中小学语文教师应该多读些什么书？不能抓到什么是什么，也不宜只跟随潮流或者完全由着性子来读，必须有一定的计划性。读书的计划，是整个职业规划中很重要的部分。因此建议每个老师拟定自己的职业发展规划时，应当把读书的计划考虑进去。具体来说，要给自己列出个书单和阅读时间表。比如，在未来三年内应当读些什么？有个整体考虑，有些系统。这也是职业规划很重要的部分。

怎么列书单？要根据职业发展规划的需要，来考虑应当读什么。每位老师情况不同，知识结构和专业发展需要不同，职业发展方向也有差异，那么书单就要有所不同。书单必须是个性化的。但可以设计成两类。一是补课式、充电式的书单。可能因为上大学期间学习不够，知识结构有些缺陷，也可能某些新的知识需要补充，那么根据需要给自己设定一个比较系统的书单。二是围绕研究的问题或者课题来设计书单。不要停留于现炒现卖读备课的书，或者只是在报章杂志上读一些教案、经验之类。要采取"群读"的办法，在一个时期之内，以一个问题或者课题为中心，用顺藤摸瓜的办法，给自己设计一个书单。

举例来说，教学中如感到自己文言文教学的功底不够，可能大学期间这方面下功夫不够，现在需要补课，那么就可以找一种比较可靠和权威的古代汉语教材看，比如王力的《古代汉语》。然后从这本书的索引或注释中顺藤摸瓜，再去找一些基本的比较重要的书目，包括音韵、训诂、版本、目录，以及古籍整理方面的概论或专著，作为某一段时间自己专攻古代汉语的书目。"群读"的办法比较系统，对很多人都适用。

刚才讲围绕研究的问题或者课题来设计书单，首先要把同类研究的状况梳理一遍，弄清楚学界对自己感兴趣、希望进行研究的问题是否已经有过研究，其研究的角度、方法和结论，你在哪一方面可能会有所突破，有所发现。这就要列出一份既有研究的书单（包括论文目录），而且要过一遍，寻找自己的突破点。古人做学问讲究目录学，现在只依赖网上搜索，是靠不住的。

读书计划纳入职业发展规划，最好有些层次，除了为教学和课题研究而读书，还要有些比较随性的自由的阅读、目的性不那么强的阅读，否则，样样扣着研究或者教学来读，是很累的，就很难坚持。就像中小学生读书，如果样样都紧扣着写作或者考试，那是很累的，不可能培养阅读兴趣，只会败坏胃口。

（六）制定个人职业发展规划

这就转到我们这个论坛的主题，其实前面讲这么多，也是围绕"职业发展规划"这个主题的。我们这次论坛希望每一位参与者都能提出自己三年的职业发展规划。怎样制定规划？规划包括几个方面？在此后的几次专家讲座和大家讨论的工作坊将解决这些问题，我这里只做一些提示和建议。

第一，规划必须出于自己的意愿，是为自己制定的，不是作为任务完成给他人看的。因此要很务实，没有套话、虚话，也不用展示"道理"，要实打实，适合自己，有可行性，做不到的不写。

第二，肯定要照顾到日常的教学等方面工作，要考虑在完成日常教学工作的前提下自己能改进什么，有哪些发展空间，主要做哪些事情，包括研究的问题、要达到的目标、过程与步骤等。但不列流水账，要有聚焦，有重点。

第三，要有时间表。三年的时间大致划分一下，哪个时段重点做什么，要有较为具体的计划。

规划当然要考虑到自己所处学校的环境和要求，日常教学、各种与教学相关的工作，以及发表文章、晋升职称等等，都应当在考虑之列。但重点不在于此，而在于每个教师自己设定的方向，包括在三年内可能集中研究的课题，业务上提升自己的路向，以及支持这一计划的措施、办法。就是说，要有聚焦，有可以对自己整体业务水准起到促进作用的那个焦点和动力源。这个计划不是给别人看的，是给自己做的。自己有了这份心，有了目标，有了计划，就可以了。

六 语文老师要读点鲁迅^①

受中语会委托，讲讲怎么阅读鲁迅。书单上指定读的是《鲁迅选集》，有四卷本，也有两卷本，多个出版社都出。建议大家选读人民文学出版社的版本，注释比较认真。当然，有条件最好读《鲁迅全集》。

记得1964年我刚上大学，什么也不懂，有一位五年级的老同学跟我说，你把《鲁迅全集》啃下来，就学会思考问题和写文章了。我按照他的建议完整读过一遍，后来又断断续续读过很多遍，果然获益甚大。1981年我上研究生，很穷，但那一年《鲁迅全集》出版，我花了一个月的工资60多元买了一套，那种兴奋的情形，几十年过去了还记忆犹新。现在我藏书很多，但那套1981年版《鲁迅全集》凝聚有我的许多感情和记忆，成了我的"镇宅之宝"。我给大学生（不只是中文系学生）开的基本书目20种，其中就有《鲁迅选集》。你们都是语文老师，自然和书籍比较亲近，会有所谓"枕边书"。从教学需要、职业需要，我劝大家还是要读点鲁迅。你们以前上大学也学过鲁迅，在教学中也教过，我这里说"读点鲁迅"的意思，是自由地阅读，非职业性、功利性的阅读，是比较认真地系统地接触和思考鲁迅。

为什么要读鲁迅？为了了解和认识我们的文化。一百多年来，对中国文化有最深入理解的，鲁迅是第一人。鲁迅的眼光很"毒"，他是重新发现"中国与中国人"。对中国文化有研究的人很多，书也很多，但鲁迅有些特别，是别人不可替代的。他对中国文化的观察和思

---

① 本文系笔者2020年9月26日在中语会"名家说名作"的视频讲课记录稿。

考，不是书斋里隔岸观火的学问，而是痛切的感受，从生命体验中总结出来的人生智慧。这和读一些学问家的概论和历史之类，是不一样的。

今天我们强调继承优秀的传统文化，毫无疑问，这是"主心骨"，是精神支柱。但传统文化不能照搬，它是在古代那种特定的历史条件下形成的，有精华，也有糟粕，有不适合现代社会的落后的部分。我们要继承的是精华，是优秀的部分。中央的提法是继承优秀的传统文化，并没有说过要学习和发展"国学"，是有特别含义的。所以读鲁迅，也提供一种了解和分析传统文化的角度与方法。我们既要读孔子、孟子，读古代史、现代史，同时也要读点鲁迅，那样知识结构才比较全面，思想方法也比较辩证。读鲁迅可以带给我们对于自身所处文化的真切的体验，克服在文化问题上"民粹式""愤青式"的粗糙思维。

鲁迅对人性的了解也是最深的，他敏锐，尖刻，有时说的话很难听；但鲁迅知人论世，了解国情民性，了解人情世故。在电子网络时代，过量的信息冲刷可能会让思维碎片化、平面化，而鲁迅那种批判性的思考方式，对于我们思想力的培养将有很大获益。学习鲁迅，让我们的思想变得深邃，精神得到升华，意识更加清醒。

读鲁迅并不轻松容易，因为鲁迅不是优雅的、平和的、休闲的，而是真实的、严峻的、深邃的。从"生活化"的立场，也许一些人并不"喜欢"鲁迅。我们读鲁迅并不是学习鲁迅的做人，也不必让自己变得很尖刻，而是要学习鲁迅的思想方法、他的批判意识，从鲁迅这里获取对我们民族历史与现实的清醒的认识，从鲁迅这里获取思想动力。当然，从语文角度来说，还可以从鲁迅这里吸取语言运用的活力，打破四平八稳的八股文风，学会写文章。作为语文老师，读鲁迅可以让我们的业务能力上层次；如果没有读过几种鲁迅的书，无论如何是说不过去的。

下面围绕阅读鲁迅可能出现的几个问题，谈谈我的看法和建议。

（一）如何看待鲁迅在传统批判中的偏激

现在有一种看法，认为鲁迅毕生批判传统文化，附和了激进的思潮，造成传统文化在"五四"断裂。鲁迅便被贬斥为全盘否定传统的一个代表。

这些观点，表面上似乎不无根据。鲁迅的确是对传统文化批判最深刻、攻打最猛烈的人之一。他对传统的批判是采取决绝的态度，很偏激。

大家最熟悉的《狂人日记》，通过狂人之口，把中国历史，特别是封建礼教和专制制度概括和比喻为"吃人的筵席"。狂人晚上睡不着，翻开历史书，在满纸仁义道德的字里行间看到的只有两个字："吃人。"这当然是一种小说的形象表现，不是逻辑判断，但其中有鲁迅独特的体验和发现。在"五四"时期，鲁迅一谈到旧文化旧制度，往往深恶痛绝，有时把话说得很"绝"。他甚至曾经用这样义无反顾的语气来表示："无论是古是今，是人是鬼，是《三坟》《五典》，百宋千元，天球河图，金人玉佛，祖传丸散，秘制仙丹，全都踏倒他。"

不能否认，在对待传统的问题上，鲁迅的确常采取与惯常思维不同的逆反评判。这可能让人震撼、惊愕，却又顿觉清醒，思路打开。鲁迅的思维方式就是质疑和批判："从来如此，便对吗？"这是《狂人日记》中的话，其实也是鲁迅式的质疑。对普通人来说理所当然、见惯不怪的事情，到鲁迅那里就有质疑，还可能有独特的发现。举个例子：清代乾隆年间修《四库全书》，由纪昀等360多位高官、学者编撰，3800多人抄写，耗时13年。该书共收录13600卷图书，分经、史、子、集四部，故名"四库"。一般认为是伟大的文化建设，所谓盛世修史，有大气魄。从文化史的角度来看，这种结论是毫无疑义的。《四库全书》给我们保留了多少古代的典籍！但鲁迅对此不以为然，视为一种"文化统制"，是"以胜者的看法，来批评被征服的汉族的文化和人情"，"文字狱只是由此而来的棘手的一种"。鲁迅要揭示的，是统治阶级把握着"历史的阐释权"。事实上，很多被认为不适合所谓正统文化，特别是不利于满族统治的书籍和文献，都被删除销毁了。据统计，在《四库全书》之外列为禁书的有13600卷，烧毁15万册，绝大部分明代的档案也都焚毁，仅存3000余件。所以大家都在称赞这项文化工程时，鲁迅却来揭露真相，认为官修史书往往把历史上的真实抹去了，这就是所谓篡改历史，强迫遗忘。类似这样说出真话、指明"皇帝的新衣"的例子，在鲁迅作品中比比皆是。鲁迅对传统首先采取的是怀疑的态度，他常常另辟一种眼光，透入历史的本质去重新思考评判。鲁迅有意用这种逆反式的评判去警醒人们，挣脱被传统习惯所捆绑的思维定式，揭示历史上被遮蔽的真实，正视传统文化中不适于时代发展的腐朽成分。

如果不领会鲁迅的这种批判的意图和姿态，就可能以为鲁迅太片面和绝对。鲁迅最为一些人所"诟病"的，是他甚至主张不要读中国书。在《青年必读书》（1925年）中，鲁迅这样说："我看中国书时，总觉得就沉静下去，与实人生离开；读外国书——但除了印度——时，往往就与人生接触，想做点事。中国书虽有劝人入世的话，也多是僵尸的乐观；外国书即使是颓唐和厌世的，但却是活人的颓唐和厌世。我认为要少——或者竟不——看中国书，多看外国书。"光就这言论来看，的确又很绝对。问题是如何理解鲁迅说这些话时的"语境"。鲁迅是针对"五四"落潮后那些要重新提倡尊孔读经的思潮，而提出要"少看中国书"的。其中也蕴含有鲁迅对中国书也就是传统文化的整体感悟，特别是对那种麻木人心的"僵尸的乐观"的反感。鲁迅不是写学术论文，他这是杂文，一种批判式的文学的表达。传统文化当然有精华也有糟粕，不宜笼统褒贬，但当传统作为一个整体仍然严重牵绊着中国社会进步时，要冲破传统的"铁屋子"，觉醒奋起，就不能不采取断然的态度，大声呐喊。这大概就是"五四"启蒙主义往往表现得有些激进、有些矫枉过正的历史理由，也是文化转型期的一种常见现象。我们当然也不妨从这个角度来理解鲁迅。

　　从实际内容看，鲁迅所反对和坚决批判的，主要是传统文化中那些封建性、落后性东西，是专制主义制度和文化，包括"存天理，灭人欲"的假道学，以及种种使国民精神愚昧、麻木、迷信的那些糟粕。要剥掉这些缠绕在我们民族躯体上鳞甲上千年的沉重的旧物，若没有果断的措施和决心，恋恋不舍，优柔寡断，那谈何容易。

　　要理解鲁迅所处的那个年代是中国正受外敌入侵、挨打的时代，处于"弱肉强食"的国际环境，中华民族面临亡国灭种的危险，但另一方面，封建传统的思想文化仍然在严重地禁锢民族的精神，消解活力。一面是保国保种的焦虑，一面是"老大的国民尽钻在僵硬的传统里，不肯变革，衰朽到毫无精力了，还要自相残杀"。在这种情形下，鲁迅为了警醒人们，当然最好是大声疾呼，用决绝的而不是温温吞吞的态度立场去告别旧时代。所以，"吃人"也好，"不读中国书"也好，这种急需突破传统的态度，即使有些偏激，也是符合那个时代变革需要的。不能离开特定的语境摘出一些句子，就来否定鲁迅。

　　现今批评鲁迅"激进"者，指责最甚的便是鲁迅"全盘否定传统"。而不同意这种指责的，便可能为鲁迅辩解，完全否认鲁迅对传统是全盘否定的。其实，从鲁迅对传统文化的整体评价来看，可以说是"全盘否定传统"，这是事实。鲁迅并不讳言自己反传统之激烈、绝对，乃至全盘否定。但这是一种策略。封建传统如此根深蒂固，"搬动一张桌子也要流血"，如果不用全盘否定式的彻底决裂的态度，如果一开始就总是强调"因时制宜，折衷至当"，那势必被调和折衷的社会惰性所裹挟，任何改革都只能流于空谈。正是在彻底地不妥协地反传统这个意义上，我们高度肯定鲁迅在思想史文学史上的崇高地位。

　　但这只是策略层面上的做法。在操作层面上，也不能简单断言鲁迅是"全盘否定传统"，更没有理由指责鲁迅割裂了传统。鲁迅绝非历史虚无主义者。在如何为民族文化寻求新的出路这一点上，鲁迅有其明确的主张，那就是：对于传统一要批判，二要继承，三要转化。鲁迅这种分析的态度，是一贯的。所以，鲁迅同时在做两方面工作：一是批判、攻打、破坏；二是梳理、继承、创新。

因为是文学家，鲁迅在创作中更多表述一种情感、精神，对传统的批判表现得很决绝，以"揭出病苦，引起疗救的注意"。此外应该看到，鲁迅还有作为学者的冷静和严谨的一面。他在批判传统的同时，又用大量精力认真整理、研究、分析传统文化遗产，发掘其中那些仍有活力、可资借鉴、可能实现转型发展的成分。为了说明鲁迅这种认真，说明他对传统的态度还有传承拓展的另一面，也可以举些事实。鲁迅用了差不多30年的时间，整理了22部古籍，包括《嵇康集》《唐宋传奇集》《小说旧闻钞》等等。他收集过大量古代的碑帖、拓片，曾试图写一部中国书法变迁史。他在北大等校上课并写出《中国小说史略》《汉文学史纲要》等讲稿和著作，其中有些已经成了古代文化研究典范性的学术成果，其研究的某些方法、命题和概念，半个多世纪以来一直为学术界广为采用，影响巨大。鲁迅自己的创作也从传统文化中吸纳丰富的养分，特别是与"魏晋文章"的风格一脉相承。据孙伏园回忆，刘半农曾送鲁迅一副联语"托尼学说，魏晋文章"，当时的朋友都认为这副联语很恰当，鲁迅对此也默认。可见，鲁迅攻打传统，但并不认为自己已经或可以割断传统。

（二）鲁迅批判国民性是否丑化了中国人

现今读鲁迅杂文和小说，给人印象最深的，恐怕还是对国民性的猛烈的批判。有的人可能并不了解鲁迅所批判的国民性的具体内涵，也不了解鲁迅是在什么背景下进行这种批判的，所以直观地对鲁迅的批判方式反感，不能接受，甚至担心会丑化了中国人，伤害民族的自尊与自信。鲁迅的确毕生致力于批判国民性，其实这就是他所理解的实现文化转型的切要的工作。他的小说、杂文，时时不忘揭露批判我们中国人的劣根性，如奴性、面子观念、看客心态、马虎作风，以及麻木、卑怯、自私、狭隘、保守、愚昧等等，在鲁迅笔下都被揭露无遗。作为一个清醒而深刻的文学家，一个以其批判性而为社会与文明发展提供清醒的思想参照的知识分子，鲁迅对国民性的批判真是我们民族更新改造的苦口良药。

因此，重要的是理解鲁迅的用心。我们读《阿Q正传》，看那些"丑陋的中国人"的表现，会很不舒服。但仔细一想，这又的确是真实的，一种毫无伪饰的真实。就如鲁迅所说，这作品的目的就是要写出国民沉默的魂灵来。

鲁迅的国民性批判带有社会心理研究的性质，而且往往注目于最普通最常见的生活现象。例如鲁迅对"看客"心态的揭示，就很能说明鲁迅批判国民性的苦心和特色。在小说《示众》中，鲁迅写民众蜂拥观看巡警和被牵的犯人。犯的什么罪，要拉去做什么，不知道，无来历，也无结局，但那场面如同盛大的节日。小说的主角就是围观者，他们无名无姓，但各有标志性的生理特征——胖、秃、老、粗、猫脸、椭圆脸等等；所述事情无非就是"示众"，也就是"看"与"被看"，是看客的众生相及他们的心理。这篇小说带有象征性，有很高的概括意义，实际上是在批判围观者，批判那种普遍存在的麻木的国民性。

鲁迅写得最多的，就是这种世态炎凉、人心麻木。我们都熟悉《祝福》这篇小说。在他看来，麻木的人们隔岸观火，玩味、欣赏别人的苦难，是如同看戏，而只会看戏、做戏的民族是可悲的。这也是鲁迅批判国民性时反复关注的问题。我们给学生讲《祝福》，是否也意识到这个意思呢？

（三）怎样读《呐喊》《彷徨》

通常认为鲁迅的小说体现了"五四"启蒙运动和思想革命的要求。我们语文教学也大都从鲁迅批判封建礼教的角度去分析和评价鲁迅的《祝福》《孔乙己》《阿Q正传》等小说。但阅读时应注意，鲁迅并非直接"配合"五四运动，也并非完全以战士的姿态写小说，要特别关注鲁迅小说"忧愤深广"的基调。好好体会这"忧愤深广"四个字，才能真正进入鲁迅的文学世界。

大家读一读鲁迅的《呐喊·自序》就可以知道，鲁迅的小说并非简单地"听将令"，冲锋陷阵，也没有正面去表现新文化运动，或者诠释革命。他更关注和极力表现的是社会变动和文化转型时期人的精神困扰和出路等问题。他的"忧"、他的"愤"，都和深受封建礼教与制度所毒害所束缚的国民性病苦相关，和对民族命运的思考与焦虑相关。这个特点明显区别于"五四"当年浪漫感伤或暴躁凌厉的文坛空气。有人说，鲁迅作品的蕴藉深邃并不大能适合青年，而更适合有生活历练的中年人。所以和"五四"前后许多"前驱者"不同，鲁迅对现实对未来从不乐观，也不激进，甚至有些消沉，但却是更冷静，更清醒，更有深入的体察和思考。这就形成了他作品中特有的"忧愤深广"的底色。

另外，我们要注意鲁迅在哪些方面实现了对传统小说的革命性的突破，从而完成了小说形式向现代的转型。

首先是题材的变革。《呐喊》《彷徨》中的大多数作品，取材都是现实中常见的事、普通的人，是日常人们司空见惯的平凡不过的生活。与传统小说比较，我们就会发现从鲁迅开始的这种题材的变革。因为传统小说历来都追求奇特、曲折的情节，讲求传奇性和故事性，所谓"无巧不成书"。小说中的人物，也大都是帝王将相、才子佳人，或者神仙鬼怪，总之，极少是普通平凡的角色。如《今古奇观》呀，《聊斋志异》呀，全都是"奇"呀"异"的。这类作品当然也有其艺术特点，长于娱乐性，但比较远离现实。所以像鲁迅那样的取材和写法，显然借鉴了西方现代小说的体式，主要是现实主义的手法，是对传统写法非常自觉的、大胆的突破，带有先锋的性质，旧式的阅读习惯还不容易接受。

的确，如果光是取材的现实与平凡，而没有独特的艺术想象和构思，也还不足于形成鲁迅的特色。《呐喊》《彷徨》极大的魅力，还在于偏是从普通平凡的人事中，发现和体悟那"一切的永久的悲哀"。

这就是所谓艺术的陌生化。作家通过他的作品的描写，让读者重新打量自己所熟悉的，甚至是因为司空见惯而已经有些麻木的生活，获得某种新的体验和想象。本来大家很熟悉很普通的人事，经过鲁迅的感觉和构思，就不一样了，是所谓"无事的悲剧"，变得沉重，不能不重新思考了。

鲁迅就是这样，题材平凡，发掘很深，并总是有令人震惊的发现。读鲁迅的小说可能会很累，原因是他的发现是沉重的，总是缠绕着你，使你不可能再像读传统的传奇小说那样隔岸观火，可以放松，而一定会有切身的体验，要去重新感觉和思考生活。鲁迅的发现太透彻，往往带着悲悯与同情，从现实的人事中感悟到人性、人生等带有哲理性、超越性的命题，作品总弥漫着现实的可能又是永久的悲哀，当然也就让人的阅读不会轻松。

鲁迅小说对传统的突破还在于揭示灵魂的深。前面也提到过，传统小说比较注重曲折的情节和非凡的人事，一般都比较类型化，不善于人物的心理刻画。像《红楼梦》这样有比较细腻的心理描写的作品是绝无仅有的。鲁迅小说则正好在这方面取得突破，非常重视写人物的心理，勾画出国人的灵魂，深掘精神上心理上的病苦。前面讲过的对传统的尖锐批判，以及对病态国民性入骨的分析，都贯彻在其小说创作中了。

作为语文老师，我们阅读鲁迅小说，还要格外注意小说艺术格局和语言方面的突破与创新。

我国传统小说基本上是勾栏瓦舍讲故事发展起来的，与传记和讲史也有关，比较注重全过程的叙述，讲求故事性，有头有尾，好比是盆景，景致虽小，却应有尽有。即使是短篇，也要有完整过程的故事。《聊斋志异》就是如此，哪怕几百字也足够拍个电视剧。这种格局当然有自己的优点，但比较单一，也不太能深入揭示生活，尤其是不能进行细致的心理刻画。所以鲁迅的短篇基本上不再采用这种传统的格式，而创造了各种不同的格式，以适应不同内容的表现。

从结构看，有三分之二是采用了"横切面"的方式，即选取几个细节或生活场面，连缀起来表现。其余的有些也有相对完整的故事，但也不再像传统的小说那样浓缩情节，而是打破时空的顺序，按内容表现的需要去剪接场景和细节。叙述角度也突破了传统小说的单一，不再局限于第三人称的全知视角，而尝试了第一人称叙述（如《孔乙己》）、双线结构（如《药》）、反讽结构（如《狂人日记》），以及抒情独白体（如《伤逝》）、类散文体（如《故乡》）、类独幕剧体（如《风波》）等多种体式和手法。

鲁迅小说有诗一样单纯的韵味，却又精粹、凝练、含蓄，可以反复欣赏，越读越有味。由于鲁迅能独立地按照其所要表现的生活内容和自己的艺术个性去进行灵活的艺术熔裁，其小说的体式手法不断有新创造。

像鲁迅这样以不多的短篇而赢得如此巨大的文学声誉的作家，在世界文学史上都是罕见的。中国现代小说从鲁迅这里开始，又在鲁迅这里成熟，并成为中国现代各体小说发展的重要源头。

顺便讲《故事新编》。2019年高考语文的现代文阅读题出了《理水》，很多考生无所适从。他们对鲁迅小说的特殊样式和手法，缺少基本了解。脑子太死，读不懂，回答不了。古今杂糅，"穿越"，讽刺，他们不了解。

（四）怎样读《野草》

《野草》其实是鲁迅他自己最喜欢的作品，但比较难读，它是散文诗，可以看作是鲁迅写给自己的。但同时，《野草》中有鲁迅的哲学。《野草》是鲁迅非常寂寞的时候内向性的写作，他在剖析自己的灵魂。人有的时候会停下来问一问自己：我到底怎么啦？我到底是谁？我这是怎么回事啊？《野草》属于鲁迅的哲学。为什么难懂呢？首先因为它大量运用了象征手法，构思也很奇特。他经常写一些梦境，恐怖的梦，奇特的梦，其实是潜意识。《野草》没有逻辑没有理性，有的属于原始思维，很难理解。但你可以去感受，体味，慢慢展开想象，进入氛围。

比如《腊叶》，很短的一篇散文诗，有点文言的味道，说读书时看到一个书签，树叶做的，引起了他一年前的怀想，感叹时光的流逝。树叶一到秋天就要干枯，从树枝上脱落，人的生命也是一样，终有一天要脱落消逝。字面上可以这样去理解。但如果考证一下鲁迅写作的背景心态，理解可能就不一样了。那时鲁迅正患肺病。在20世纪二三十年代，肺病很难治，相当于现在得癌症一样。鲁迅感到自己的生命在一天一天地消逝，所以当他看到树叶的时候，就产生了来日不多的感觉。原来这篇文字是要写给他的爱人许广平的，希望许广平珍惜自己。鲁迅是斗士，很坚强的人，但《腊叶》所表达的情绪是寂寞而消沉的。再坚毅的人，在生活中也难免有柔弱的一面。读《腊叶》可以理解鲁迅的另一面，也可以做出自己对生命的理解。

《野草》的阅读总是会立马给读者某种氛围的刺激，我们会感觉冷峻、奇异和梦幻，那种微妙的阅读体验是很特别的。鲁迅通过梦境、匪夷所思的情境来暗示、表达他的复杂的内心，包括一些难以言说的矛盾和犹豫，某些潜意识的、"超验"的东西，很难说得清楚。也不必说得很清楚，不要先入为主，不拘泥于某一种解读，不一定要"死抠"什么意识，要努力去感受鲁迅的"自剖"，他的人生体验的复杂性，各种矛盾和悖论。细加体味，可能我们自己也都会有类似的体悟。

（五）怎样读《朝花夕拾》

中学语文课上我们已经讲过《朝花夕拾》中的多篇散文，包括《从百草园到三味书屋》《阿长与山海经》《藤野先生》等等。由于中学语文教学受制于考试要求，又要满足语文训练需要，所以对这些课文的讲解分析一般都可能很细很琐碎，对于所谓思想意义之类的概括也比较死板教条，不利于大家对鲁迅作品的学习与理解。这可能是造成有些同学对鲁迅比较隔膜，不那么喜欢的原因吧。老师们读《朝花夕拾》，应当注意超越中学语文教学一般找标准答案的模式，摆脱应试教育的思维束缚。其实《朝花夕拾》能让我们看到的，是鲁迅作为战士的另一面——鲁迅除了批判性、叛逆性之外，还有质朴真诚的挚爱之心，甚至还保留有童心。需要提醒的是，阅读《朝花夕拾》最好先放弃所谓"意义"追索，应有更多的兴趣与感情的投入，就当作是和"人间鲁迅"的闲散对话、聊天好了。这样就更能读出作品的原味，体验那种人间味，那种特别的散文诗艺术之美。

　　《朝花夕拾》是初中语文指定的必读名著。其实有的章节很难懂。比如开头的《狗·猫·鼠》和《〈二十四孝图〉》两篇，就把人难倒了。要越过这个阅读障碍，才读得下去。《狗·猫·鼠》写孩子眼中的宠物与动物世界，说的是鲁迅为何会"仇猫"，也就是讨厌猫，为什么会有这个心理暗影。原来小时候鲁迅养过一只"隐鼠"，可爱的小老鼠，结果被猫吃掉了，他就很伤心，总想着要给老鼠报仇，而且终生都变得"仇猫"。这里写得好的是孩子的心理，非常真切感人。在大人看来某些不值得一提的琐碎的事情，在孩子的心目中可能是非常重要的。很多同学小时候可能都喜欢动物，我们读的童话中动物往往都是通人性的，动物的世界和孩子的世界似乎没有什么界限。这种混淆容易被看作幼稚，其实又可能含有某种人性的柔弱与善良。而到了成年，这些都会被改变。鲁迅回忆自己小时候为什么会"仇猫"，写得那样感人。读者阅读时会把兴趣放到这里，会勾起自己的回忆，这也是很自然的。

　　读《朝花夕拾》要注重欣赏鲁迅的幽默，那是一种自信的、智慧的力量，一种语言的风格，更是一种气质的表现，要格外注意这种由幽默产生的美感。读完《朝花夕拾》，鲁迅在你们心目中的形象可能有所改变，也应当把我们老师阅读的这种感受转化到教学中，让学生了解，鲁迅不单是黑暗时代最勇敢的战士，不单是寂寞、忧虑、愤怒的，同时也是有温情的、淘气的、可爱的，幽默构成了鲁迅形象的一个重要侧面。

鲁迅的散文好在哪里呢？首先是大气，放得开。《朝花夕拾》主要是写他自己的童年、青年时代的生活，带有一种很抒情的心态。他文章里面做到了"任意而说，无所顾忌"，但是一篇有一篇的中心，所以我给它一个命题——"雍容大气"。现在我们的文章这么大气的是不多的。《藤野先生》一开始写的是留学生在日本留学，那个打扮，那个辫子，油光可鉴。然后写到学生会馆里面的乌烟瘴气，这些以后就写到心情很郁闷，因为心情郁闷就转学去学医，流水账似的。转学之后遇到了藤野先生，留学生在当时的那种状态有"弱国之凌"，很容易受到歧视，但是藤野先生对他很好，然后就写到他对藤野先生的印象。这个散文很随意的，像是老人说话一样，说到哪里是哪里，很自然。鲁迅也说过，写文章要放开，但是要有一条中线，就像骑马一样，让它跑没关系，但是要拽着那个绳子。

鲁迅散文的另一个特点是简单味。首先是他的勾炼，往往非常简洁，他用一笔两笔就把一个人的神态给写出来了，把一个社会的心态给写出来了。比如《范爱农》，写的是辛亥革命时革命党的一个热血青年。你看他是如何回忆的，看鲁迅是怎么写人的。他说："我是主张发电的，但当我说出之后，即有一种钝滞的声音跟着起来：'杀的杀掉了，死的死掉了，还发什么屁电报呢。'这是一个高大身材，长头发，眼球白多黑少的人，看人总像在渺视。他蹲在席子上，我发言大抵就反对。"这就是范爱农，第一印象。你看鲁迅写一个人，这个刻画，笔墨很少，但是把这个人的神气给写出来了。白多黑少的眼睛，看人总像渺视，说话就那个样，就把这个人愤世嫉俗、耿直的个性写出来了，这就叫简单味，是鲁迅的拿手好戏。

总之，鲁迅的散文，那种大气、幽默、简单味，是现在我们散文里面比较少见的。鲁迅通过写他个人的生活来写一个时代的变迁，所以《朝花夕拾》是带有很浓烈的抒情意味的。抒情，古代就有，但鲁迅这种抒情，比较多的是个性化的抒情，是个人的感觉。所以和中国古代的文章比较一下，鲁迅这种用白话文写的文章很新鲜，甚至是前所未有的。古人的文章写家国情怀，写大事比较多；鲁迅的文章更多的是写个人感受，通过个人感受来表达一个时代的变迁。

（六）怎样读鲁迅杂文

杂文是现代的一种文体，它的出现和鲁迅很有关系。杂文属于议论文，但又带有浓烈的文学色彩。杂文的兴起和一个杂志很有关系，这个杂志叫作《语丝》，是鲁迅、周作人他们办的。《语丝》上面发的文章很有意思，就八个字："任意而谈，无所顾忌。"那个时候人写文章啊，真是放得开。鲁迅一辈子活了五十多岁，占他时间最多的，第一件事是整理古籍。虽然他是个反传统的人，但是整理古籍占他的时间最多。第二件事是写杂文。第三件事是写小说、散文。所以杂文对鲁迅来说是他创作里面的最重要的部分之一。但是现在社会，特别是国外汉语学界，对鲁迅的杂文是看不起的，认为他就是打嘴仗，浪费了精力，觉得还不如写点小说呢。

我不能同意这些观点，我觉得鲁迅的杂文不但有巨大的思想价值，也有独特的艺术价值，而且它是文学史上的一大景观。

鲁迅一辈子写过650多篇杂文，135万字，收到16个杂文集子里。鲁迅的杂文不是一般的文学创作，也不是一般的论文，而是有感而发，直接参与现实，干预现实的。从20世纪初到20世纪30年代，中国经历许多重大的事变，包括辛亥革命、北洋政府统治、"五四"、北伐、"五卅"、"三一八"惨案、大革命失败、国共合作分裂、红军长征、左翼文化运动、革命文学论争、日本发动侵华等，几乎所有这些事变都在鲁迅杂文中得到记录与回应。不是历史学家那样的记录，而是文学家角度的有血有肉的记录，是偏重社会人心、思想文化角度的记录。如我们在中学时期学过的《记念刘和珍君》，读这篇杂文就可以非常感性地了解"三一八"惨案，了解当局者北洋政府如何残酷镇压学生爱国运动，以及惨案发生后的各种反应及世道人心等。如果读历史，可能事件的线索比较清晰完整，但不可能有很多细部的感觉与体验，也很难顾及诸如社会心理等因素，而读了鲁迅的当下反应及描述，就有了更加鲜活的历史感。所以读鲁迅杂文可以了解中国现代史。不仅是现代史，还可能是整个中国历史，中国的"人史"。

作为语文老师，应该读一点鲁迅杂文。大家可以从中获得丰富的文史知识，了解现代中国的历史，了解我们传统文化的得失，特别是了解100多年来的民族心灵史，了解国情，做到知人论世。了解中国除了接触社会现实，到乡下，到基层，到社会里边，很大程度上要通过书本了解，鲁迅杂文就是非常好的途径。说得更直接一点，鲁迅可以让我们真正了解中国的根底，中国人的精神的"老底子"是什么样，而这些不是通过一般的知识传授就可以做到，要有体验、感性地进入。鲁迅可以帮助我们达到。鲁迅杂文带有自己对历史、文化深切的感受，他绝对不是空论，不是书斋里的学问，是带着自己的血肉去看取人生，看取中国。

读鲁迅杂文还可以从中了解大量的社会历史知识。我给大家一些数字。据不完全统计，《鲁迅全集》中评述到的古今中外各个领域的人物就达4500多人，涉及各种书籍文献近5000种，涉及各种历史事件450多件，真是包罗万象。其中绝大多数都是杂文中出现的。《鲁迅全集》专门有一个索引，就跟个小辞典似的。可以看到鲁迅的文章（特别是杂文）涉及中国古代文化、现代文化、外国文化，涉及哲学、历史、经济、宗教、文物，甚至校勘、翻译、出版、心理学、教育学、考据学、目录学、生物学，什么都有。有人说鲁迅的杂文是史诗式的气魄，是百科全书似的精神实体，我想这并不是过誉。它像百科全书似的包罗万象，但它是一种精神实体，广博，深邃，带有鲜活的个人的体验。

现在的青年因为生活在比较平和的环境中，可能不太了解鲁迅所处那个时代的特点；所以对鲁迅的作品，尤其是他与人论战的许多杂文，容易形成一种印象：鲁迅爱骂人，太尖刻。这也是近年来一些人批评否定鲁迅的"理由"。对这个问题应当怎么看？

鲁迅的确叛逆性强，敏感、多疑、尖刻，与现实格格不入，不那么随和。大家可以参考李长之写的《鲁迅批判》，他对鲁迅的心理性格有很到位的分析。天才人物，思想深刻超前，往往不易为常人所理解，甚至不容于世。鲁迅杂文多做"文明批评与社会批评"，尤其是对国民性劣习的批判，时常一针见血，不留情面。加上又常用文学形象的描写，漫画式概括，给人辛辣的讽刺性的效果，若不理解其本意，难免会以为是"骂人"。其实细读鲁迅就能体会，鲁迅何尝是在骂人？他在尖刻的批评中，更多的是在做"社会相"的揭露和研究。他所画下的许多脸谱，如"媚态的猫""二丑""叭儿狗""商定文豪""革命小贩""奴隶总管""洋场恶少"等，固然也都有所指，有的还是针对论争的对象，但鲁迅一般都将批判深入到文化心理和社会行为模式，是一种"社会相"的概括。鲁迅杂文中指名道姓"骂过"许多人，但大都不停留于个人攻击，而是做社会文化现象剖析，最终也都是对国民性弱点的研究与批判。鲁迅说他"没有私敌，只有公仇"，的确如此。

现代知识分子与他所生活的现实世界总有一种不相容性。揭示现实人生真相，揭示社会思想文化的困境，是他们的使命与习惯。从社会文化结构来说，有这样一部分批判的成分，才活跃、有生机，社会才能在不断的反省与批判中往前推进。知识分子天然地具有独立批判的精神，这是他们的功能，社会有这些不那么和谐的声音才能进步。从这个角度看，鲁迅杂文的批判精神是非常可贵的，我们不能被所谓"尖刻""骂人"之类的表面印象所左右，轻视乃至抛弃了这份可贵的精神遗产。

读鲁迅的杂文是很"难受"的，它不是一个优美的享受，是"思想的爬坡"。在如今这个网络化、物质化、娱乐化的时代，有什么办法拯救精神的滑坡？读书是好的办法之一。我们作为语文老师，承担着"读书种子"的责任，有意识与流俗文化保留一点距离，尽可能不要让无聊而又浪费生命的微信、自媒体牵着鼻子走，稍微超越一点，让自己的课上得好一点，生活充实一点，那就多读一点鲁迅吧。这是我几十年的经验，也是我今天晚上要贡献给诸位的建议。

第五章
高考语文的改革

一 高考改革的四种措施与设想[①]

多年来社会都在迫切呼唤高考改革。的确，高考已经是整个基础教育的"指挥棒"，所谓应试教育，跟高考的"指挥"直接相关，人们渴望高考改革，是合理的、必然的。课程改革推行十二年，进展艰难，"以人为本"的教学理念大家都赞成，却又难于实施。教师的无奈，也因为要面对高考这个巨大的现实。课改之前，很多学者猛烈攻击高考，以为取消高考或者实施根本性的改革就能推进素质教育。经过十多年的实践与争论，大家越来越感到好像不是那么回事。高考不能取消，这是由国情决定的，但要改革又好像是天大的难事。真的那么难吗？到底难在何处？应当如何着手去改？根据学界近来的一些研究和提议，加上我自己的思考，这里提出高考改革可能推进的四种措施与设想。

[①] 本文发表于2013年10月29日《中国青年报》。收入《温儒敏论语文教育 三集》，北京大学出版社2016年版。

（一）将高考社会化

改变历来由各中学组织考生参加高考的办法，改由考生各自到所在地区（街道或县、乡镇）报名并参加所在地考场的考试。各中学只负责学生学业水平的考试，合格者即毕业，并获得参加高考的资格。学业水平考试只是一种综合性的水平测试，难度系数要远低于高考。这样就能把学业测试和高考选拔分开，多年来以考试作为唯一教学评价手段的状况会得到缓解，学生平时的学业负担自然会减轻。更重要的是，中学不再进行高考成绩排名，减少攀比的压力，不再单纯以高考"论英雄"，这有利于把精力从赶考、备考转到正常的教学上来，实施素质教育。实施高考社会化，至关重要的是国家应当明确规定，无论明里暗里，教育主管部门都不得再以高考成绩作为衡量政绩的标准。

（二）继续扩大和完善高校自主招生制度

高考本来就是为高校选拔人才，如果招生的路子多几种，就能减少社会紧张。近十年来，一些名校实验自主招生，重视通过笔试加面试来考查学生的整体素质，这一关通过后，给考生的高考成绩适当加分。拿北大这些年的实验结果来看，绝大多数通过了自主招生测试的考生，其高考成绩也是达到北大录取线的，即使不参加自主招生，他们也能考上。这说明这种考试是有效的。还有的大学让中学校长直接推荐特长生，本意是不拘一格招人才，但和第一种方法比，实施效果差一些。另外，各大学互相争抢优秀生源，也有些不端行为，令人诟病，应当有所规范。但总的来说，自主招生的各种实验都应当坚持下去，稳妥推广，让更多的学校有权自主招生。

社会上有些人担心自主招生会带来新的不公平。因为教育条件限制，农村和偏远地区的学生显然在"整体素质"上可能会差一些，他们参加自主招生的面试也有困难。这可以要求学校在自主招生的名额比例上给农村与偏远地区学生一定的倾斜，以保证公平。事实上有些大学已经在这样做了。还有人担心自主招生会出现"走后门"现象。

这只能制定法则，由政府加强监管。其实自主招生有笔试、面试，还要参加高考，几重保险，靠人情因素很难都能"闯关"。

（三）在政府主导的高考之外，积极提倡和推行第三方评价测试

考试是严酷的竞争，一刀切，只看分数，而评价则是更多地甄别、诊断，会比较细腻真实地评判一个人的素质、能力、潜力、特点等等。如美国就有ETS中心，是政府之外的第三方独立的考试测评机构。其功能是为高校或者用人单位评价测试人才，或者提供考试之外的参考。这种方式可以借鉴。

中国应当容许成立私立的评测机构，政府只考查其资质、能力，不干预其具体业务，靠诚信与实力立足。这种机构多了，形成更注重真实能力和素质的社会心理，最终也会影响到整个教育转型，包括基础教育和高等教育，逐步走出"考试唯一"的死胡同。

（四）高考自身的改革，包括几个学科总分的调整，以及命题与阅卷的改革

最近北京市教委发布2016年高考方案，决定将语文分值从150分调到180分，英语从150分调到100分，文理科综合300分调到320分，数学不变，还是150分。另外，英语将增加为一年两次考试，如高一已考了100分，高二高三可不考英语。这个消息出来后，社会反响巨大，据网上投票统计，大多数人赞成，也有不少人反对。这是肯定的，任何改革措施的出台，都不可能意见完全一致。我是极力赞成这种改革的。这是经过多年争论和反复研究后终于沉淀下来的结果，预示着举步维艰的高考改革终于又迈出重要的一步。其实，这十多年来，高考有没有改革呢？有的，比如语文考卷，有全国卷、各省市卷，一个改变就是知识性记忆性的题目少了，从20世纪90年代初的40—50分减少到30分上下，占总分20%左右；考题设计也越来越偏重测试能力，让不同类型学生发挥的题目增加了；作文题目从过去过于偏重抒情，往

理性靠拢了。这些都是改革，或者叫改进。但现在高考是全国卷与许多省市的卷子并存，也的确有些良莠不齐。北大语文教育研究所最近研究评价了近年的高考语文试卷，就发现有些省市高考试卷命题水平不高，甚至有硬伤。所以高考要改，首先必须考虑如何提高命题水平。现在有些省市的高考命题队伍受条件限制，比如为了命题保密，要较长期封闭工作，真正有水平的专家不愿参与，只好找些年轻教师，还有行政干预多等。这都很难保证命题的水平与质量。

所以我主张，高考还是改回全国集中命题比较稳妥。高考命题有机密性，但不是不能研究，考试中心应当突破圈子，从政策上鼓励研究，不断提升命题水平与质量。

还有就是阅卷，一些困扰多年的问题也亟须解决。拿语文高考阅卷来说，作文占60分，一般分4个等级，其中二等40分上下（或者35—45分）。据对北京、福建等多个省市的阅卷调查，近四五年来，二等作文卷占75%—80%。其他省市的情况也大致如此。二等分占比重如此大，不能很好地反映考生水平，对考生是很不公平的。造成高考作文评卷"趋中率"畸高的原因主要是：（1）阅卷等级划分标准虚化，比例失调；（2）作文评分有不确定因素，普遍规定同一份作文需2—3人阅评，彼此打分差异若超过5分，就需重新评阅。这规定本也为保证质量，但却容易造成阅卷者为求"保险"而彼此"趋中"。作为高考语文最主要部分的作文，就因区别度模糊而极大地弱化了选拔功能。这对中学语文教学已经产生非常消极的影响。广大师生认为学不学都可以考个"趋中"的分数，就不愿意在作文甚至在语文课方面下功夫了。这就应当改，想办法让作文评分正态分布。

此外，阅卷也需要改进。目前不少省市阅卷老师的更换比例过大。普遍规定，参加高考阅卷的老师由大学教师、高中教师各50%组成，但由于阅卷补贴过低，平均每人每天少于200元（低于做清洁的小时工报酬），而大学老师的科研、教学任务又重，难以抽调人员参加，只好越来越多地派博士生甚至硕士生去阅卷，往往不能保证阅卷质量。高中教师对参加阅卷倒是有积极性，但其主要目的往往在掌握高考命题动向和阅卷思路，以便高考备考，有的学区、学校甚至把轮流派老师参加阅卷作为"备考"的攻略。这些偏向都应改进，也不难改进。

高考牵涉千家万户，其改革政策性强，一举一动都会引起极大反响，需要稳步实验与推进，不能动作过多，不能大起大落，但也不能只考虑"维稳"，无所作为，甚至拒绝改革。只要政府部门牵头负责，在推进高考改革的同时，积极推行高考社会化、自主招生和第三方考试评价的实验，齐头并进，共同攻坚，那么多年来所呼唤的素质教育以及减缓应试考试压力的前景，就不再是遥不可及的了。

二 高考作文现状及其改进意见^①

高考作文现状与问题研讨会，是由全国中语会和北京大学语文教育研究所联合举办的，重庆课堂内外杂志社与《大学》杂志具体承办。先容许我代表北京大学语文教育研究所和会议承办方，向各位专家、老师的到来表示欢迎与感谢。天这么冷，又接近年关，大家很忙，还抽出时间来参加这次会议，也从一个方面说明这个会议议题的重要。

特别是像孙绍振老师，是我们的老学长，也来参会。本来还有很多关心高考问题的专家与老师都想来参加的，特别是担负全国高考命题的专家，原先都打算参加，但是会议议题涉及高考，好像还比较敏感，有关方面特别指示某些专家不能参加。这可以理解。

我们的会议就是一个闭门会议，民间性质的、务实的、建设性的会议。所以你们看，会议没有张扬，没有请领导光临，也没有邀请媒体，单刀直入，就来研讨实际问题，为高考改革献计献策。我们的会将认真研讨，汇集意见，整理后向教育部相关部门呈递，供他们参考。如果必要，也可以让这次会议凝结成某种声音，向社会发出声音。

会议的议题就是高考作文现状与问题，还可以细分为作文教学的现状、高考作文的命题，以及高考作文的阅卷评分等三个方面，分出

---

① 本文系笔者2010年12月25日在北京大学语文教育研究所召开的"高考作文现状与问题"研讨会上的发言稿。收入《温儒敏论语文教育 二集》，北京大学出版社2012年版。收入本书时有改动。

三个时段来研讨。这里我先说说几点意见。

关于作文教学问题。实际上，现在作文教学几乎全部纳入高考，指向高考，是非常功利的，基本上就是应试教学，甚至比语文教学的其他方面更加严重。最突出的问题是什么？是"宿构作文"成风。现在很多中学的作文教学都是瞄准中考、高考，主要是以范文分析为核心的文体"套路"的练习，"套路"容易沦为"宿构"，结果"宿构作文"成风。

在"宿构作文"的教学中，必然出现过分看重"文笔"的偏向，甚至让文笔成为写作教学第一要义。于是那种缺少思想内涵与智性分析，动不动就用典、堆砌辞藻、宣泄人生感慨的写法，在中小学生作文中很多见。我把这种文风叫作"文艺腔"。

如何改变现在作文教学的种种偏向？高考命题以及评分标准能不能改革调整？如何去推进？有些问题可能很难，工作要做很细。比如命题趋向、题型、评分标准，以及阅卷中存在的很多技术性问题，都可以讨论是不是应当改一改，到底能改多少。总之，大家都熟悉情况，冷暖自知，对高考作文现状最有发言权，希望能在这个闭门会议上畅所欲言，多用数据和调查说话，针对问题提出建设性意见。我们没有要求提交论文，也希望更务实一些，有更浓厚的讨论气氛，类似一个工作会议。我说的这些意见，也可以变更调整。大家一起努力，把这次会议开好。在筹办这次会议时，我和顾之川、徐永恒等一些老师在思考讨论一个问题：都说高考是指挥棒，那能不能把这个指挥棒拿来用一用，朝好的、正常的、符合教学规律的方向指挥一下呢？既然没有办法回避高考，那我们的语文教学就只能与高考相生相克，也许我们可以反过来，用好高考指挥棒，指挥教学如何去克服眼下存在的许多问题。这是理想，但也许并非遥不可及。

前天《人民日报》刊载了对我的一篇专访，谈关于教材的争议，以及我们如何看待课程改革的问题。其中我说了这么一句话："实事求是地看，目前完全抛开中考和高考来谈课改是不现实的，课改和考试也并非水火不容，需要走出应试教育泥淖，在素质教育基础上实现新的平衡。有水平的老师会让学生既考得好，又不至于被题海战术败坏胃口，不会把脑子搞死，兴趣搞没了。知易行难，只要理性对待、讲究规律、尊重学生、潜心改进，办法总是比困难多。"还有另外一句话："在中国喊喊口号或写些痛快文章容易，要改革就难得多，在教育领域哪怕是一寸的改革，都要付出巨大的代价。我们还是多结合实际来提建设性意见为好。"

三　高考语文改革的走向分析及建议[①]

高考改革紧锣密鼓。不久前，教育部宣布2017年将全面实行高考改革，虽然提得比较原则化，但一石激起千层浪，影响巨大。最近一些省市相继出台了改革框架方案，面向社会征求意见。拿北京的框架方案[②]来说，办法是逐步推进，这两年先改填报志愿等规定，到2016年就有大动作，即：高考只考语文、数学、文综与理综，语文180，数学150，文综、理综分别为320，英语社会化考试，一年两考，满分100。预计到2017年，就可能不分文理，只考语文、数学，英语和其他各科全改为学业水平考试或社会化等级考试，不再列入高考。

其他省市的方案也大同小异。虽然一些细节仍然未有定夺，但路线图大体出来了，改革的总的思路已非常明确。

现在大家所关注的，主要还是考试科目的变动以及招生制度的改革。其实非常要紧的，还有考试内容、形式的改革。可能因为改革的措施来势汹涌，人们对此还来不及仔细思考。拿语文高考来说，随着总分的增加，考试的内容、方式会有哪些变化，对教学可能产生什么影响，备考应当朝哪些方面调整，都应当提到议事日程上来。最近我认真研究教育部相关的意见，以及一些省市的框架方案，认为未来的高考语文除了增加分值，很可能还将朝几个方面做大的改革。

---

① 本文发表于2014年3月18日《光明日报》。收入《温儒敏论语文教育　三集》，北京大学出版社2016年版。

② 后来方案又有所变动，比如高考语文分值180分就没有实施。

（一）命题将更加注重运用教育测量理论和命题技术

教育部正在组织相关部门重点研究基础教育语文学科质量检测体系，包括检测工具、模板、手段的制作，虽然主要是面向学业水平考试的，但其某些原理、方法也可供高考语文参照。以往每年高考结束后也都有人对考试情况进行测量研究，问题是往往不够重视，未能很好地将这些研究用来指导命题。估计未来几年高考语文的命题将从过多依赖经验，转向适当运用先进的测量理论和命题技术。比如，如何提高语文高考的信度和效度，命题如何设定适当的区分度和难度系数，怎样的题更能考查学生的素质和能力，各种题型如何搭配，等等，都将会有更科学、更有可操作性的设定。

这几年有些省市语文高考试卷的设计水平不一，难易程度相差较大，可能有的是由于行政干预，或者为了照顾地方特色，其实离科学性仍然较远。举例说，去年有个别语文试卷的题量猛增，特别是阅读题，有15%—20%的考生是做不完的。对此有些争议。其实选拔考试总要拉开距离，一部分考生做不完，这很正常，但估计到底多少考生可能做不完，设计考题时就应当使用测量理论和技术去预测，要先有合理的设定。

（二）命题所依赖的材料范围将大大拓展

现在全国卷和各省市卷的命题有很多是依赖题库的，而多年建立的题库覆盖的范围偏窄，都有点陈陈相因，彼此克隆，不足以支持高考语文的改革。因此一些省市可能会致力于题库的建设和扩容，广泛征集考题。相关的另外一个问题，就是现在高考语文命题依赖的材料主要是文学方面的，也就是"文学化"太过了。这当然也受制于整个语文教学的状况：我们的中学语文教科书太偏重文学，视野不够宽，而且文学的教学也并非就是往审美和情感教育方面靠，而是局限于琐碎的分析。这肯定是不利于培养现代人才的。

我看到去年某市的语文卷，六七道大题全都是文学类的，很少涉及其他领域。这恐怕就不太合适。其实这几年有些省市的语文高考已经注意到这一偏向，逐渐拓宽命题的材料来源。比如2013年的全国卷和一些地方卷，命题材料覆盖面就比以往要宽得多，除了文学，还有哲学、历史、科技、社会、经济、时政等。估计这也会是今后改革的一个方面。

（三）更加注重逻辑思辨能力的考查

这是多年来语文高考的弱项，现在越来越受到质疑。前年高考刚结束，我在《人民日报》等媒体曾呼吁，语文高考特别是作文命题，要适当往理性靠拢。我们终于看到了这方面的一些改进。比如去年全国卷的阅读题，就采用了"非连续文本"，给一组材料，观点并不连贯，甚至彼此相左，让考生去辨识、归纳和发挥。这有点类似于考公务员的"申论"，看重的是思辨能力。去年广东卷提供的阅读材料之一是贺麟的《读书方法与思想方法》，哲学文章，读起来有些难度，难在思辨。这是可以考思维能力的（可惜给的选择题太浅）。可见命题者开始重视朝理性考查这个方向努力。

现在的学生普遍缺乏逻辑思维训练，缺少理性分析能力，这和语文教学的偏颇相关。高考语文对此也责无旁贷，一定要想办法去引导改善。

（四）有意识考查读书的情况，包括课外阅读、经典阅读、阅读面与阅读品味

现在的语文课只注重精读精讲，注重做题，学生读书很少，学过语文却不怎么喜欢读书，这样的语文课是失败的，语文素养更无从谈起。课标提倡多读书，读好书，好读书，读整本的书，是有针对性的。课改之后探索开设选修课，本意就是拓展阅读面，可是受制于高考，很难实施。近年来也有个别省市高考语文开始重视考查读书的情况，甚至围绕课外阅读情况的考查来设计试题。另外，这两年很多试卷都有默写填补经典名句名段的试题。我认为都是应当鼓励的。读书

状况其实最能体现语文素养，高考语文理所当然要重视。

我们看到已经有这方面更"大胆"的尝试，如去年四川卷就有这样的题——从曹雪芹、贝多芬以及文学形象大卫·科波菲尔中任选一人，用二三百字去续写下面的话："即使在最恶劣的境遇中，人仍然能有一种不可剥夺的精神力量，这就是苦难带给人生的意义。"这样的题其实就是考文学修养和阅读面，考表达能力，非常好。我相信类似的考查读书情况的命题，在今后的高考语文试卷中肯定会增多。

（五）作文的改革，估计分值不会大增

语文高考提分到180之后，按理说水涨船高，原来60分的作文分值也会增加。本来作文考试最能检测综合能力，分值就应当更多一些，甚至有人认为语文可以只考作文；但我估计作文分值不会大增。因为作文评判有一定的主观性和模糊性，如何尽量限制和克服这一点，也是改革的内容之一，但作文评卷的特点决定了它不可能做到像数学那样精确，如果作文的分值太大，就增加了不公平的可能性。看来高考作文还是会维持60分的分值。也有另外一种办法，就是设计一道60分的大作文，另加一道15—20分的小作文，或者叫"微写作"。大小作文各有分工。大作文注重综合能力考查。小作文则指向应用或某一方面写作能力，一二百字，比如写一封信、一篇倡议书、一则说明或评点，甚至仿写一段论辩词等，可以很灵活。也不必全都设计成应用文，前面提到的去年四川卷的那道"续写"的考题，其实也是小作文。高考作文无论大小，都会有"限定动作"，与平时写文章毕竟不同，但又要引导开放思路，发挥个性。两者之间恰当的平衡，体现命题水平，也是一种改革。

还有一种现象也值得探讨，现今的高考语文几乎都是做完全部考题之后，再做作文，往往剩余时间不多，作文只能草草收场，本来最适合考查综合素质的，却变成最难考出水平的。这也是高考作文的一弊。于是有专家主张高考语文分为两段时间，一段是考作文之外其他

试题，按规定时间交卷后，开始考作文，这样就能保证作文有充裕时间。这种建议有合理性，就看如何操作。这都需要在改革中去探索。此外，我在不同场合多次批评过的高考作文评分"趋中率"畸高，导致选拔功能大为弱化，并影响到作文教学的"痼疾"，也期望能在这次改革中得到医治。

如今中学作文教学可以毫不夸张地说是全线崩溃，全都是瞄准考试的套式训练，几乎人人喊打，又人人参与。未来高考作文的命题者不会再对这种"残酷的现实"充耳不闻。无论如何，一种改革的共识正在形成，那就是让高考作文回归理性，强化思辨，摒弃宿构、套作、模式化与文艺腔。

（六）题型和各类题搭配的改革

现在每年高考语文全国有十多套试卷，大致就是一种模式，即语文知识运用、古诗文阅读、现代文阅读和作文等几个板块，大约20道的题量。题型模式单一而且固定，就导致不断强化应试式教学，熟悉答题套路就能得高分，结果难于考出实际水平。改革之后试卷模式应当更多样化，不再年年套路相近。只要符合课标要求，完全可以放手去开发新题型。加强综合也是一种改进，以往同一试卷中几个板块彼此分散隔离，甚至同一套试题中几个小题也缺少联系，以后不妨改为从一个（组）材料中同时引发五六个题，将阅读、写作结合起来，在同一个语境中去解决词语、名句填写、文学常识、内容理解辨析等问题。这也能更好地考查综合能力。改革后的命题应紧密联系学生的日常语文生活，体现语言文字的实际应用，考查学生利用语文解决实际问题的能力。目前课改在强调研究性学习和综合性学习，高考命题也应当往这方面有所靠拢。

再具体一点说，语文基础题除了历来常见的字、词、音、病句挑错等考题之外，有可能增加对语感或者语用是否"得体"的考查。文学作品的赏析题将更加注重考查感悟力，而不只是辨识"情景交融""对比手法"之类。

现在的高考语文阅读部分只注重考阅读理解，题目往往切割得很琐碎，忽视了整体把握能力，还有，就是很少关注阅读速度，并不利于考出真正的阅读水平来。高考语文阅读部分应当有新思路，适当增加对整体感受力、理解力的考查，而不只是出技术性的细部分析的小题，最好还能考一考阅读速度。增大阅读材料的长度，可能是办法之一。此外，阅读题中"非连续性文本"肯定会成为"新宠"，而且分值不低。

（七）文言文命题的改革

预计今后断句题和翻译题会增多，虚词等的知识性的考查相应减少。现在的文言文命题也是套路化，大都以"读通"为标准，这对教学的直接影响就是把文言文当成"死语言"来教。文言文命题应当多一些与现代生活的关联，多一些文化意味。近年有些省市的文言文命题有创意。如2012年浙江题："厩焚。子退朝，曰：'伤人乎？'不问马。"/"厩焚。子退朝，曰：'伤人乎？''不。'问马。"——让学生谈两种标点方式反映出的孔子对人、对马的态度，并要求谈对后一种句读的看法，就不满足于"读通"，而有文化思考。这就是一种改进。

因为现在强调重视"传统"，很多人预测文言文"地位"将在高考语文改革中飙升，增加分量。但不见得会这样。我觉得现在高考语文的文言文所占分值（除去作文）普遍已经达到40%甚至更多，这个比重不宜再增。道理很明白，现代社会还是用现代语言思考和交流，再说，文言文因为好"拿分"，现在中学语文教学的精力一大半都给了文言文了，如果高考的文言文再增分值，就会加剧语文教学厚古薄今的失衡态势。我想高考语文命题是会考虑这一状况的。

改革的锣声刚刚响起，有些人就担心"换汤不换药"。这种可能性不是没有，但也要看到改革的大趋势已不可阻遏。高考的政策性很强，虽然总是饱受诟病，但考虑公平和维稳，改革的步子一直是很沉重而缓慢的。而这一次改革框架的出台比较猛，是因为整个社会大的改革潮流在推动。如果这场改革不满足于减少考试科目，而切实地在考试内容方式以及命题、阅卷等方面做一揽子改革，如果能进一步解放思想、纠正弊端，那改革就是很值得期待的。

四 高考语文命题必须讲究信度与效度^①

和以往相比，今年全国各省市高考作文题有三个变化。

一是材料作文占了大头，命题（话题）作文大为减少。材料作文一般只给出一些文字材料，要求考生根据所给的内容自己命题写作。这比命题作文的自由度更高，更有利于考生的发挥，但不见得就比命题作文要容易，因为阅读分析材料、寻找适合自己的题目的过程，就是在考查发现问题和破题的能力了。这几年高考作文采用的材料作文方式越来越多，几乎是一边倒了，也是一种值得注意的趋向。

二是往理性靠拢。去年高考后我在《人民日报》发文评述高考作文，就主张多一些理性思维，不要停留于叙事抒情。现在看情况的确在变化。今年全国各省市作文命题有两种类型：一是给出的材料多是名言、寓言和哲理故事等，属于哲理类；另一是贴近现实的素材，属于时事类。无论哪一类，都是引出话题，需要考生自己来选择和确立写作的题目。而基本走向，都是论述性的，要展开思路，阐述观点，既要围绕所提供的材料，又要有自己的理解和提升，或者要凝聚为某一观点。今年的出题能往理性靠拢，是应当肯定的。往理性靠拢，有利于考查学生的思维能力。写作训练，当然要着力于语言表达，但根本上又是一种思维能力的学习。传统的语文教育不太注重思维训练，应试教育也不利于思维训练，目前的作文教学几乎都成为应

---

① 本文系笔者2013年6月7日（高考第一天）针对高考语文试卷所写的即时评论。收入《温儒敏论语文教育 三集》，北京大学出版社2016年版。

试技巧的培训了。现今作文题往理性靠拢，是有利于扭转当下语文教学的弊病的。

第三个变化，是比较贴近学生的生活，有意识增加学生自由发挥的空间，鼓励说真话，表达真情实感，鼓励文从字顺地表达，这都是符合课标的要求的。整体上说，出题的信度和效度都比较注意兼顾，质量应当说是在提高的。也可以说，多年课改的实绩现在多少已在高考作文命题变化中体现出来。那种晦涩难解、"雷人""坑人"的题目很少了。

下面对全国各省市高考作文题做些评点，侧重评述优质的和相对毛病较多的。因为刚刚考过，我只是从网上获得有关信息，不一定很准确，只是提供参考罢了。

今年北京卷出得最好。它提供的材料是科学家与文学家的对话，谈到假如爱迪生来21世纪生活一星期，看到手机会有什么反应。科学家想象手机丰富的功能一定会让这个大发明家感到新奇。而文学家想到手机的广泛使用影响到人们的交往方式、思想情感和观念意识，这或许是爱迪生意想不到的。由此引发什么想法和思考，要求考生自命题写作。这道题好就好在往科技与社会、科技与人文等方面引，既要联系现实，又要有些想象力和科学思维，读书多、知识面宽、思路活跃的学生会发挥得好，而死读书的学生就较难了。

全国卷所提供的材料是，某机构就"同学关系"问题在几所学校做了一次调查。结果显示，60%的人表示满意，36%的人认为一般，4%的人觉得不满意。如果同学关系紧张，原因是什么？有人认为是自我意识过强，有人认为是志趣、性格不合，也有人认为缘于竞争激烈，等等。对于增进同学间的友好关系，营造和谐氛围，72%的人表示非常有信心，他们认为互相尊重、理解和包容，遇事多为他人着想，关系就会更加融洽。要求根据这些材料自己命题作文。这个题出得很有现实感，让人联想到前不久网上炒得火热的"药杀室友"事件，想到现在人情比较淡薄，考生都会有话可说。这道题其实已经有很多提示，是有指向性的，难度比起北京卷的题目要低一些，但在800字左右篇幅中集中谈好某一方面，联系生活感受，而又从人际关系的"道理"上论说清楚，亦不容易。多数考生都可能面面俱到，或者"教化"一番，结果流于空洞。

上述两种命题都比较符合课标的要求，而且这些题目能够考查出学生实际的语文素养及写作水平，具有较高的效度。这种题是很难套题的，写得好就可能很好，不好就是不好，会拉开分数距离，方便分级评分，也就有较高的信度。

还有一些省市的题目是话题作文与命题作文的融合，也偏于哲理。比如，上海卷围绕这样一句话（其实是一种现象）让考生去写："生活中，大家往往努力做自己认为重要的事情，但世界上似乎还有更重要的事。"安徽卷引用哲人萧伯纳的话"为什么要做这个事，为什么不做这件事"，要求自命题作文。四川卷以"过一个平衡的生活"为话题，要求展开写作。这些题目都有哲理性思考，表面上简单，实际上需要一些辩证思维，难度不小，也有利于拉开分差。对于那些平时读书少、做题多，却不善于思考的考生来说，要能自立题目，开展论述，又有些逻辑性，并不容易。这些题偏重考查理性思维能力，值得鼓励，以往高考作文中常常见到的那种"文艺腔"，这里恐怕派不上用场了；但乍看这些题目，似乎有些"别扭"，因为那些哲人的话可能是在某种语境中提出的，现在单独提出来，容易模糊，让很多考生不知所云，往往就会"跑题"。出题还是要考虑大多数考生的接受情况，切忌设有圈套陷阱。好的题目是让大多数考生都能发挥，就看发挥得如何了，那种在审题时就让众多考生损兵折将的题目，不见得是好的题目。

今年有些省市的作文题出得不够好，或过于简单，或含糊费解，两个极端都有。如天津卷要求结合各自的心得和体验，在"____而知之"中的横线处填入一字，构成题目，写一篇文章。材料中还有关于现代人获取知识、掌握技能途径的多元性的提示，应当说指向性非常明显，但也限制了考生思维，容易套用"宿构作文"。这是过于简单的。

也有模糊的。如江苏卷提示的材料是：一群探险者去山洞探险，进入后点燃蜡烛，发现有一群蝴蝶，于是退出去了。过了一段时间，探险者们再次进入，却发现蝴蝶飞到山洞深处了，小小蜡烛影响了蝴蝶的生活环境。作文要求考生根据一点点细微的变化，自定主题。命题者到底希望这"细微的变化"引出什么？我看比较含糊，考生会无从下手。又如福建卷提供这样一首诗：我仰望着夜空，感到一阵惊恐；如果地球失去引力，我就会变成流星，无依无附在天宇飘行。哦，不能！为了拒绝这种"自由"，我愿变成一段树根，深深地扎进地层。多数考生可能都是围绕"自由"与"现实"，或者如何"扎实学习"等等去写，容易被套题，彼此雷同。

作文题的大忌是过于费解。如湖北卷提示，装鲜牛奶的容器一般是方盒子，装矿泉水的容器一般是圆瓶子，装酒的圆瓶子一般又放在方盒子里，方圆之间，各得其妙。古诗云："方圆虽异器，功用信具呈。"人生也是如此，所谓"上善若水任方圆"。以方圆为话题，根据此材料，题目自拟写作文。这道题所说的牛奶、矿泉水的"方圆"，实在有点牵强，而且引述"上善若水任方圆"又是很深奥的哲理，对中学生来说是否太难了？还有就是重庆卷，提供关于大豆与豆腐的材料，然后让学生去命题写作，立意也比较狭窄，指向性模糊，容易让考生坠入五里雾中。

每年传媒都非常关注高考作文，对中小学语文的批评之声也不绝于耳，论及高考作文，不能不提到整个语文教学。现今中小学语文存在被挤压的现象。因为语文课的综合性和实践性很强，要靠长期大量读书和写作，不断积累，才能总体上提升语文素养与能力。"短平快"，其他学科也许行，突击复习一两个月，考分就可能明显提升，但语文特别是作文很难靠突击复习来提分。因此语文课显得"投入"与"产出"不成比例，很多师生误认为语文学不学都差不多。这种急功近利的想法对语文学习有很大的妨碍。

　　还有，现在的中考特别是高考的作文阅卷评分也有问题，助长了急功近利的趋向。高考语文总分150分，作文占60分，评分4个等级，其中二等40分上下。据北京、福建等多省市调查，近四五年来，二等卷占75%—80%，一等卷占8%—10%，35分以下的三、四等卷不到20%。"趋中率"畸高，学生很难拿高分，而马虎应对的也能拿到40分左右，这也导致了语文学不学无所谓的风气。

　　所以我这几年一直呼吁高考语文要改革，首先要改变高考作文阅卷"趋中率"严重的问题。只要拉开分差，把二等分的"大肚子"缩小，增加高分比重，就能抑制语文学不学都无所谓的想法，提高语文学习的积极性。当然，还有高考和中考的命题等方面也要改革，抑制"套式作文"和"文艺腔"，抑制读死书和题海战术现象。这个"指挥棒"其实是可以朝着正面去"指挥"的。

　　从今年的高考作文命题来看，多少都在体现课标的要求，强调信度与效度，这都是在往这个方向努力的。

　　但现在高考是全国卷与许多省市的卷子并存，有些良莠不齐。有些省市的高考命题队伍受各种条件限制，比如因为保密，要较长期封闭工作，真正有水平的专家并不愿意参与，只好找些年轻教师，还有的行政干预很多，等等。这就很难保证命题的水平与质量。看来高考还是全国集中命题比较稳妥。要从政策上鼓励专业人士去研究、参与高考的改革，而不满足于让"散兵游勇"在媒体上重复批评高考。高考语文命题，特别是作文命题的专业性很强，也很难。因为除了思想内容的要求，还要考虑避免雷同，避免套题，考虑信度与效度，还有具体的难度系数和区分度，等等，是很复杂的事情。高考作文分值很高，直接影响到考生总体成绩，是"大事"，不可马虎对待。这么多年的高考作文题变化很大，需要好好总结，从学理上去研究和提升，而不只是传媒炒作一番就过去了。当然，如何从政策上保证，物色和建立确有专业水准的命题队伍，更是非常要紧的。

五　高考语文命题改革的几点建议[①]

　　高考改革最终出路是什么？是"招考分离"，用多元录取的改革取代现有"独木桥式"的高考录取办法，倒逼基础教育乃至整个教育制度的改革，解决多年来始终缠绕不清的诸多教育难题。这个思路在学术界其实已经大致形成共识。2010年国务院颁布《国家中长期教育改革和发展规划纲要（2010—2020年）》，其中就有一个改革的路线图："探索招生与考试相对分离的办法，政府宏观管理，专业机构组织实施，学校依法自主招生，学生多次选择，逐步形成分类考试、综合评价、多元录取的考试招生制度。"

　　但是这个改革设计一拖再拖，拖到2014年9月，风向又变了。国务院颁布《关于深化考试招生制度改革的实施意见》（以下简称《实施意见》），和2010年的路线图比较，打了很大的折扣，基本上不再提"招考分离"，而只是对高考科目做些调整。改革的重点从"招考分离"转向了教育公平，把"促进公平公正作为改革的基本价值取向"。比如提到"增加农村学生上重点高校人数"，强调将继续实施国家农村贫困地区定向招生专项计划，等等。

　　随后，做些权宜的改革，先让浙江和上海实验，今年又有几个省市被列入实验范围，即所谓"3加3"的改革。所做改革只是一些政策性调整，几乎很少制度性的触动。高考招生改革方面曾经响起隆隆的

---

　　① 本文系笔者2017年11月25日在北京大学"恢复高考40周年纪念及研讨会"上的发言（提纲）稿。收入《温儒敏语文讲习录》，浙江人民出版社2019年版。

雷声，后来好像只下了几滴雨。

为什么会有这样的"回撤"？我理解是，在《实施意见》通过审查的最后一刻，强调从当前大局出发，要强化和突出教育公平。而原先设计的以"招考分离"为主轴的改革内容和这一指示可能一时难于弥合，只好将其淡化。

强调教育公平有没有道理？当然有道理，主要是现实考虑。这些年改革碰到前所未有的阻力，社会矛盾突出，"维稳"成了重中之重。从大局出发，肯定要首先考虑这种情势，尽可能消弭尖锐的社会矛盾。中央看重教育公平，首先考虑保障公平，是从大局考虑，也符合当前大多数学生和家长特别是教育相对落后地区的诉求。

我现在只好这样理解：改革成本太大，有时也必须有点妥协，即所谓博弈。这可能是"治标"，但也只好先"治标"，以换取"治本"的条件了。我们常感叹中国的制度改革滞后，往往都是广泛征求意见，最终还是主管部门说了算，从上到下的决策难免慢几拍，这大概也是国情吧。

现在实施的局部改革，措施是比较粗的，可行性仍然值得担忧。需要一边改，一边调整、完善。我这里从补台的角度，提出几点意见，供参考。

一、以"招考分离"为主轴的改革设计和目前解决教育公平并不完全是矛盾的。决策部门应当从长计议，做好短期政策调整和长期制度性改革两者的平衡互补，还是要有相对明确的改革时间表。原定到2020年基本建立中国特色的招生考试制度，现在要延迟到什么时候？那么这些年除了兼顾教育公平，还能做什么？在制度建设上还能走多远？总要有个通盘考虑。当下可以侧重实施教育公平的相关措施，但同时要继续稳步推进以"招考分离"为主轴的制度性改革。关键在哪里？在大胆放权。要真心实意支持先行实验，也可以指定某些代表性大学做招生改革实验。就如同搞经济特区，给足政策，容许和鼓励大胆实验，而不只是依照《实施意见》亦步亦趋做图解。

　　二、这两三年实验区的改革设计还比较含糊，需要尽快明晰定夺，否则会给一线教学造成混乱。如：高中学业水平考试如何计入高考总分？学业水平考试属于达标性等级考试，和作为竞争性选拔性考试的语、数、外统一高考，其考试性质和评分办法都不一样。即使在学考"必考题"基础上增加"加试题"，也不会改变其达标性等级考试的性质。这种等级考试的评分怎么列入高考总分？浙江提出把自选3科的等级考试成绩再加细化，按百分制计分，最低40分，从41至100分分成21个等级赋分，每个等级差3分。这设计可谓用心良苦，但具体到考生个体，每等3分的分差，其影响也远大于高考3科的分差，还是意味着不合理。况且7门自选科目的难易程度也不一样，怎么去平衡？这些都是模糊点，需要认真研究，看怎么解决。

　　三、原先提出高考只考语文、数学，语文分值增加，外语不列入高考，作为社会化等级考试，这是有现实考虑的。谁都不能否认，母语比外语更具有基础性，也更重要。事实上，因为语文教育内容包含面更广，更需要长期积累，也就难于速成，在高考中不好"拿分"，结果在应试教育大环境中导致语文教学日益边缘化。这是非常严峻的现实。所以增加语文分值，也是必要的举措。但这个措施在征求意见阶段就招到某些人的激烈反弹，结果《实施意见》只好按兵不动，息事宁人，按老办法行事。我觉得如果真有改革的愿望，还可以实验一下原来提出的语文、数学和外语高考的处理原则，即语文增加分值，外语减少分值。需要说明的是，外语很重要，不用强调都会重视。外语实施社会化等级考试，一年考两次，高考列入总分，能说不重视？比以前更重视了。而语文需要长期积累，在高考时不好"拿分"，现在很多中学其实都是要语文给其他科"让路"的。如果按照目前实验省区的办法去做，我估计肯定会进一步"挤压"语文，语文的边缘化会进一步加剧。

　　教育问题是社会问题，牵涉面很广，动辄得咎，但不动不改就没有出路。光是抱怨不能解决问题，逢官必反也无济于事。在充满戾气的环境中做事的确很难，需要定力。但总还希望会有一部分有责任心的明白人去认真调查研究，排除干扰，梳理问题，在艰难反复的博弈中，尽可能帮助和促成改革的推进。

下面，我着重讲讲高考语文命题改革的七点建议。

有些建议这几年我一直在提，这几年命题也在改革。这是让人欣慰的。今后往哪些方面改？

一、命题应当更加注重运用教育测量理论和命题技术。命题将从过多依赖经验，转向适当运用先进的测量理论和命题技术。比如，如何提高语文高考的信度和效度，命题如何设定适当的区分度和难度系数，怎样的题更能考查学生的素质和能力，各种题型如何搭配，等等，都应当有更科学、更有可操作性的设定。

二、题量要增大。从这几年全国卷和一些省市卷改革情况看，题量在逐年增加。选拔性考试，有人上，有人下，应当拉大分数的距离，难度系数也要相对提高。美国考试学研究的学者认为，试卷长度也是难度。多长为宜？能让75%的考生做完就比较合适。就是说，正常的试卷有25%的考生做不完，是合理的。而我国的高考命题特别是语文的阅读题，绝大多数考生都能做完，分数差距也就很小。于是这几年我主张尽量扩大阅读题的题量，有15%左右的考生做不完，也不要紧。题量肯定要增加，难度系数要适当提高。

三、命题所依赖的材料范围要拓展。比如，2015年全国卷的现代文阅读材料是关于宋代货币制度的，另一份卷子是一篇关于接受美学的论文节选。2016年全国卷，甲卷是一篇文学的研究性论文，讨论小说与传统故事的关系、虚构等问题，乙卷是一篇关于殷墟甲骨文研究的史学论文，丙卷是关于历史中的文学与文学中的历史的讨论文章。而2015年北京卷，现代文阅读是关于汉字照排技术的，还涉及古代的印刷术，以及中外科技史，共有三份材料。这些论文，显然也是平时语文教学所接触不到的。

一般中学生并不熟悉这种学术论文的表述方式，但高考语文试卷就用了这素材。命题材料的范围大大拓展，除了文学，还有哲学、历史、科技、社会、经济、时政等。命题材料的拓展范围远远超越平时上课和复习的涉及面，这将有助于推动教学往拓展阅读的方向去改进。让课堂教学多往课外阅读延伸，多鼓励广泛读书，多关注社会，不能处处扣着考试只读那么一个小的范围。

四、要更加注重考检索阅读能力。我们习惯的语文教学，非常看重把握课文的思想内容和写作手法的分析，里边也有检索，只是不那么自觉，往往还停留于语言表达的层面，未能上升为一种思维的能力。为什么要重视检索能力训练？信息社会，信息爆炸，人们每天需要排除许多信息干扰，才能保持正常心态和正常生活。这个排除和选择，其实也就是检索。这些年高考语文在强化检索能力的考查，这是符合时代发展需要的。

五、要重视考逻辑思辨能力。阅读能力包括逻辑思辨与分析，这是语文教学的弱项。我曾呼吁，语文高考要适当往理性靠拢。我们终于看到了这方面的一些改进。比如，采用了"非连续文本"和群文阅读，给一组材料，观点并不连贯，甚至彼此相左，让考生去辨识、归纳和发挥。这看重的是思辨能力。其实美国的SAT考试也是这个思路。以往大都是考单篇文的阅读，现在可能考群文阅读。

六、要考查读书的情况，包括课外阅读、经典阅读、阅读面与阅读品味。这两年很多试卷都有默写填补经典名句名段的试题。我认为都是应当鼓励的。2015年北京市高考题之"微写作"，10分。题目是从《三国演义》《巴黎圣母院》《四世同堂》和《平凡的世界》中选某一部的某个章节或片段，供课上研读。用一句话表述推荐内容，并简要陈述理由。

这样的题很活，但完成这样的题，必须读过原著。这有现实针对性。现在的语文课只注重精读精讲，注重做题，学生读书很少，学过语文却不怎么喜欢读书。这样的语文课是失败的，语文素养更无从谈起。读书状况其实最能体现语文素养，高考语文理所当然要重视。

七、高考作文要围剿"套作"。一种改革的共识正在形成，那就是让高考作文回归理性，强化思辨，摒弃宿构、套作、模式化与"文艺腔"，围剿套题。如今中学作文教学可以毫不夸张地说是全线崩溃，全都是瞄准考试的套式训练，几乎人人喊打，又人人参与。预计未来高考作文的命题不会有很多变化，但阅卷评分会更加严格，有区分度。对于套式作文，将加以限制、围剿。

我在不同场合多次批评过的高考作文评分"趋中率"畸高，导致高考选拔功能大为弱化，并影响到作文教学的"痼疾"，也期望能在这次改革中得到医治。

六 作文怎是配角？ "投入""产出"难成正比 ①

年年高考，最吸引人眼球的是什么?作文题。

然而，就是这个"万众瞩目"的高考作文正在使语文教学日益陷入"投入""产出"难成正比的尴尬——不下功夫能拿40分，下功夫也难拿50分，在教不教学不学反正都差不多的利害权衡中，校长们一道"语文给英语让路"的命令让我们的母语教育越来越滑向边缘。

作文，究竟该如何考、如何评?本报记者就此对话北京大学中文系教授、语文教育研究所所长温儒敏。

问：这些年，对高考作文题的议论总夹杂着批评，诸如远离考生生活，远离社会需要，远离时代，看似哲理、寓意深刻，实则空洞、苍白，等等，甚至有人批评高考作文出题太玄，有些为难考生。您认为目前高考作文题存在的主要问题是什么?由它所折射出的问题又是什么?

温儒敏：不能说这些批评没有根据。但现在很多省市都是自主命题，水平不一，情况较复杂，不能一概而论。今年有些题目，像"拒绝平庸""回到原点""期待成长"，比较平稳，指向性太明显，学生平时大都有准备，难度不大，也就很难拉开分差。

至于说"唯恐不难不玄，为难考生的倾向"，我看这并不突出。考题是要有难度系数的，有些争议的是今年的上海卷作文题，要求围绕犹

---

① 本文系《光明日报》访谈，发表于2011年7月18日，记者丰捷。收入《温儒敏论语文教育 二集》，北京大学出版社2012年版。

太王大卫在戒指上刻的铭文"一切都会过去"和契诃夫小说中一个人物戒指上的铭文"一切都不会过去"，自选角度自拟题目写作。有人批评这个题目有些"玄"，其实我还比较欣赏这个题目，偏于智性思维，似乎有些哲理，但难度并不大，只要开动脑筋，还是有话可写的。这种题目很难"套题"，那些只读教辅、知识面窄的学生不容易考好。也有批评让中学生谈论"中国崛起"题目太大了，不适合。其实并不是要求写"社论"，无非就是让考生结合各自的生活体验表达感受，要的是中学生眼中的"中国崛起"。这类题目有利于引导学生多关心社会，开阔视野，我看是不错的。

高考作文命题的主要问题或者说这项工作的"难点"，在于如何把握好出题的限定性与开放性两相结合的"度"。以前是太"死"，后来又似乎太"活"。

限制太死，把考生都框住了，发挥不了，自然考不出真实的水平。而只注意开放与自由，没有一定的限制，也就无所谓考试与选拔。所以两者之间要讲点平衡，有适当的度。

还有一个问题，就是智性不足，抒情有余。如果说小学和初中可以多写一点抒情文、描写文，那么高中生就应当转向多些理性的论说文。高考作文主要还是考文字运用与思维能力，这是基本的，然后才是文采审美之类。高考作文不宜太文学化。

问：对高考作文的质疑和批评还包括阅卷环节的种种问题。就高考作文的整体而言，您认为是否有改革的必要?怎样改才能更好地引领作文教学，彰显时代精神?

温儒敏：当然必须改革，而且改起来不见得就那么难，可以先从那些比较"技术性"而又很关键的部位改起。

有两个问题可以先改。一是评分的"趋中率"畸高问题，也就是所谓"大肚子"现象。作文评分一般分四等，其中二等40分上下。根据北大语文教育研究所的调查，近四年来，包括北京在内多个省市高考作文的评分都是二等作文卷占75%—80%，一等占8%—10%，满分作文凤毛麟角，35分以下的三、四等也不到20%。二等分占比重如此大，即"趋中率"畸高，考得再好也很难企及高分，稍有准备就可以拿40分上下，再差也不至于落入三、四等。评分等级的这种非正态分布，根本不能反映考试水平，对考生很不公平。

"趋中率"为何普遍偏高?原因是阅卷的等级划分标准虚化。为公平起见，一般规定同一份作文需2—3人阅评，彼此给分差异若超过5分，就必须重新评阅。但改作文很辛苦，工作量相当于数学的两倍，义必须在7天之内改完。阅卷人看一篇800—1000字的作文，时间只有一分钟到两分钟，甚至只有几十秒。两位阅卷人打分相差在5分之内就通过了。如果相差6分及以上，就必须要第三个人来改，进度就被拖延了。为求"保险"，阅卷人就会彼此求同"趋中"，最简单的方式就是给二等。

"趋中率"畸高，使得高考作文失去了选拔功能。为什么普遍不太重视语文? 就因为所谓"投入"与"产出"不成正比，教不教学不学反正都差不多。所以，我主张高考语文改革首先就改"趋中率"弊病，应当考虑如何在高考作文评分中拉开距离，正态分布。如果还是分四等，那么二等作文最多不要超过55%，一等也不要搞得那么严那么少。数学、外语可以有那么多的满分，为何语文的满分却是凤毛麟角? 语文和作文评分老是像体操评分，拉不开档次，怎么调动学习积极性?

要改变，首先语文老师要改变观念，评价要讲科学性。和其他学科相比，语文学科更带综合性，语文素养的提升需要更长时间的积累和熏陶，的确需要更多的投入。而目前语文教学比较不被重视，甚至被认为是在高考中"较难拿分""投入和产出难成正比"的学科。大家都知道，作文不下功夫就能拿到40分，下功夫也很难拿到50分。英语突击两个月，提上10分、8分没问题，语文却不见得。有的高中校长公开说，语文给英语让路!

问：宿构、抄袭、套写的风气近年来成为写作的技巧而在高考考场上盛行，有许多考生在备考过程中准备好可以任意套用的材料，无论考场上遇到怎样的作文题，只需选择一个类型就可以"套写"。更有甚者，还出现了只写开头、结尾，中间摘抄大段备选材料的填充式"馅饼作文"。大量宿构、套写，甚至抄袭的作文能混进二等文范围，得分也不低。而由于套写作文"安全、保险"，许多有写作才华的考生也不敢写出自己真正想写的作文，致使一类文罕见。怎样有意识地从命题到阅卷评分环节遏制这种状况？

温儒敏：很多教师清楚这一套教法并不好，甚至有害，但大家为了升学率，还是那样教。有位老师让学生准备好三个名人——季羡林、霍金、苏东坡的有关"事迹"和名言，分好类，到了考场，不管碰到什么题目，稍加点拨勾连，然后将预先准备的"事迹"或名言适当排列组合，就可以应对几十种题目。这样做，必然导致假大空和所谓吸引考官"眼球"的"文艺腔"。要抑制这种风气，光是提倡什么很难解决问题，我看就要用好高考"指挥棒"。如果从命题到评分都不利于"宿构""套写""文艺腔"，那么情况就会朝好的方面转变。

针对"文艺腔"，包括宿构、抄袭成风，我看可以先改一改高考作文命题的方式。前面说了几种作文命题有混合的趋向，不少题出得不错，但也有些限定性不够，难度系数与区分度不够，太"活"了，导致天马行空，"泛话题化"。有必要来点限制：对文体有要求；对"馅饼式"的套题写法要扣分；增加智性的、思辨性的内容要求；改变高中语文课学习的记叙文、议论文、说明文等文体写作在高考中不考，反而出现"高考作文"这种特殊的考试文体的现象，有意识地考查学生撰写规范的记叙文、说明文、议论文的能力；命制大小两个作文题，分别判分，分别考查其议论、说明等不同能力；等等。

七 文笔不是作文教学第一要义①

　　每年的高考都是人们关注的焦点。其中，最受关注的往往是高考作文，可以说这是一种社会现象。这跟语文的学科性质有关。语文属于基础学科，是基础的基础，覆盖面大，和社会生活联系密切，到处都有语文现象，说话写字读书看报都有语文；所以人人都在语文生活之中，有点"动静"就容易成为议论焦点。似乎谁都可以对语文对作文发表意见，不像数学、物理、化学等其他学科，那不是随便可以插得上嘴的。每年高考之后各种传媒铺天盖地都在炒作语文，议论作文，也从一个方面说明这门学科的社会性、人文性。另外，传媒的"话语权"很多掌握在文科出身的记者编辑手中，他们本身就是靠语文能力"吃饭"的，对语文现象情有独钟也不奇怪。高考作文本来也见仁见智，容易引起争议，正好为传媒提供吸引"眼球"的素材。其实，我觉得传媒的过分"关心"不见得是好事，有时会干扰学术探讨。语文教育包括作文教学其中很多复杂的学术问题，不是痛快文章所能解决的，需要大量冷静的调查研究，传媒过于关注往往会帮倒忙，甚至产生困扰。比如，报纸上常见有的作家总是把作文教学说得一钱不值，恨不得全都像他们那样写放达文章。其实这是两回事，作文教学不是培养作家的，作家的标准不能简单套用。

---

　　① 本文为笔者2009年夏天在一次中学语文研讨会上的讲话记录，部分内容发表于2009年7月24日《中国教育报》。收入《温儒敏论语文教育》，北京大学出版社2010年版。

　　每年阅卷完毕，总有一些考生的作文引人注目。比如，今年的四川籍一考生用甲骨文写作文，也有的考生用寓言体写作文。而湖北一考生写的古体诗作文《站在黄花岗陵园的门口》更被奉为2009年高考最牛作文。有些报刊对"最牛作文"大加追捧，认为这种个性化作文值得张扬。我看这多少就是"炒作"嘛。我没有读过所谓"最牛作文"，料想可能的确是有才华，阅卷者破例给个高分也无可厚非。其实每年阅卷，对于某些有才情个性，甚至走偏锋的作文，老师们也还是可能给予欣赏与肯定的。这些年新课改的精神深入人心，大家比较尊重学生的学习个性了，对那些应试式的"套路作文"都很反感，这种社会心理就聚焦寄托在"最牛作文"上面了。其实所谓"最牛作文"毕竟是很个别的，没有多少代表性。据我所知，"套路作文"在高考作文中还是占多数。话说回来，高考作文是"戴着镣铐跳舞"，"镣铐"就是考试的必要限制。如果太"文学"，太自由，不着边际，甚至有意冒险走偏锋，难免给评分的控制带来难度，考生也可能吃亏。高考作文和文学创作毕竟有些差别，那些高分的作文总是既遵循"规矩"又尽可能摆脱通常的套路，显现自己立意构思的个性的。如果平时阅读写作训练较多，整体能力上去了，应对高考那些"规矩"并不难，"戴着镣铐跳舞"也能跳得很"牛"。至于那种走偏锋的办法，我认为在教学中不值得提倡。

　　作文教学的确不太好办。许多老师对此都有一些无力感，好像不管什么办法，都很难见效，于是认为写作教学无所作为，甚至有所放弃。我们往往把高考作文训练等同于整个作文教学，更是造成困扰。大家都知道，高考语文改卷子最难的是作文，难在标准容易模糊，分数很难拉开。为了便于操作，于是就有所谓"基本分"，一共60分，基本分就是42分上下，考得差也有个三四十分，而拼命准备也不见得能拿到50分以上，所谓满分作文更是凤毛麟角。所以投入与产出不见得成比例，这就更让人感到高考作文难以把握，于是写作教学也就难以把握，造成无力感、无奈感。

高考作文从命题到改卷都需要改革。到底怎么改？北大语文教育研究所也打算组织力量调查研究。这肯定是有难度的。怎么改也是考试，对教学就会有制约。一方面要求灵活一些，让考生都能更好地发挥；另一方面，改卷又要有可操作性，要拉开必要距离。这就是矛盾，改革要协调这种矛盾。总的来看，这几年高考作文在朝着课改的方向调整。

我谈点更具体的。现在很多中学的作文教学都是瞄准高考，主要是以范文分析为核心的文体"套路"的练习。模仿式的作文教学对于学会一般的文字表达，也不无好处。但是，现在很多作文书不宜让学生多看，看多了，匠气就来了，兴趣也就没有了，那毕竟是敲门砖嘛。那种专门给学生讲作文套式窍门的所谓作文教学，也不应当提倡。为什么？败坏胃口。即使考上大学，学生对这一套也可能深恶痛绝。

上学期我给北大本科生上课，做了一个调查，想了解当今大学生对中学语文教学的感受与看法。结果呢，很不理想，半数以上大学生对中学语文教学特别是应试式方法表示反感。有些同学说："作文带给人的折磨一辈子都忘不了！"他们如此回忆高考："铺天盖地的作文参考书、满分作文解密，各种作文文体结构、素材的迎面袭来，让我们迷失了方向……作文成了木偶戏，而不再是本色演出，那根操纵木偶的绳子就是高考高分作文的潜规则。"同学们看透了高考作文的某些套路程式，认为无非就是所谓信心、希望、信任等一套不变的主旋律，如碰到"留给明天"或者"愿景"之类题目，就将平时准备好的那些素材套路往上一套，开头结尾点点题就可以了。老师一般也不希望学生太多创新，因为高考改卷无非就是看是否切题，结构、字句如何，每篇两三分钟就翻过去了，哪有时间欣赏你的创新？于是有的同学考了高分，也看不起自己，"喜分数之高，悲文章之差"，知道"就那么回事"。还有的同学回忆中学老师教如何吸引高考改卷者的"眼球"，框架如何变通，成语妙语如何贴上去增色，等等，甚至"感情也可以模仿"。有些同学慨叹："长期写着华而不实或者自己都难以相信的文章，又何来心灵的慰藉与净化？"写作也就成了众多学生的一件苦差事。所以我觉得范文仿写是可以的，但不应沦为套路作文教学，那的确不利于健全的情感与人格的培养，还可能养成说空话大话的弊病，败坏了学生语文学习的胃口，后果是非常不好的。虽然文章模仿未必就是坏事，但突击训练写作和一味训练如何考试并不可取。作文教学特别要注意尊重学生个性，给学生空间。

今年的高考作文题目，有各种评论，比如，有的认为联系现实类的题目会更好地引导学生关注社会现实，也有的认为这类题目反而是忽略了我国农村与城市教育差距的现实。我想对此说点看法。大概从2006年开始，高考出现较多新材料作文，就是想放开。今年很多省市的作文题都很放得开，学生不会被弄蒙了，可以自由发挥。但有些作文题目还是可以斟酌的。比如北京的题目"我有一双隐形的翅膀"，很多人说出得好，的确，想象发挥的空间比较大。但这可能是侧重考想象力的题目，有些飘，容易跑题，如果抓住了，好做，对女生或者艺术感悟力较好、文笔较好的学生可能有利，可能比较适合写得抒情、优美，有文学性。相比之下，我更加欣赏那些比较有规定性，又可以发挥，而且主要考文字表达能力和思维能力的题目，这样的作文题可能比较好。如江西的题"就兽首拍卖发表看法"、辽宁的"明星代言你怎么看"、江苏的"品味时尚"等，绝大多数考生都会有话说的，不容易跑题。当然，有些题目对于农村的考生来说，可能陌生一些，他们限于条件，视野可能比城市孩子要窄一些，这的确也是出题时需要考虑照顾的一方面。

近年来，有一种偏向很值得注意，就是抒情散文在高考作文命题中一直占据相当比重。高考作文出题恐怕不能过于偏重文学化、抒情化。语文教学包括作文教学主要培养表达能力，特别是书面表达能力。能写通顺、清晰的文字，这是最主要的，其次才是抒情、审美等。高考作文恐怕还是要侧重考文字表达能力，当然，其中也就包括思考能力，至于文笔、文采，我看不是主要的，起码不应当侧重考这些。现在我们的语文教学比较注重文学性，注重修辞、文采这些方面，语文课中文学类课文所占比重很大（70%以上），所以容易给人一种印象——好像语文与作文就是追求文采文笔的。以这种教学模式或者教学传统培养出来的学生，思考能力、分析能力不见得好，但可能很在意文笔，以为文笔好就是语文好，这是误解。事实上，多数语文老师在教学中特别是写作训练中，可能是偏重文笔的。准备高考作文时，也往往教给学生如何把文字写得漂亮，怎样用某些套式，加上某些漂亮的格言、警句、人生感慨，或者历史掌故等等，故作深沉，去吸引改卷子的老师。整个路数是往抒情、往修辞、往文学的方面走。我给大学一年级学生改文章，发现多数都是抒情体、描写体，即使议论文也往这方面靠，总是用很多形容词，但不太会论述，缺少思想内涵。我们的作文教学第一要务是文通字顺，有一定的思想内涵，然后才谈得上其他。文学性、文笔等等，不是作文教学的第一要求。

今年有些省作文命题太过"文学"，容易造成跑题，如"踮起脚尖""运动会上的兔子""弯道跨越"等。相比之下，我倒是比较欣赏国外有些高考（他们的考试方式与我们有别）的作文题。比如美国大学入学考试有过这样的作文题：给出一份关于收录机"沃克曼"的说明书，让考生想象给奶奶写一封信，让奶奶喜欢并决定买这个玩意儿，并学会使用。你看，这里有情感、想象、思考，学生不会跑题，又能比较真实地考查其表达能力。还有今年法国大学入学考试的作文题，诸如"期盼得到不可能的事情是否荒谬""世上是否存在任何科学都无法解释的问题""技术进步是否改变人类""历史的客观性是否意味着历史学家的公正性"等，让学生展开论说，等于是写一篇小论文了。这是需要平时大量阅读思考积累才有话可说的，而且主要是考查理性思维、逻辑能力，当然还有表述能力。我看这些作文题让我们的研究生来做都很困难。这也从一个方面说明我们的语文教育的确比较偏重文学性、抒情性，而理性思维训练比较欠缺。我希望这个问题能有人做专门研究，这是牵涉到教学指向的大问题。

写作是综合能力的体现，写作能力不是作文本身能够解决的。语文整体水平上去了，写作能力才能上去。国外有人做过专题调查研究，对高中不同班的学生做不同的写作教学实验。一个班每周一篇作文，老师认真批改；另一个班三周一篇作文，其余时间鼓励大量阅读。一学年下来，两个班写作能力都有进步，但阅读为主那个班进步更明显。结论就是：多读比多写能更有效地提高写作能力。为什么？原因在于，写作次数本身不会增加学生的信息总量。写作主要属于信息输出行为。在一次次的写作过程中，学生对已有的素材进行筛选、剪裁、组合等，其写作技巧和语言运用的熟练程度可能会有所提高，但是这对学生总体的信息量、信息结构和精神能量影响不大。而多读就不同了，它能够不断增加信息量，改变知识结构。阅读可以拓展学生的视野，丰富想象力，提高分析概括能力，使其下笔时思维更加活跃；而且阅读可以获取大量写作素材，使词汇量大增，语感形成。这些都是写好文章的基础。总之，阅读量增加与写作水平提高是成正比的。所以还是要特别重视阅读，鼓励阅读，尽量扩大阅读面、知识面。无论用什么教学方法，都应当读写结合，大量阅读，适当练写，这是写作教学的基础。至于高考作文在语文试卷中的地位，多数学者和老师都是重视的，不过也有争议。有的学者认为既然作文是综合能力的体现，那只考一篇作文就可以了。也有的主张把高考作文分数从现在的60分提高到90分。我认为作文虽然重要，但只考作文恐怕不行，60分提升到90分也不合适，因为作文考试评分标准比较难掌握，高考还是要充分考虑公正性与相对稳妥性的。

写作教学不必讲许多理论，主要靠大量阅读、适当模仿和不断练习，实践性很强。说到底，写作是一种综合能力的训练，要靠自己去体验把握，要不断地积累，必须经过相当的过程。写作教学的过程，每个教学环节可以有重点，但不必分得太细、太琐碎、太技术化技巧化，尤其不宜过分教授所谓套式。临时突击准备或者"押题"，都不可能真的提高写作能力，而且 "风险"会很大，弄不好连40分上下的成绩也得不到。现在高考作文改卷对那种"宿构套写"是很反感的，一看到这类"宿套"而且"俗套"的作文，改卷者就会条件反射，说不定会给很低的分。况且这种靠"押题"加上所谓套式训练的做法，容易败坏胃口，后果很不好。我们搞语文教学的，在当今语文课受到挤压的状况下，尤其不能放弃坚守，作文教学毕竟是语文教学非常重要的阵地。写作教学困难，但也不是无所作为的。只要加大"投入"，细水长流，进行大量的阅读和适当的写作训练，一定会有成效，高考也会取得好的成绩。

八 如何看待文体"套路"的练习[①]

现今作文教学的书非常多，但明确以"仿写"作为教学基本框架的，还较少见。所以我愿意就"仿写"和阅读问题说上几句。

对以范文分析为核心的文体"套路"的练习，有些老师担心会束缚学生的思维，因此比较反对这种做法。我认为还是要实事求是，不能轻易否定"套路"的模仿训练。这种"仿写"学习如果就是为了考试，而且训练得"过死"，的确容易形成考试的"八股"，束缚个性。但从另一方面看，模仿式的作文教学对于学会一般的文字表达，在开始阶段，也不无好处。那种能充分表达个性和创造性的、不拘一格的文章，自然是写作学习追求的目标，但对大多数学生来说，主要还是要求他们有比较通顺的文字表达能力，而要达到个性化的写作，那恐怕是更高的甚至有些"奢侈"的要求了。

以"仿写"（还有"导写"）作为一种初级写作教学的办法，通过系统上课和反复练习，让学生熟悉和练习写作的基本技能，一定会有所收获的。不过，如何让学生对这种反复训练有兴趣，能坚持下去，并和现今课改的措施结合，是个关键。我建议在模仿套式、提高技能的同时，引导学生大量阅读，要回到阅读这个"原点"上来。阅读是整个语文教育的基础，也是写作学习的基础，是写作的源泉之一。学生还没有走向社会，他们对生活的了解与感受，很大部分是要

---

① 本文原收入《温儒敏论语文教育》，北京大学出版社2010年版。收入本书时有改动。

通过阅读来达到的。对于多数学生而言，阅读比反复模仿写作会更易产生兴趣。如果"仿写"能引起学生对阅读的兴趣，那就是一种很大的成功。

这里我愿意多说说阅读与写作的关系问题。阅读需要培养兴趣，也需要积累，这和作文能力的提高关系甚大。大量的阅读能启发心智，拓展视野，活跃思维，积累素材，同时"观千剑而后识器"，逐步培养起对文字的细腻的感觉，掌握各种文体、风格的表达方式，这自然也就提升了写作能力。所以"仿写"和阅读积累应当融会在一起，而不应当沦为那种"临时抱佛脚"的考试准备。

现在高考压力很大，完全不考虑怎样应对考试似乎也不太实际。但也要看到，即使要应对考试，也还是要从基本功上做扎实的准备。市面上常见很多作文选析之类的书，对考试不能说完全没有用，但如果满足于读这样一些书，总是停留在作文技法的模仿阶段，那水平终究是很难上去的。应考的"匠气"的书读多了，最终会坏了口味，扼杀了阅读的兴趣，这将是更大的损失，甚至可能是终生的遗憾；因为在人生最美好的时期，你没有享受到接触人类精神高端的愉悦，未能养成良好阅读的习惯。我们准备高考，学习写作，同时也应当是在准备整个人生规划，让自己整体素质有较大提高，养成良好的、高品味的人生追求，包括养成良好的阅读习惯。有了这种自觉，既朝向这个高远的目标，又能比较实际地备考，我们应该可以做到一举两得。

我主张同学们"松松绑"。最好能兼顾一些，除了"为备考而读书"，还要适当保留一点自由阅读的空间，让自己的爱好与潜力在更加个性化的、相对宽松自由的阅读中发展。这样自由的阅读可以让自己整体素质提高，反过来也有利于写作能力的提升。每年高考作文成绩拔尖的同学，他们一般都是平时阅读面比较宽，思想比较活跃，底子打得厚实。我们应当从他们的经验中得到启示。

所谓自由阅读也并非漫无目的、随心所欲，最好还是有大致的计划，而且是取法乎上，以经典的阅读为主。经典毕竟和我们有些历史的距离，青少年可能不太习惯阅读。但真正体现人类智慧、能够长远地涵养我们性情和心智的，还是那些经典。也可以以语文课上提示到的作家作品为线索，顺藤摸瓜，找相关的书来看。这样，既可以加深对语文课中规定内容的理解，又扩大了知识面，更重要的，是可能引起思考和探究问题的兴趣。久而久之，良好的阅读兴趣也就培养起来了。

九　高考语文阅读、语用和作文等题型的改进①

近几年的全国卷高考语文命题，有了稳步的改进——贯彻课标的精神，服务于高校选拔人才，同时充分考虑对于教学的实际影响，科学性明显提高了。比如重视考阅读写作的能力，考思维能力，考读书的情况，都对一线课改产生良好的影响。但也有些方面还需要研究提升。应当有问题意识，针对高考命题和阅卷的情况，设立一些研究的课题，让一些有实力的学者和老师去专门研究。北京大学语文教育研究所，也可以担负一些研究任务。研究不能停留于经验性的材料概况，不能"观点加例子"，要有调查，考试中心也可以提供相关的数据。最好还能够纳入教育部的社科研究课题范围，那样，才能真正得到重视。我就一些具体的问题说说自己的看法，不一定对。

（一）这几年语文试题很重视阅读，文言文与现代文阅读命题的材料范围也拓宽了，而且有足够的量，注意考阅读速度。这个改革很好，我是赞成考阅读速度和阅读量的。为何语文教学效果不好？原因之一就是拘泥于精讲讲读和反复操练，结果会考试了，却未见得培养起读书兴趣和习惯。读书太少始终是语文教学的一大弊病。如果高考能适当增加考阅读速度和阅读量，我看就能促进多读书，改进语文教学。何况阅读速度和阅读量也是衡量语文能力的重要指标。

2017年以来的语文考纲做了一些调整，这些调整是切实可行的。比如，以往试卷现代文阅读部分有"文学类文本阅读"和"实用类文

---

① 本文是根据笔者几次参加高考语文改革研讨会的发言综合整理而成。未曾发表。

本阅读"两个模块，要求考生二选一。由于"文学类文本"阅读能力更需要长期的熏陶与积累，很难"速成"，因此历年高考选"文学类文本"的考生很少，许多学校也都不重视甚至基本放弃"文学类文本"的教学。而从人才培养对语文综合素质的要求看，不光要有语言运用能力，以及与此相关的信息筛选的能力、分析问题解决问题能力，也要有审美鉴赏的能力。所以文学审美教育是语文教学不可或缺的内容。这次考纲修订把两类文本的二选一改为都是必考，我看意义重大，不但能对考生素质做更全面的考查，也将对一线教学中存在的轻视文学审美教育的倾向起到纠偏作用。

（二）关于古诗文的背诵，占分不多，但一定不能取消。这是指挥棒，取消了，教学中必然不重视。统编教材古诗文的比重增加了，这是文化传承的需要。有些家长不理解，埋怨背诵那么多古诗词，有什么用？能造飞机、大炮和芯片吗？的确不能。也没有什么实际作用，但又有"无用之大用"。中国传统文化某些基因，包括我们民族审美的积淀，很多体现在古诗文中。有些文化的、审美的感觉，是中国人特有的，学习和背诵古诗文，会得到传统文化的熏陶，也有助于提升审美能力、直觉思维和形象思维能力。而且，古诗文是现代汉语的源头，要学习语言运用，必须学点古诗文。这个道理不见得都懂，社会上很多家长就不一定懂。他们对于新教材增加古诗文有抱怨。高考语文有关古诗文背诵这一块要保留，但可以改进，不一定都是给出上句，要求默写下一句。出题可以活一点。比如列出"杨柳""青山""梅花"等古诗词中常见的意象，要求考生填写若干有关的诗句，等等。

在"古诗文阅读"部分增加"了解并掌握常见的古代文化常识"的考查内容，我看也是必要的，这将促进语文教学更加注重优秀传统文化的学习。但古代文化常识的考查如何结合作品的阅读去命题，而不是简单地考名词概念的记忆，也是一个难点。

（三）关于"语言运用"的板块，一般占20分，很重要，教学中也普遍都重视。现在这个板块的命题一般都是判断字词句的对错、改病句等，这当然是必须的。但设题还是比较死板，多少年都这样。能否设计出一些层次？比如20分之中有5分题比较难的，要考语感，而不只是对错。语言表达不只有对错，也不只是要规范，还有表达得好不好，是否更加"到位"的问题。在某些特定语境中，语言表达可能会有"变形"，比如庄词谐用，"大词"小用，甚至语序、语气对于表达效果都有影响。如果能在这些方面设计一些考题，虽然难一些，但层次拉开，分距也拉开了。

（四）每年高考作文试题都是举国关注，往往成为社会议论的热点。所以领导很重视，层层把关。可以想象，高考作文命题者压力很大，是挺难的。这几年高考作文命题有一个突出变化，就是立德树人，作文题要求引导学生关注社会，树立正确的"三观"。特别是全国卷和京津的卷，都在这方面努力。但有些作文题虽然紧扣时政，聚焦大事，政治性很强，但多属于"宏大叙事"，让十七八岁的孩子来议论，容易空泛，人云亦云，堆砌一些流行的说法和事例，结果很多都写成"小社论"，彼此雷同。阅卷评分难拉开区分度，60分的作文大部分都能得个40多分，作文也就可能会失去选拔的功能。高考作文命题要注意贴近学生的生活实际和认知特点，让学生有所选择，"有话可说"。比如通过所给的材料或者引导语，尽可能营造某种"情境"，引导学生进入状态，发挥想象。这都是好的。另外，不一定年年都考议论文，也可以考记叙文。其实记叙文更能显出文字的能力。高考作文当然要有正确的思想导向，但通过作文来考一个学生的"思想品质如何""是否符合三观"，恐怕很难。能考的，主要是思维和表达的能力，通俗点说，是看其脑子清楚不清楚。所以作文题只要符合立德树人的大方向，就应当多在如何考查思维能力、品质，以及语言运用能力等方面下功夫。还有，就是要倡导实事求是、平易近人的文风。

（五）我多年呼吁，要改变高考作文阅卷评分"趋中率"太高的问题，现在有所改变，但情况仍然比较严重。作文满分60分，四个等级评分，70%以上都是二等分，40多分占大多数。高分和满分很少，四类分也很少，拉不开差距，失去了选拔功能。现在一线的语文教学基本上不教作文，最多就是教一些应试的"套式"，所以我说写作教学"全线崩溃"了。希望有关部分重视这个现象，专门研究，看怎么解决。其实不是什么难题，只要重视，就有办法。

后　记

　　本书是我数年来负责修订课标、主编统编教材、参与语文课改的记录和积累。课改虽经多年，新观念新方法也人人皆知，但实际效果仍不容乐观，甚至可以说倒退了。无论学生、家长还是老师，焦虑感都比前些年加重，多数学校仍摆脱不了应试教育的泥淖。谁都知道这样不好，又谁都参与。我所居住的北京市海淀区，有所谓"海淀妈妈"一说，指的是在对稀缺教育资源的极致竞争中，那种每分必争，恨不得把孩子未来人生每一步都设计好的家长。这就是社会现实啊！对于很"物质"的一代，买车买房买教育都存在"鄙视链"，链条上的每个人都有强烈的竞争欲望。在这种大环境中，家长其实也挺无奈的。但当一个社会多数人将提高未来的收入视为教育的唯一目标时，这个社会必然陷于无休止的零和博弈，那是更糟糕的。语文教育要摆脱困境，也很难，空喊口号无济于事。我们当老师的，只能是尽可能保持良知，有一份清醒，着眼未来，稳步改革，能改一点就是一点。世界很大，不确定的东西太多，很多变化简直迅雷不及掩耳，根本不以人的意志为转移，我们不能不"守正创新"，用积极而务实的态度去面对这个世界。

温儒敏

2020年11月10日

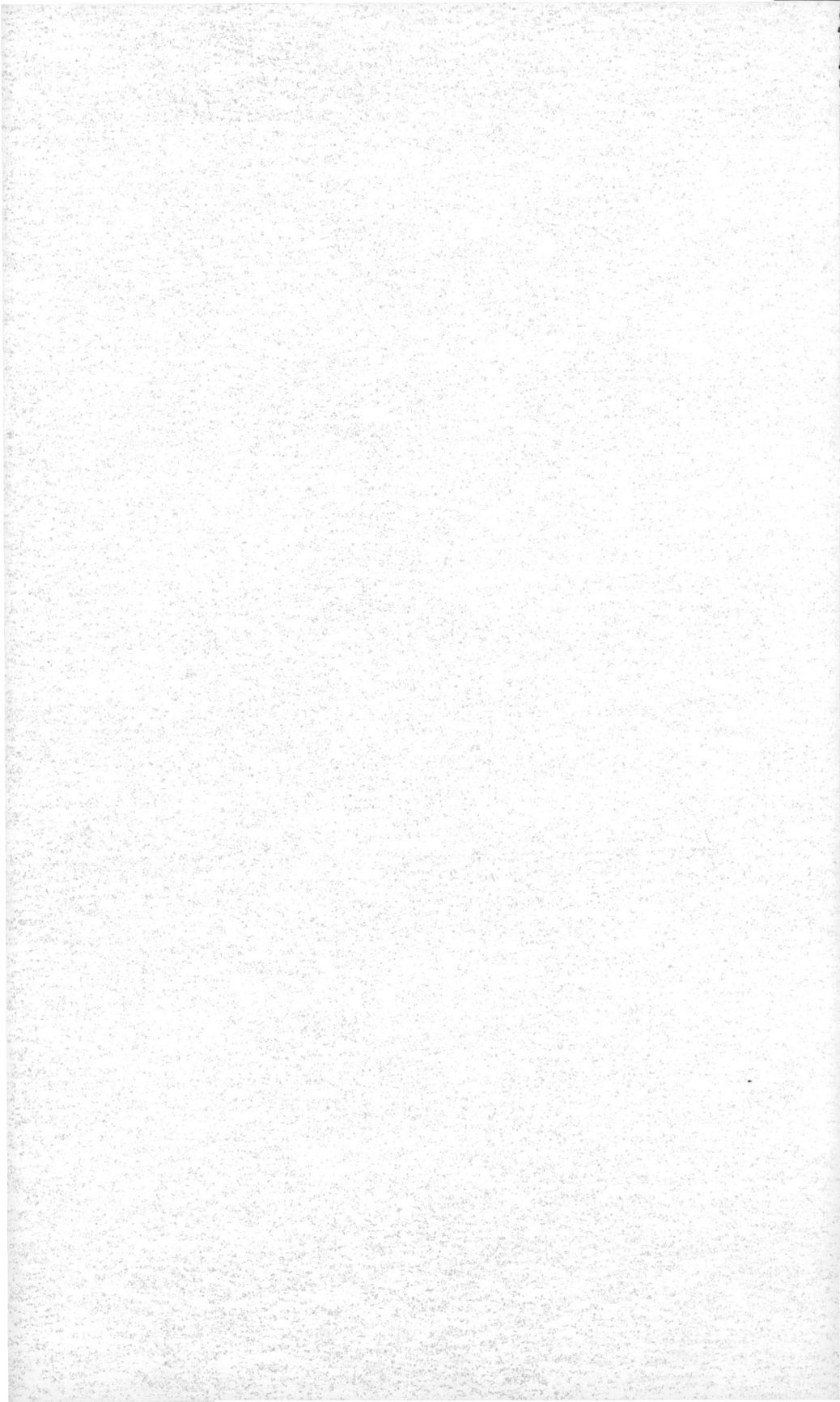